Ruth Rustemeyer
Einführung in die Unterrichtspsychologie

Ruth Rustemeyer

Einführung in die Unterrichtspsychologie

3. Auflage

Die Deutsche Nationalbibliothek verzeichnet diese Publikation
in der Deutschen Nationalbibliografie;
detaillierte bibliografische Daten sind im Internet über
http://dnb.d-nb.de abrufbar.

3., erweiterte Auflage 2011
© 2011 by WBG (Wissenschaftliche Buchgesellschaft), Darmstadt
1. Auflage 2007
Die Herausgabe dieses Werkes wurde durch
die Vereinsmitglieder der WBG ermöglicht.
Satz: Lichtsatz Michael Glaese GmbH, Hemsbach
Einbandgestaltung: schreiberVIS, Seeheim
Gedruckt auf säurefreiem und alterungsbeständigem Papier
Printed in Germany

Besuchen Sie uns im Internet: www.wbg-wissenverbindet.de

ISBN 978-3-534-24483-6

Elektronisch sind folgende Ausgaben erhältlich:
eBook (PDF): 978-3-534-72092-7
eBook (epub): 978-3-534-72093-4

Inhalt

1. Einleitung

Das vorliegende Buch beschäftigt sich aus psychologischer Perspektive mit Fragen, die das Lern- und Leistungsverhalten sowie seine Bedeutung für den Lernerfolg im Kontext Schule und Unterricht betreffen.

Ausgangspunkt bilden die individuellen, d.h. die emotional-motivationalen und kognitiven Lernvoraussetzungen der Schülerinnen und Schüler. Die Darstellung und Analyse der emotional-motivationalen Einflussgrößen erfolgen im Rahmen der Erwartungs-Wert-Theorien, die in der Pädagogischen Psychologie eine lange Tradition haben.

Dieser Zugang wurde gewählt, weil einerseits Merkmale wie das Selbstkonzept eines Schülers, seine Zielorientierung, sein Interesse und seine Intelligenz als relativ stabile Eigenschaft oder Disposition gesehen werden können, die sich auf sein Lernverhalten und seine Leistungen auswirken; andererseits können diese Einflussgrößen nicht isoliert voneinander betrachtet werden. Die Erwartungs-Wert-Theorien bieten sich als größerer Rahmen an, innerhalb dessen die einzelnen Merkmale bzw. die entsprechenden theoretischen Ansätze etwa zum Selbstkonzept, zur erlernten Hilflosigkeit oder zur subjektiven Ereigniserklärung systematisiert und eingebettet werden können. *Erwartungs-Wert-Theorien als Rahmenmodell*

Dabei sind die einzelnen Ansätze entweder schwerpunktmäßig als Erwartungstheorien oder als Werttheorien zu rekonstruieren (vgl. Eccles und Wigfield 2002). Darauf aufbauend sind integrative theoretische Ansätze entwickelt worden, in denen versucht wird, möglichst viele Einflussfaktoren in einer Modellierung zusammenzufassen (z.B. das Modell von Eccles et al. oder das Rubikonmodell von Heckhausen).

Neben den individuellen Schülermerkmalen sind Merkmale der Lernumwelt für das Verstehen von Lernprozessen bedeutsam. Dazu gehören Merkmale und Eigenschaften der Lehrkräfte (z.B. ihre Subjektiven Theorien, ihre Sachkompetenz bzw. Expertise oder ihre bevorzugte Bezugsnormorientierung) wie auch die konkrete Unterrichtsgestaltung. Zugleich wirken sich schulorganisatorische Vorgaben (wie die Bereitstellung von Möglichkeiten zur Förderung von Hochbegabten) nachhaltig – wenn auch eher indirekt – auf das Lern- und Leistungsverhalten aus. Und nicht zuletzt spielen sozial geteilte Normen und Werte einer Gesellschaft über die Bedeutung von Bildung eine wichtige Rolle; man denke hier nur an die, als Folge des PISA-Schocks, in vielen Bundesländern forcierte Einrichtung von Ganztagsschulen (Fischer, Kuhn & Klieme 2009) aber auch an die sanierungsbedürftigen Schulgebäude, die keineswegs die Bezeichnung „Schule der Zukunft" (Walden & Borrelbach 2010) verdienen.

Zur Verdeutlichung der Vernetzung verschiedener, sich gegenseitig beeinflussender Subsysteme, eignet sich gut die Systematisierung des ökologischen Modells von Bronfenbrenner (1981). Er unterscheidet drei Ebenen: die Mikroebene, die Meso-/Exoebene und die Makroebene. Zu einem umfassenden Verständnis gehören auf der Mikroebene, also der Ebene, die das einzel- *ökologisches Modell von Bronfenbrenner* ne Individuum und sein Erleben, z. B. im Klassenzimmer, betrifft, die Lehrer-Schüler-Interaktion wie auch die Gestaltung des Unterrichts durch die Lehrkräfte; auf der Meso-/Exoebene, der Ebene der schulischen Institution, sind die Auswirkungen schulorganisatorischer Vorgaben sowie der Einfluss der familiären Situation (als Beispiel für ein Exosystem) zentral, und auf der Makroebene geht es um die curricularen Vorgaben der Bundesländer bzw. um die sozial geteilten Normen zur Bedeutung von Bildung (Cortina 2006). Die psychologische Perspektive geht notwendigerweise vom Individuum und damit der Mikroebene aus und bezieht, zumindest zum Teil, auch die Meso-/Exoebene mit ein.

Schwerpunktsetzung dieses Buches
Eine Einführung in das umfangreiche Feld der Unterrichtspsychologie muss schon aufgrund der Seitenbeschränkung unvermeidbar inhaltliche Schwerpunkte setzen. Dies führt zu Einschränkungen und Begrenzungen, die sich in folgenden Punkten zeigen:

inhaltliche Schwerpunktsetzung

1) Auf eine umfassende Darstellung allgemeiner Rahmentheorien, wie z. B. zur Motivation, zu Emotionen oder zum Lernen wird verzichtet, da inzwischen zu fast allen Bereichen gute und übersichtliche Einführungen vorliegen: zur Motivation Rheinberg (2008), Schmalt und Langens (2009), zum Lernen Edelmann (2000), Mazur (2006), Schreiber (1998), um nur einige zu nennen. Über diese Theorien wird nur im Überblick berichtet, soweit es zum Verständnis der pädagogisch-psychologischen Perspektiven nötig ist. So wird von der Darstellung der verschiedenen Lerntheorien abgesehen, und es wird nur auf den Teilbereich des selbstbestimmten Lernens eingegangen. Desgleichen können wichtige Forschungsbereiche und aktuelle Forschungsergebnisse zur Unterrichtsqualität (Helmke 2009), zur pädagogisch-psychologischen Diagnostik (Ingenkamp & Lissmann 2005), Entwicklungsdiagnostik (Quaiser-Pohl & Rindermann 2010), zum Umgang mit problembelasteten Lernenden (Rausch 2006) und zur Sozialpsychologie der Schule (Ulich 2001; Steins 2005) nur kursorisch gestreift werden.

allgemeine Sichtweise

2) Es kann ebenfalls nicht das Ziel sein, eine ausführliche und umfassende Einführung in fachspezifische Fragen der Unterrichtspsychologie zu geben. Priorität hat in diesem Buch zunächst immer die allgemeine Sichtweise, nur bei einigen ausgewählten Fragestellungen wird auch die fachspezifische Perspektive (z. B. Mathematik) berücksichtigt. Aus der Vielzahl der empirischen Untersuchungen mit zum Teil sehr spezifischen Fragestellungen sollen nur einige wenige im Detail vorgestellt werden; hier kommt es unvermeidbar zu einer subjektiven Auswahl, die jedoch unter der Zielvorgabe einer möglichst großen Anwendungsrelevanz für Lehrkräfte erfolgt.

Praxisrelevanz

3) Bei der Auswahl der einzelnen Einflussfaktoren sowohl auf Seiten der Schülerinnen und Schüler als auch das soziale Umfeld betreffend geht es um praktische Konsequenzen, die von Lehrenden immer wieder eingefordert werden, obwohl die Einlösung dieser Forderung nicht leicht ist. Das Aufzeigen der Praxisrelevanz ist deshalb so schwierig, weil wir grundsätzlich von einer „Multikriterialität des schulischen Unterrichts" ausgehen müssen (Helmke & Weinert 1997). Aus diesem Grunde greift die Be-

schränkung auf jeweils nur ein Kriterium zu kurz und muss zwangsläufig in die Irre führen. Beispielsweise konnte nachgewiesen werden, dass die Konzentration auf Leistung im Sinne einer intensiven Nutzung der Unterrichtszeit, zwar leistungsförderlich ist, auf Dauer aber zu affektiven Einbrüchen führen kann. Lehrerinnen und Lehrer, die sich nur auf dieses eine Kriterium konzentrieren, erreichen schlimmstenfalls genau das Gegenteil von dem, was sie ursprünglich angezielt haben.

2. Motivationale und emotionale Einflussfaktoren für Lernleistung auf Seiten der Schülerinnen und Schüler

Einflussfaktoren

Fragt man nach der Bedeutsamkeit relevanter Einflussfaktoren für schulisches Lernen und schulische Leistung, werden übereinstimmend in der Literatur motivationale, emotionale und kognitive Faktoren genannt. Ebenfalls weitgehend übereinstimmend werden einerseits emotionale und motivationale Faktoren und andererseits kognitive und volitionale Faktoren zusammengefasst (Helmke & Weinert 1997; Pekrun & Schiefele 1996; Wild, Hofer & Pekrun 2006). Zu den besonders erklärungsstarken, empirisch fundierten Konstrukten motivational-emotionaler Einflussfaktoren zählen Helmke und Weinert (1997, S. 112), (Helmke & Schrader 2010) das Fähigkeitsselbstbild, die Prüfungsangst, affektive Einstellungen zum Lernen und zur Schule und das Interesse. Zu ergänzen sind außerdem noch Kausalattributionen, Erwartungen, gelernte Hilflosigkeit, Lern- und Leistungsmotivation, Ziel- und Lernorientierungen und Selbstwirksamkeit. Wir werden die wichtigsten, forschungsintensivsten Konstrukte und ihre Bedeutung für das Lern- und Leistungsverhalten von Schülerinnen und Schülern im Rahmen der Erwartungs-Wert-Theorien im Einzelnen näher behandeln.

drei Grundprobleme

Bei einer näheren Bestimmung dieser Einflussgrößen treten drei grundlegende Probleme auf, die zuvor kurz erläutert werden sollen: die Schwierigkeit einer trennscharfen Definition, die theoretische Vernetzung der verschiedenen Faktoren und die Vermengung der allgemeinpsychologischen und differenziellen Forschungsperspektive.

emotionale und motivationale Faktoren

Die erste grundlegende Schwierigkeit tritt bereits bei der Abgrenzung und Definition emotionaler und motivationaler Faktoren auf. Nach Pekrun und Schiefele (1996, S. 154) gehören Emotion und Motivation „zu denjenigen Begriffen, die sich notorisch einer präzisen Definition zu entziehen scheinen". Eine Ursache liegt in der zum Teil zirkulären Verwendung beider Begriffe. Motivation wird in vielen theoretischen Ansätzen als Bestandteil von Emotion konzipiert und umgekehrt wird Emotion als substanzieller Bestandteil der Motivation angesehen.

Bsp. „Schwimmen und Sinken"

Nehmen wir als Beispiel einen Grundschüler, der im Sachunterricht in einer Unterrichtsstunde zum Thema „Schwimmen und Sinken" mit verschiedenen Gegenständen experimentiert. Wenn dieser Schüler neugierig wird, welche der vor ihm liegenden Gegenstände schwimmen und welche untergehen, könnte die zur Emotion Neugier gehörende motivationale Tendenz darin bestehen, möglichst mit allen Gegenständen zu experimentieren und auszuprobieren, wie sie sich im Wasser verhalten. Gehen wir andererseits vom motivierten Handeln des Schülers aus, der zielgerichtet und ausdauernd experimentiert, um herauszufinden, wie sich die vor ihm liegenden Gegenstände im Wasser verhalten, besteht die emotionale Komponente der Motivation in der Neugier oder dem intrinsischen Interesse an der Sache selbst. Im Weiteren soll versucht werden, die beiden Begriffe Emotion und Motivation genauer zu bestimmen.

Grundsätzlich können Emotionen als situativer, momentaner Zustand verstanden werden wie auch als dispositionelle Reaktionstendenz. So kann ein Schüler in einer bestimmten Situation, z. B. einer sehr wichtigen Prüfung, starke Prüfungsangst erleben, während er sonst in Prüfungen kaum unter Angst leidet. Dies würde dem ersten Fall entsprechen. Andererseits kann Prüfungsangst bei einem Schüler in fast allen Beurteilungssituationen, egal ob wichtig oder unwichtig, auftreten. Vor allem der zweite Fall, bei dem Emotionen als relativ stabile, überdauernde Merkmale der Person gesehen werden, ist für die unterrichtspsychologische Forschung von Interesse, d. h. Emotionen und ihre Bedeutung im Kontext von Unterricht und Schule werden vor allem als Dispositionen untersucht (Wild, Hofer & Pekrun 2006).

Def. Emotion

In der Literatur werden Emotionen normalerweise anhand von fünf Komponenten bestimmt: die affektive Komponente (das subjektive Erleben eines Gefühls, wie z. B. Prüfungsangst), die expressive Komponente (Ausdruck im Verhalten, wie z. B. ein ängstlicher Gesichtsausdruck), eine physiologische Komponente (wie das Herzklopfen vor einer Prüfung), eine kognitive Komponente (die emotionsspezifische begleitende Kognition wie Sorgen um einen möglichen Misserfolg) und eine motivationale Komponente (etwa die Flucht aus einer Situation oder ihre Vermeidung). Motivationale Impulse, wie das Bestreben, aus einer unangenehmen Situation zu fliehen, sind Bestandteil einer Emotion, d. h. solche Ziele und Absichten können nicht von der Emotion getrennt werden (vgl. Wild, Hofer & Pekrun 2006).

fünf Emotionskomponenten

Im Zusammenhang mit Lernen und Leistung sind überwiegend negative Emotionen wie Angst, Hilflosigkeit etc. ausführlich untersucht worden. Erst in neuerer Zeit gibt es Ansätze, auch positive Emotionen, wie Glück, Zufriedenheit etc. zu untersuchen, wobei der Zusammenhang zur schulischen Leistung bislang so gut wie gar nicht empirisch überprüft worden ist. Eine gewisse Vorreiterrolle hat Martin Seligman übernommen, der vor allem durch die Theorie der Erlernten Hilflosigkeit bekannt geworden ist (s. Punkt 2.2.2) und mit dem Konzept des Optimismus eine Überwindung der Hilflosigkeit anzielt (Seligman 1990).

Optimismuskonzept

Motivation kann ganz allgemein als ein Konstrukt verstanden werden, das die „aktivierende Ausrichtung des momentanen Lebensvollzuges auf einen positiv bewerteten Zielzustand" (Rheinberg 2008, S. 16) beschreiben und erklären soll, wobei zu beachten ist, dass die Ausrichtung auf einen positiven Zustand auch bedeuten kann, etwas Unangenehmes abzuwenden. Wie bei den Emotionen wird in der Motivationspsychologie unterschieden zwischen der Motiviertheit als einem aktuellen Zustand und dem Motiv als einer relativ stabilen Disposition der Person. Bezogen auf eine Lernhandlung wird mit Motiv die zeitlich überdauernde Bereitschaft eines Lernenden bezeichnet, sich mit Lernaufgaben zu befassen. Wird beispielsweise ein Schüler als hoch motiviert bezeichnet, dann ist damit gemeint, dass er die Absicht hat oder bereit ist, in der konkreten Lernsituation alle Kräfte einzusetzen, sich intensiv mit dem Gegenstand auseinanderzusetzen, um ein bestimmtes Ziel zu erreichen und sich möglichst nicht durch andere Dinge von der Sache ablenken zu lassen. Insbesondere die im anglo-amerikanischen Sprachraum entwickelten Zielorientierungstheorien (s. nähere Ausführung unter Punkt 2.3.4)

Def. Motivation

zeigen eine konzeptuelle Ähnlichkeit zum Leistungsmotivansatz (Wild, Hofer & Pekrun 2006, S. 214).

Rückkopplung zwischen Emotion und Motivation

Die zweite Schwierigkeit fassen Pekrun und Schiefele (1996, S. 158) folgendermaßen zusammen: „Emotion/Motivation einerseits und Lernen andererseits stehen im Regelfall in vielfältigen Rückkopplungen, die bisher empirisch kaum untersucht sind (…). Sowohl positive wie negative Rückkopplungen dürften häufig sein. Eine typische positive Rückkopplung liegt z. B. dann vor, wenn günstige Motivation zu hoher Lernleistung führt, die ihrerseits positive Lern- und Leistungserwartungen und damit weiterhin hohe Motivation nach sich zieht." Was die Autoren hier ansprechen, ist die enge Vernetzung der einzelnen Faktoren, die die exakte Bestimmung, welchen Einfluss Emotion und Motivation auf das Lern- und Leistungsverhalten haben, erheblich erschweren. Pekrun und Schiefele (1996, S. 157) konzipieren ein Rahmenmodell, in dem sie versuchen, anhand von Basisannahmen bedingende und nachfolgende Prozesse von Emotion und Motivation aufzuzeigen. Die Autoren verwenden in ihrem Modell Emotion und Kognition weitgehend synonym. Sie nehmen an, dass Emotion und Motivation durch vorauslaufende Kognitionen, wie z. B. lernrelevante Erinnerungen, Attributionen, Erwartungen sowie Interessen und Wertzuschreibungen ausgelöst werden. Emotion und Motivation beeinflussen dann ihrerseits das Lernverhalten der Person und ihre Handlungskontrolle, also die bewusste Steuerung des Lernverhaltens (s. Punkt 3.3) und wirken damit auf die Lernleistung.

Wechselwirkung zwischen Person und Umwelt

Erforderlich wären empirische Untersuchungen, die dem dynamisch-interaktionistischen Paradigma zuzuordnen sind. Die dynamisch-interaktionistische Sichtweise geht davon aus, dass sich Person- und Umgebungs-Variablen gegenseitig beeinflussen. Hierbei stehen Abläufe in der Zeit im Vordergrund, d. h. der Prozesscharakter der Interaktion wird betont. So beeinflusst die Umgebung die Handlungen der Person, die Person wiederum verändert die Umgebung und diese wirkt wieder auf die Person (Schroeder & Groeben 2003). Die Variablen Person und Umwelt bilden eine untrennbare Einheit und ihr Einfluss kann nicht isoliert betrachtet werden. Somit ist eine kontinuierliche Wechselwirkung zwischen Person und Umwelt möglich.

Längsschnittstudien

Insbesondere die aktive Einflussnahme der Person auf die Umwelt ist für ein interaktionistisches Entwicklungsmodell kennzeichnend. Zwar können inzwischen durch verbesserte methodische Ansätze (wie Kreuzkorrelationen, Pfadmodelle, Strukturgleichungsmodelle etc.) komplexe Person-Umwelt-Wechselwirkungen untersucht werden, wobei allerdings zu berücksichtigen ist, dass die entsprechenden Ansätze nur kausale Aussagen innerhalb des jeweils betrachteten Modells liefern, die keineswegs immer eindeutig sind, da z. B. die Nichtbeachtung wirksamer Variablen zu Fehlinterpretationen führen kann (Asendorpf 2007). Außerdem sind diese Ansätze mit einem hohen Forschungsaufwand verbunden, da vor allem Längsschnittstudien erforderlich sind, um Wechselwirkungen zwischen Person und Umwelt nicht nur in einem kurzen Zeitraum sondern langfristig, d. h. im Verlauf von vielen Jahren, einschätzen zu können.

Forschungsperspektive

Eine dritte Schwierigkeit liegt in der Vermengung der allgemeinpsychologischen und differenziellen Forschungsperspektive. Nach Wild, Hofer und Pekrun (2006, S. 206) können Lernermerkmale entweder aus allgemeinpsychologischer oder individualpsychologischer Forschungsperspektive untersucht werden. Im ersten Fall geht es um die Beschreibung und Erklärung universeller psychologischer Phänomene wie allgemeingültige „Gesetzmäßigkeiten" des Lernens oder der Motivation. Im zweiten Fall, der individualpsychologischen oder auch differenziellen Forschungsperspektive, geht es zentral um individuelle Unterschiede und deren Beitrag zur Beschreibung und Erklärung psychologischer Sachverhalte.

Beide Forschungsansätze verfolgen unterschiedliche Ziele und haben unterschiedliche methodische Schwerpunkte; die allgemeinpsychologische Forschungsrichtung verwendet hauptsächlich die experimentelle Methodik, während die individualpsychologische Richtung in der Regel mit Korrelationsstudien arbeitet, aus denen grundsätzlich keine kausalen Schlüsse auf zugrunde liegende Gesetzmäßigkeiten gezogen werden dürfen, was aber häufig in der Forschungspraxis nicht beachtet wird.

Experimente, Korrelation

Für die umfassende Beschreibung und Erklärung der relevanten Motivationsprozesse wie auch der individuellen lern- und leistungsrelevanten Unterschiede bei Schülerinnen und Schülern sind beide Perspektiven notwendig. Die übergeordnete Perspektive nehmen in diesem Kapitel Motivationsmodelle ein, die eher der allgemeinpsychologischen Perspektive zuzuordnen sind. Dazu ergänzend werden Forschungsbefunde zu wichtigen individuellen Unterschieden dargestellt.

2.1 Erwartungs-Wert-Theorien schulischer Motivation

Die Erwartungs-Wert-Theorie der Leistungsmotivation von Atkinson (1964) war das erste formalisierte Modell der Motivation, das leistungsmotiviertes Handeln eines Individuums erklärte, also z.B. die Ausdauer, die eine Person bei der Lösung von Aufgaben zeigt oder, wenn sie vor die Wahl gestellt wird, die Entscheidung für Aufgaben eines ganz bestimmten Schwierigkeitsgrades. Bei den Erwartungs-Wert-Ansätzen bestimmen die Erwartung, die ein Individuum für eine bestimmte Aufgabe oder Tätigkeit besitzt und der Anreiz (die Wertkomponente), den diese Aufgabe oder Tätigkeit ausübt, wie sehr das Individuum sich um diese Aufgabe bemüht. Die Lösung einer sehr schweren Aufgabe bietet der Person zwar einen hohen Erfolgsanreiz, da aber die Wahrscheinlichkeit, diese Aufgabe erfolgreich lösen zu können, sehr gering ist, ist die Aufgabe wenig attraktiv, und es kommt nicht zu leistungsmotiviertem Handeln.

Erwartung und Anreiz

Atkinson unterscheidet in seinem Modell Situations- und Personenvariablen, die das Leistungsverhalten determinieren. Die Erwartungskomponenten (Erwartung von Erfolg und Misserfolg) sind zwar kognitive Variablen, theoretisch aber als Situationsvariablen zu rekonstruieren, ebenso wie die Anreize von Erfolg und Misserfolg, während die beiden Motive (Erfolg aufzusuchen und Misserfolg zu meiden) als Personenmerkmale gelten (Schmalt & Langens 2009). Die Motive der Person richten sich darauf, bestimmte positive Affekte zu erreichen (beim Erfolgsmotiv, z.B. antizipierten Stolz über die gute eigene Leistung) oder negative Affekte zu meiden (beim Misserfolgsmotiv die antizipierte Scham über die schlechte Leistung). In einer Leistungssituation können beide Motive angeregt werden und je nach Stärke des überwiegenden

Situations- und Personenvariablen

Motivs eher zu zielgerichtetem Verhalten oder eher zur Vermeidung der Leistungssituation drängen.

Leistungsmotiv und Leistung

Von besonderem Interesse für die pädagogische Psychologie war von Anfang an die Beziehung zwischen dem Personenmerkmal Leistungsmotiv und der (Schul-)Leistung. So sollten hoch leistungsmotivierte Personen bessere Leistungen erbringen als gering motivierte. Die Zusammenfassung der Forschungsergebnisse zu dieser Frage erbrachte jedoch keinen einheitlichen Befund, was nicht zuletzt darauf zurück zu führen ist, dass weitere spezifische Variablen berücksichtigt werden müssen, wie z.B. die Art der Aufgaben, die einen unterschiedlich hohen Anreize für das Leistungsmotiv bieten kann (Schmalt & Langens 2009, S. 259).

Leistungsmotivation und Leistung

Aber auch wenn das Verhältnis von Leistungsmotivation (wobei hier anders als beim Leistungsmotiv sowohl Personen- als auch Situations-Variablen berücksichtigt werden) und Leistung untersucht wird, zeigt sich, dass die auf die Unterrichtspraxis anwendbaren Ergebnisse enttäuschend gering sind. Nach Rheinberg (2008, S. 79) ist der wichtigste Grund darin zu sehen, dass Motivationsmodelle zwar motivationsnahe Verhaltensmerkmale wie Anstrengung oder Ausdauer vorhersagen können, damit aber noch nicht festgelegt ist, wie sich diese Merkmale auf die Leistungsgüte auswirken. Die Frage, welche Bedingungen im Einzelnen dazu führen, dass eine Person sich unter bestimmten Situationsbedingungen so und nicht anders verhält, kann mit dem Erwartungs-Wert-Modell oder auch Risikowahl-Modell von Atkinson nur sehr allgemein beantwortet werden.

kognitive Wende

Eine Änderung setzte mit der „kognitiven Wende" ein, als die Motivationsforschung sich stärker für die Kognitionen, die Personen in Leistungssituationen haben, interessierte und dabei insbesondere Ursachenerklärungen für erfolgreiche bzw. nicht erfolgreiche Leistungsergebnisse in den Focus der Aufmerksamkeit rückten. Den Ausgangspunkt bildet die Attributionstheorie von Fritz Heider (1958).

2.2 Theorien mit Schwerpunkt auf der Erwartungskomponente

Im Folgenden werden verschiedene theoretische Ansätze vorgestellt, die sich alle primär auf die Komponente der Erwartungen im Leistungskontext konzentrieren, also generell auf subjektive Überzeugungen, wie gut und erfolgreich man eine bestimmte Aufgabe, Handlung oder Tätigkeit bewältigen bzw. ausführen kann. Die Überzeugungen schließen auch subjektive Meinungen über eigene Kompetenzen und subjektive Erwartungen zukünftiger Erfolge (oder Misserfolge) mit ein (Eccles & Wigfield 2002).

2.2.1 Attributionstheorie

Ursache und Wirkung

Attributionen sind Überzeugungen über Ursachen von Ereignissen und Sachverhalten, wie zum Beispiel die Überzeugung, dass die Ursache für einen Misserfolg in der Prüfung an der zu hohen Schwierigkeit der Aufgabe gelegen hat. Die Attributionstheorie beschäftigt sich nach Meyer und Försterling (1993) einerseits mit Bedingungen und Prozessen, aufgrund derer die „Person auf der Straße" Ursachenzuschreibungen (Attributionen) für Ereignisse vornimmt; hier stellt sich beispielsweise die Frage, wann Personen attribuieren, was ihr eigentliches Ziel ist usw. Andererseits können derartige Überzeugungen aber auch das Erleben und Verhalten beeinflussen. So wird sich zum Beispiel ein Lehrer einer Schülerin gegenüber unterschiedlich verhalten, je nachdem, ob er ihren Misserfolg auf unzureichende Anstrengung oder mangelnde Begabung zurückführt. Solche Wirkungen von Attributionen untersuchen die attributionalen Theorien und als solche werden sie zur Erklärung leistungsbezogenen Verhaltens herangezogen.

2.2.1.1 Ursachenerklärungen von Erfolg und Misserfolg

Die ersten Klassifikationsgesichtspunkte für Ursachenfaktoren wurden von Weiner, Frieze, Kukla, Reed, Rest und Rosenbaum (1971) im Bereich der Leistungsmotivation erarbeitet; sie entwickelten das sogenannte vier Felder-Schema (s. Tab. 1). Weiner erkannte die Bedeutung, die subjektiv wahrgenommene Ursachen für Erfolg und Misserfolg für die Motivation einer Person haben können, und er integrierte die Ursachenzuschreibungen in die Motivationstheorie von Atkinson und formulierte eine attributionstheoretische Fassung der Leistungsmotivationstheorie (Weiner 1974, 1985). *Leistungsmotivation*

Zentral für die Klassifikation der wahrgenommenen Ursachen sind die beiden Dimensionen Lokation und Stabilität über die Zeit. Die vier Ursachenfaktoren innerhalb dieser Taxonomie sind Begabung, Anstrengung, Zufall und Aufgabenschwierigkeit und werden in Leistungssituationen von Personen typischerweise als Erklärung für ein Leistungsresultat herangezogen *Leistungsresultat*

Ein Ereignis (z.B. einen Erfolg) auf Fähigkeit zu attribuieren, führt zu anderen Konsequenzen, als einen Erfolg auf Glück zurückzuführen. In dem einen Fall ist die Person selbst dafür verantwortlich und kann getrost in die Zukunft schauen – ähnliche weitere Aufgaben wird sie bei guten Fähigkeiten gleich gut lösen können –, im anderen Fall war das gute Ergebnis ein Produkt des Zufalls, und solch ein positiver Zufall wird sich vermutlich nicht so leicht wiederholen. Die Person wird ähnliche Aufgaben nur sehr zögerlich in Angriff nehmen, denn die Wahrscheinlichkeit zu scheitern, ist relativ groß. Bei einem negativen Ereignis ist die Attribution auf einen stabilen, dauerhaften Personenfaktor (wie mangelnde Fähigkeit) sehr viel beeinträchtigender als die Attribution auf einen variablen Faktor (wie Pech oder mangelnde Anstrengung). Später ergänzte Rosenbaum (1972) diese Taxonomie noch durch den Faktor „Kontrollierbarkeit" von Ursachen. Damit ist gemeint, inwieweit eine Ursache der willentlichen Kontrolle der handelnden Person unterliegt. Bezogen auf die oben genannten vier Ursachen, wird nur die eigene Anstrengung als kontrollierbar betrachtet, während die anderen Ursachen als unkontrollierbar angesehen werden. Die leistungsbezogenen Konsequenzen von Attributionen können folgendermaßen zusammengefasst werden (Weiner 1994): *Kontrollierbarkeit von Ursachen*

(1) Attributionen wirken sich auf die *Erwartung* einer Person aus. Ein positives Ereignis, wie eine gute Leistung oder ein hervorragender Erfolg, dessen Ursache in der eigenen Person gesehen wird, bewirkt, dass die Erwartung, *Erwartung, Stabilität*

Tab. 1: Vier-Felder Schema der Ursachenzuschreibungen (nach Weiner 1994)

Zeitstabilität der Ursache	Lokation der Ursache	
	Internal	External
Stabil Variabel	Fähigkeit Anstrengung	Aufgabenschwierigkeit Zufall (Glück/Pech)

dieses Ereignis wieder herbeiführen zu können, beibehalten bzw. sogar noch gesteigert wird. Die *Stabilität oder Dauerhaftigkeit* der vermuteten Ursache ist also primär für die Zuversicht, die Erwartung von Erfolg und die Erwartungsänderung der Person verantwortlich (vgl. vor allem Weiner, Nierenberg & Goldstein 1976). Werden negative Ereignisse auf stabile Faktoren wie mangelnde Begabung zurückgeführt, führt das zu Hoffnungslosigkeit, und die Erwartung, zukünftig Erfolg zu erzielen, sinkt. Wird dagegen ein Misserfolg auf variable Faktoren, wie Pech oder geringe Anstrengung zurückgeführt, werden die Erwartungen weit weniger beeinflusst, d. h. sie ändern sich kaum.

Affekte, Lokation (2) Attributionen wirken sich auf die *Affekte* einer Person aus, und zwar vor allem ausgehend von der Dimension der *Lokation* (internal/external), die beschreibt, ob die Person ein Ereignis durch sich selbst oder durch die Umwelt verursacht sieht. Ein Erfolg, den man sich selbst zuschreibt, führt zu Stolz und Selbstaufwertung (positives self-esteem), während ein Misserfolg, der als selbstverursacht erlebt wird, zu Inkompetenzgefühlen und Resignation führt (negatives self-esteem) (Weiner 1994, S. 315). Mangelte es an der fehlenden Anstrengung, dann treten bei Misserfolg Schuldgefühle auf. Ursachen, die in der Person lokalisiert werden, haben stärkere Auswirkungen auf selbstbewertende Affekte als in der Umwelt lokalisierte Faktoren (Rheinberg 2008, S. 82).

Verhaltens- (3) Weiter beeinflussen Attributionen spezifische *Verhaltenskonsequenzen,*
konsequenzen wie *Wahl von Aufgaben* sowie *Intensität und Ausdauer.* Viele empirische Befunde zeigen, dass Personen Aufgaben mittlerer (subjektiver) Schwierigkeit wählen, und zwar deshalb, weil sie die meisten Informationen über die eigenen Fähigkeiten liefern (Weiner 1994, S. 296). Ebenso wirken sich Attributionen auf Intensität und Ausdauer von Leistungsverhalten aus, wobei einschränkend zu sagen ist, dass die Forschung sich fast ausschließlich auf die Auswirkungen von Attributionen bei Misserfolg konzentriert hat. Hier ist besonders die Stabilitätsdimension relevant, d.h. eine Zuschreibung negativer Ereignisse auf stabile Faktoren führt zu einer geringeren Ausdauer. Aus diesen Ergebnissen lässt sich folgern, dass die Leistungsgüte beeinflusst wird: Wird Misserfolg auf veränderbare, spezifische Faktoren zurückgeführt, wie z.B. mangelnde Anstrengung, können hohe Erfolgserwartungen aufrechterhalten werden, und die Anstrengungsbereitschaft sinkt auch nach einem Misserfolg nicht ab. Genau hieran setzen Programme zur Veränderung von Ursachenzuschreibungen an (s. Punkt 2.2.2.1).

Damit wird nun auch die Bedeutung der Kausalerklärungen von Erfolg und Misserfolg im Rahmen der Erwartungs-Wert-Theorie der Leistungsmotivation deutlich. „Die Stabilitätsdimension nimmt Einfluss auf die Erwartung, die Lokationsdimension auf den Anreiz" (Rheinberg 2008, S. 83). Die Art der Kausalattribution sollte danach motivationales Handeln in vorhersagbarer Weise beeinflussen.

Stabilitäts- und Lokationsdimension

Ein weiteres, wichtiges Ergebnis der Attributionsforschung konnte mit dem Nachweis erzielt werden, dass es personenabhängige Unterschiede in der Attribuierung von Erfolg und Misserfolg gibt. So neigen Erfolgsmotivierte dazu, eigene Erfolge auf internale Faktoren zu attribuieren, sie insbesondere den eigenen Fähigkeiten zuzuschreiben. Misserfolge dagegen schreiben sie variablen Faktoren (wie mangelnder Anstrengung oder Pech) zu. Erfolgsmotivierte bevorzugen somit ein Attributionsmuster, das besonders selbstwertdienlich ist. Erfolgreich bewältigte Leistungssituationen führen zu positiven Affekten, und im Falle der nicht erfolgreichen Bewältigung treten keine gravierenden Beeinträchtigungen auf. Auch nach einem Misserfolg besteht weiter die Hoffnung auf Erfolg (wenn man sich z. B. mehr anstrengt oder diesmal kein Pech hat). Diese Attributionsstrategie wirkt sich sowohl auf die Erwartung als auch den Anreiz sehr positiv aus.

Attributionsmuster erfolgsmotivierter Personen

Misserfolgsmotivierte dagegen neigen zu selbstwertbelastenden Attributionen. Misserfolge erklären sie eher mit einem Mangel an Fähigkeit, fühlen sich also verantwortlich für das negative Ergebnis. Gleichzeitig führen sie ihre Erfolge häufiger auf Glück oder Aufgabenleichtigkeit zurück und nicht auf die eigene Fähigkeit. Leistungssituationen haben für Misserfolgsmotivierte im Erfolgsfall geringeren Belohnungswert, und im Misserfolgsfall ist die Attributionsstrategie selbstwertbelastend. Dasselbe Handlungsergebnis führt somit bei Erfolgs- und Misserfolgsmotivierten zu völlig unterschiedlichen Konsequenzen (Rheinberg 2008, S. 83). Die leistungsrelevanten Auswirkungen solcher Attributionsmuster zeigen sich vor allem in Studien, die Unterschiede zwischen den Geschlechtern untersuchen, wie im nächsten Punkt beschrieben wird.

Attributionsmuster misserfolgsmotivierter Personen

2.2.1.2 Unterschiede zwischen Mädchen und Jungen in Ursachenzuschreibungen

Bereits in den 1970er Jahren zeigten sich in einer Vielzahl empirischer Studien, insbesondere im Leistungsbereich, immer wieder deutliche Unterschiede in den Ursachenzuschreibungen von weiblichen und männlichen Personen (vgl. Übersicht in Rustemeyer 2000). So neigen Frauen und Mädchen dazu, Misserfolge sich selbst zuzuschreiben, also eher auf mangelnde eigene Fähigkeiten zu attribuieren, während sie Erfolge stärker auf externale Ursachen oder den internalen Faktor hohe Anstrengung zurückführen. Männliche Personen haben ein günstigeres Attributionsmuster, sie schreiben sich verstärkt die Erfolge zu, indem sie Leistungen eher auf ihre Fähigkeiten attribuieren, während sie Misserfolge external attribuieren oder auf mangelnde Anstrengung zurückführen.

empirische Studien

Wie leistungshemmend sich ein Attributionsstil im Leistungsbereich auswirken kann, konnte insbesondere im mathematisch-naturwissenschaftlichen Bereich nachgewiesen werden, indem in einer Reihe empirischer Stu-

Attributionsstil

dien ein Zusammenhang zwischen dem Attributionsstil und den ungünstigen Leistungsentwicklungen der Mädchen aufgezeigt wurde. Auch wenn die Leistungen vergleichbar sind, attribuieren Mädchen, verglichen mit Jungen, ihre Leistungen in Mathematik weniger auf ihre Fähigkeiten (Dickhäuser & Meyer 2006; Rustemeyer & Jubel 1996; Tiedemann & Faber 1995) und sind weniger stolz auf ihre Leistungen (Stipek & Gralinski 1991).

Die negativen Auswirkungen bestimmter Attributionsstile, insbesondere im Zusammenhang mit Lern- und Leistungsverhalten, wurden in der Theorie der Erlernten Hilflosigkeit empirisch erforscht und weiter ausdifferenziert.

2.2.2 Erlernte Hilflosigkeit

Bedeutung der Erlernten Hilflosigkeit für Schule und Unterricht

Die Theorie der Erlernten Hilflosigkeit wurde von Seligman (1975, 1992) entwickelt und zunächst in der Klinischen Psychologie, dann jedoch sehr rasch auch in der Pädagogischen Psychologie verbreitet und intensiv erforscht. Im Zentrum der Theorie steht die Erwartung, Ereignisse, insbesondere negativer Art, nicht kontrollieren oder beeinflussen zu können. Die Konsequenzen der Erlernten Hilflosigkeit zeigen sich in vielen Bereichen, hier interessieren uns jedoch vor allem die Folgen für Schule und Unterricht. So kann man im Unterricht beobachten, dass Kinder mit gleichen Fähigkeiten ganz unterschiedlich auf wiederholte Misserfolge reagieren. Während einige Kinder durch Misserfolg angeregt werden, sich vermehrt anzustrengen und zu konzentrieren und aufgrund dieses Verhaltens oftmals die Aufgaben trotz der auftretenden Schwierigkeiten gut bewältigen, gibt es andere Kinder, die sich deutlich verschlechtern, in der Konzentration nachlassen, keine Ausdauer zeigen und schließlich ganz aufgeben. Dieses Phänomen, das ganz bestimmte Kinder in Leistungssituationen aufgeben, offensichtlich weil sie die Situation als nicht kontrollierbar erleben, untersuchten Dweck und Reppucci (1973) bei Kindern des 5. Schuljahres. In einem Experiment erlebten die Kinder Misserfolg, und es wurde geprüft, wie sich die Leistungen der Kinder bei anschließend zu lösenden Aufgaben entwickelte. Dweck und Reppucci konnten anhand der Leistungen zwei Gruppen bilden, die „beharrlichen" und die „hilflosen" Kinder. Da zuvor die Attributionsstile der Kinder (also auf welche Ursachen sie normalerweise in Leistungssituationen ihre Erfolge und Misserfolge zurückführen) mit einem Fragebogen erfasst worden waren, konnte man prüfen, inwieweit sich beharrliche von hilflosen Kindern unterschieden. So neigten die beharrlichen Kinder (später als mastery-oriented bezeichnet) stärker als die hilflosen dazu, ihre Erfolge und Misserfolge auf ihre Anstrengung zu attribuieren, während hilflose bei Misserfolg eher auf externale Faktoren attribuierten (vgl. Meyer 2000, S. 113). Vor allem die Misserfolgsattribution auf mangelnde Anstrengung ist nach Dweck und Reppucci (1973) die Ursache für die Leistungsunterschiede der Kinder. Während die beharrlichen Kinder davon ausgehen, dass sie den Misserfolg mit vermehrter Anstrengung meistern können, sagen sich die hilflosen Kinder, dass das Ergebnis relativ unabhängig von ihrem Verhalten und ihrer Anstrengung ist, und sie können es dann tatsächlich nicht beeinflussen.

verschiedene Reaktionen auf Misserfolg

In nachfolgenden Untersuchungen (Diener & Dweck 1978, 1980; Licht & Dweck 1984) wurden die Reaktionen von hilflosen und beharrlichen Kindern auf Misserfolg, aber auch auf Erfolg untersucht. Zusammenfassend zeigte sich, dass hilflose Kinder Misserfolge stärker auf mangelnde eigene Fähigkeiten zurückführen, dass sie negativere Gefühle äußern als beharrliche Kinder und stärker handlungsirrelevante Gedanken haben, die sie bei den Aufgabenlösungen behindern. Auch zeigen die hilflosen Kinder nach Misserfolg eine Verschlechterung ihrer Lösungsstrategien. Diese gravierenden Unterschiede traten auf, obwohl in den meisten Untersuchungen die tatsächliche Leistungsfähigkeit der hilflosen und beharrlichen Kinder kontrolliert wurde und sich diesbezüglich keine Unterschiede ergaben. Auch nach Erfolg unterscheiden sich hilflose und beharrliche Kinder. So führen hilflose Kinder Erfolge nicht in dem Maße auf ihre eigenen Fähigkeiten zurück wie es beharrliche Kinder tun, sie halten sich für nicht so schlau und ihre Erwartungen für zukünftige Erfolge sind niedriger als die der beharrlichen Kinder (Diener & Dweck 1980).

Wie Seligman (1975, 1992) anhand zahlreicher Untersuchungen nachweisen konnte, führt die Erlernte Hilflosigkeit zu drei grundlegenden Defiziten:

drei Defizite der erlernten Hilflosigkeit

(1) Zunächst ergibt sich ein *motivationales Defizit*. Die Initiative, Dinge durch eigenes Handeln unter Kontrolle zu bringen, ist stark verringert.

(2) Daneben zeigt sich ein *kognitives Defizit*. Personen sehen aufgrund ihrer anders lautenden Erwartung kaum, wenn Ereignisse tatsächlich vom eigenen Handeln abhängen.

(3) Schließlich ergeben sich als *emotionales Defizit* negative Affekte in Form von Ängsten, bis hin zu depressiven Verstimmungen. Das emotionale Defizit ist umso ausgeprägter, je wichtiger das (scheinbar) unkontrollierbare Ereignis für die Person ist (vgl. Rheinberg 2008, S. 96).

Abramson, Seligman und Teasdale (1978) führten im Kontext der Anwendung der Attributionstheorie auf die Theorie der Erlernten Hilflosigkeit eine weitere Dimension ein, nämlich die der Globalität versus Spezifität eines Ereignisses. Es wurden nicht mehr, wie bei Weiner, fast ausschließlich aktuell vorgenommene Ursachenzuschreibungen für ein singuläres Ereignis untersucht, sondern Abramson et al. konzentrierten sich auf überdauernde, rückwärts- wie auch vorwärtsgerichtete Ursachenzuschreibungen. Die Autorinnen und Autoren sprechen demzufolge von Attributionsstilen im Sinne von Erklärungsmustern, die Personen verwenden. Mit dieser erweiterten Sichtweise können langfristige, überdauernde Handlungsweisen wie erlerntes hilfloses Verhalten besser erklärt werden.

attributionales Erklärungsmuster

Die Dimension Globalität (global versus spezifisch) differenziert Ursachen danach, inwieweit sie in einer Vielzahl unterschiedlicher Situationen wirksam sind (globale Ursache) oder im Extremfall nur in einer einzigen Situation (spezifische Ursache). So ist fehlende Begabung als eine globale Ursache anzusehen, die in unterschiedlichen Situationen zu negativen Handlungsergebnissen führt, während etwa mangelnde musische Begabung als eine spezifische Ursache betrachtet wird, die nur in ganz bestimmten Situationen von Bedeutung ist. Globale bzw. generelle Erklärungen für Misserfolge führen dazu, dass Menschen resignieren. Kognitionen eines Schülers wie „Ich bin unbegabt" oder „Ich bin unfähig" führen zu anderen Konsequenzen als die Einschätzungen „Ich bin für Musik unbegabt" oder „Ich bin unfähig, Latein zu lernen".

globale bzw. spezifische Erklärungen

variable, spezifische Attributionen

Hilflosigkeit und Hoffnungslosigkeit entstehen vor allem dann, wenn für negative Ereignisse globale, internale und stabile Ursachen herangezogen werden. In Leistungssituationen betrifft das vor allem den Ursachenfaktor der mangelnden Fähigkeit. Werden Leistungsdefizite so erklärt, sinken die Erfolgserwartung und die Motivation und der Zusammenhang zwischen der eigenen Anstrengung und dem Resultat geht verloren. Die „Kunst des Hoffens" besteht darin, für negative Ereignisse zeitlich variable, spezifische Ursachen zu finden, etwa bei einem Misserfolg zu sagen: „Die Prüfung ist misslungen, weil ich mich nicht genügend angestrengt habe."

globale Attributionen

Globale Attributionen sind häufig unrealistische Ursachenzuschreibungen, die Übergeneralisierungen darstellen und erkennbar sind an Termini wie „alle", „immer", „ohne Ausnahme". Der Gebrauch von Generalisierungen hat bestimmte Emotionen zur Folge wie Ärger („Immer kommt der Schüler Sven zu spät") oder Niedergeschlagenheit („Ich habe alles falsch gemacht"). Bei spezifischen Attributionen wie („Schüler Sven ist 3 mal zu spät gekommen") oder („Ich habe die Mathematikarbeit falsch vorbereitet") kommt es ebenfalls zu Ärger oder Frustration, aber nicht so tiefgreifend und dauerhaft. So führen globale, negative Erklärungen zur Hilflosigkeit auf vielen Gebieten, während spezifische, negative Erklärungen höchstens Hilflosigkeit in einem eingeschränkten Bereich bewirken, die anderen Bereiche aber unberührt lassen.

2.2.2.1 Reattributionstraining zur Veränderung ungünstiger Ursachenzuschreibungen

Trainigsprogramme

Unangemessene Attributionsstile können die Motivation, das Lernen und den Selbstwert von Schülerinnen und Schülern beeinträchtigen, so dass schon früh der Versuch unternommen wurde, durch Trainingsmaßnahmen das Lern- und Leistungsverhalten zu verbessern. So hatte bereits Dweck (1975) gezeigt, dass bei hilflosen Kindern mit einem Attributionstraining ein verändertes Leistungsverhalten erzielt werden konnte. Die meisten Trainingsprogramme setzen an den unangemessenen Ursachenzuschreibungen der Kinder für Erfolg und Misserfolg an und versuchen, den Attributionsstil so zu verändern, dass die Erwartungen, Emotionen und das Leistungsverhalten positiv beeinflusst werden. Ihr Ziel ist somit die Verbesserung eines inadäquaten, disfunktionalen Attributionsstils und der damit einhergehenden Verhaltensweisen, die zu gravierenden Leistungs- oder Motivationsdefiziten führen können. So sollten Erfolge bevorzugt internal attribuiert werden, damit die Schülerinnen und Schüler sich als Handlungsverursacher wahrnehmen können; Misserfolge dagegen sollten variabel attribuiert werden, damit sie nicht unveränderlich erscheinen (Ziegler & Schober 2001, S. 24).

Reattributions-training im Unterricht

Im Unterricht bieten sich zur Veränderung eines ungünstigen Attributionsstils der Schülerinnen und Schüler durch die Lehrperson verschiedene Möglichkeiten an; vor allem sind es Kommentierungs- und Modellierungstechniken. Wichtig ist dabei zu beachten, dass Reattributionstrainings immer eine realistische Einschätzung der Ursachen von Leistungshandlungen anstreben und keine unrealistische Überschätzung der eigenen Möglichkeiten forcieren. Auf die Bedeutung der Realitätsangemessenheit wies bereits Försterling

(1986) hin. Über erfolgreich durchgeführte Reattribuierungsmaßnahmen im schulischen Kontext berichten Schober (1995, 2002) sowie Ziegler und Schober (2001).

2.2.2.2 Kommentierungstechniken

Attributionen können nachhaltig verändert werden durch verbale und schriftliche Rückmeldungen, die im Sinne der erwünschten Ursachenzuschreibungen gegeben werden. Bei Anwendung des verbalen Reattributionstrainings werden die Leistungen der Schülerinnen und Schüler von der Lehrperson im Unterricht im Sinne motivationsfördernder Attributionen kommentiert. Schober (1995) nennt Beispiele für Rückmeldungen nach Erfolg oder Misserfolg (s. Tab. 2).

motivationsfördernde Attributionen

Tab. 2: Rückmeldungen für das mündliche Reattributionstraining

Erfolgsattribution auf eigene Fähigkeit

Du kannst das sehr gut.
Das liegt dir.
Das hätten X und Y auch nicht besser gekonnt.
Da habe ich eine schwierige Aufgabe, willst du das mal versuchen?
Du warst schon immer so gut in Mathematik.
Du hast das schnell begriffen.
Du hast beim schriftlichen Multiplizieren den Durchblick.
Du verstehst mathematische Aufgaben gut.

Misserfolgsattribution auf unzureichende Anstrengung

Das musst du dir noch mal anschauen.
Das hast du dir nicht genau genug durchgelesen.
Das hättest du besser vorbereiten müssen.
Da hast du nicht richtig aufgepasst.
Da hast du nicht richtig zugehört.
Wenn du dir das noch mal anschaust, wird es dir schnell klar.
Um diese Aufgabe zu lösen, musst du dir mehr Mühe geben.
Da hast du dich nicht richtig auf die Aufgabe konzentriert.

Eine andere Möglichkeit ist das schriftliche Reattributionstraining, hier schreiben die Lehrerinnen und Lehrer ihre Kommentare zu den Leistungen unter die Klassenarbeiten oder Hausaufgaben. Im Prinzip bietet somit jede Leistungsrückmeldung, die Lehrkräfte im Unterricht einsetzen, die Gelegenheit zu einem Attributionstraining.

Beispiele für Rückmeldungen, die nach einer erfolgreichen Leistung unter eine Arbeit oder Klausur geschrieben werden können sind (vgl. Ziegler & Schober 2001, S. 40–41):

– Deine Kenntnisse in … sind sehr erfreulich.
– Deine Ideen sind wie oft gut und originell.

Rückmeldungen für eine durchschnittliche Leistung könnten lauten:
– Du arbeitest überlegt; dieses Mal warst du aber zu flüchtig.
– Mit deinen Fähigkeiten hast du hier zu schnell aufgegeben.

Rückmeldungen nach einem Misserfolg könnten lauten:
– Du hast diese Prüfung einfach zu wenig vorbereitet.
– Leider hast du diese Aufgaben zu nachlässig gemacht.

2.2.2.3 Modellierungstechniken

Prinzipien des
Modelllernens

Die Modellierungstechniken basieren auf den Prinzipien des Modelllernens nach Bandura (1979) und gehen von der Annahme aus, dass Personen an Modellen in Form einer stellvertretenden Erfahrung neues Verhalten, das sie bisher noch nicht kannten, lernen können. Es kann zwischen zwei wirksamen Modellierungstechniken unterschieden werden: a) der erwünschte Attributionsstil wird von einem Modell, z.B. der Lehrperson, demonstriert und verbalisiert und b) das Modell klärt die Schülerinnen und Schüler über den günstigen Attributionsstil auf.

Veränderung des
Attributionsstils

So führten Gatting-Stiller, Gerling, Stiller, Voß und Wender (1979) misserfolgsorientierten Schulkindern ein Video vor, in dem ein Modell zunächst ungünstige Attributionen verwendete („Ich bin einfach zu dumm dazu"), dann aber zu einer anstrengungsorientierten Attribution wechselte („Es liegt nicht daran, dass ich zu dumm bin (...), ich habe mich einfach nicht genügend angestrengt"). Das Modell verbalisiert hier die erwünschten Attributionen stellvertretend für die Schülerinnen und Schüler, deren Attributionsstile verändert werden sollen. Es zeigte sich im Nachtest bei den Kindern eine deutliche Zunahme der anstrengungsorientierten Attributionen; erwünschte Veränderungen von Attributionsstilen und Leistungsverbesserungen traten auch dann auf, wenn das Modell lediglich über erwünschte Attributionsstile aufklärte (Ziegler & Schober 2001, S. 37).

2.2.3 Selbstkonzept

Selbstkonzept und
Selbstwertgefühl

Ein zentrales Konzept der Psychologie stellt das Selbstkonzept oder auch das Selbst dar. Beide Begriffe werden zum Teil synonym verwendet, und es ist unklar, was genau das Konstrukt Selbst oder Selbstkonzept im Kernbereich umfasst. Es sind zumindest zwei Anteile zu unterscheiden, nämlich die beschreibenden Kognitionen einer Person über sich selbst, oft als Selbstkonzept benannt und die Bewertung dieser Kognitionen, auch Selbstwertgefühl genannt; das Selbst ist der beide Aspekte umfassende Begriff (Rustemeyer 1993, 2001a). In der Pädagogischen Psychologie, und hier speziell im Bereich der bedeutsamen Schülervariablen im Leistungskontext, wird das Selbstkonzept eigener Fähigkeiten, das einen Teilbereich des Selbstkonzepts insgesamt darstellt, als eigenständige Variable immer bedeutsamer.

Selbstkonzept und
Leistungsmotivation

Eine Zeitlang wurde das Selbstkonzept eigener Fähigkeiten gleichgesetzt mit dem Leistungsmotiv der Person. „Nachdem sich gezeigt hatte, dass Erfolgszuversichtliche eher Erfolg und Misserfolgmotivierte eher Misserfolg mit der eigenen Fähigkeit in Zusammenhang bringen, lag die Vermutung nahe, dass sich die Motivgruppen im Selbstkonzept ihrer Fähigkeiten unterscheiden" (Rheinberg 2008, S. 93). Man nahm somit an, dass sich erfolgszuversichtliche Personen durch ein Selbstkonzept hoher eigener Begabung auszeichnen, während Misserfolgsmotivierte durch ein Selbstkonzept geringer eigener Begabung charakterisiert werden können. Diese Gleichsetzung konnte allerdings durch die empirische Forschung nur zum Teil bestätigt werden (Meyer 1984a, S. 154).

Das Fähigkeitsselbstkonzept und seine Auswirkungen auf leistungsthematisches Verhalten werden in der aktuellen pädagogisch-psychologischen Forschung als ein wichtiges Schülermerkmal angesehen. Welche motivationsfördernden oder -hemmenden Auswirkungen unterschiedlich hoch ausgeprägte Fähigkeitseinschätzungen – unabhängig von der tatsächlichen Leistungsfähigkeit einer Person – haben können, belegen eine Reihe empirischer Studien (zusammenfassend Meyer 1984a, 1984b), wobei es sich fast ausschließlich um Laborexperimente handelt.

Fähigkeits-selbstkonzept

2.2.3.1 Auswirkung des Selbstkonzepts auf das Leistungsverhalten

Meyer und Mitarbeiter/innen (zusammenfassend Meyer 1984a) konnten in ihren Untersuchungen sehr eindrucksvoll belegen, dass das Erleben und Verhalten in Leistungssituationen vom Selbstkonzept beeinflusst wird und das Konzept niedriger eigener Begabung ein System ist, das sich aufgrund seiner Auswirkungen selbst stabilisiert. Während Meyer vom Selbstkonzept eigener Begabung spricht, bevorzugen andere Autoren den Begriff Selbstkonzept eigener Fähigkeit (Köller, Daniels, Schnabel & Baumert 2000) oder Selbst-Kompetenz (Jacobs, Lanza, Osgood, Eccles & Wigfield 2002). Die unterschiedliche Benennung hängt nicht zuletzt mit den verwendeten Messinstrumenten zusammen, die hier jedoch nicht im Einzelnen vorgestellt werden können. Meyer (1984b) verdeutlicht zusammenfassend die Wirksamkeit des Selbstkonzepts eigener Begabung in den nachfolgend genannten Bereichen:

leistungsbezogenes Selbstvertrauen

a) *Aufgabenwahl und Ausdauer*
So wählen Personen mit einem hohen Begabungskonzept schwierigere Aufgaben und können sich auch bei auftauchenden Problemen oder einem Misserfolg länger damit beschäftigen als Personen mit einem niedrigen Begabungskonzept.

b) *Anstrengung*
Personen mit einem hohen Begabungskonzept haben die Absicht, sich mehr anzustrengen und strengen sich tatsächlich bei schweren Aufgaben auch mehr an als bei leichten. Bei Personen mit einem niedrigen Begabungskonzept ist es umgekehrt. Die intendierte Anstrengung wird unter Sparsamkeits-Gesichtspunkten reguliert, d. h. wird die eigene Fähigkeit als gering eingeschätzt, dann glaubt die Person auch bei hoher Anstrengung nicht mehr an die erfolgreiche Bewältigung der Aufgabe und es wird von ihr als nutzlos angesehen, weitere Anstrengung zu investieren.

c) *Handlungsirrelevante Gedanken*
Bei Personen mit einem niedrigen Begabungskonzept laufen unter bestimmten Umständen, z.B. wenn ihre Leistungen von anderen beurteilt werden, während der Handlung irrelevante Gedanken ab, die störende Rückwirkungen auf die Handlungsausführung haben. Angst und Aufgeregtheit beeinträchtigen dann die Leistung.

d) Beurteilung und Ursachenzuschreibung der eigenen Leistung

Personen, die ihre Fähigkeiten und Kompetenzen eher für niedrig halten, unterschätzen die eigenen Leistungen, schreiben Erfolge weniger der eigenen Person zu, während sie dagegen Misserfolge eher auf ihren Mangel an Fähigkeiten zurückführen. Personen, die ihre Fähigkeiten für hoch halten, attribuieren Erfolge eher auf die eigene Person und Misserfolge eher auf externe Faktoren wie Zufall (vgl. Punkt 2.2.1.1).

e) Vermeiden begabungsrelevanter Informationen

Personen mit einem hohen Begabungskonzept holen so viele Informationen wie möglich über sich ein, Personen mit einem niedrigen Begabungskonzept vermeiden eher solche Informationen.

substanzielle
Korrelation zwischen
Selbstkonzept und
Schulleistung

Ergebnisse empirischer Studien belegen durchgängig substanzielle Korrelationen zwischen dem Selbstkonzept und der Schulleistung. Der Zusammenhang ist umso ausgeprägter, je älter die Schüler sind und je bereichsspezifischer das Selbstkonzept formuliert ist (Helmke & Schrader 2010). So besteht ein deutlicher Zusammenhang zwischen dem domänenspezifischen mathematischen Selbstkonzept und der Mathematikleistung. In der Studie von Köller, Daniels, Schnabel und Baumert (2000) konnte gezeigt werden, dass der Effekt der Mathematikleistung auf die Wahl eines Leistungskurses zu einem großen Teil auf dem Selbstkonzept der Begabung beruht. Ebenso sind die besseren Leistungen und häufigeren Leistungskurswahlen von Jungen in Mathematik zu einem erheblichen Teil auf das höhere, domänenspezifische Selbstkonzept zurückzuführen (Manger & Eikeland 1998). Dass unterschiedliches Lern- und Leistungsverhalten von Mädchen und Jungen im Fach Mathematik eng mit dem Fähigkeitsselbstkonzept zusammenhängt, wird zusätzlich gestützt durch Befunde, wonach Schülerinnen ihre Fähigkeiten für Mathematik geringer einschätzen als Schüler (Dickhäuser & Stiensmeier-Pelster 2003a; Eccles et al. 1983; Rustemeyer 1999; Rustemeyer & Jubel 1996; Stipek & Gralinski 1991). Tiedemann und Faber (1995) konnten zeigen, dass Mädchen verglichen mit Jungen gegen Ende der Grundschulzeit ein ungünstigeres Selbstkonzept in Mathematik ausgebildet haben, was umso überraschender ist, da die von Mädchen in der Grundschule erzielten guten Mathematikleistungen kein Gegengewicht gegen den schon so früh auftretenden Vertrauensverlust in die eigenen mathematischen Fähigkeiten bilden. Nach Helmke (1998) haben die Mädchen bereits ab der 2. Klasse ein geringeres mathematisches Fähigkeitsselbstbild als Jungen, ein deutlicher korrelativer Zusammenhang des Selbstbildes zu den Mathematikleistungen tritt ab der Sekundarstufe I auf. Auch Ma und Kishor (1997) konnten in ihrer Metaanalyse belegen, dass bei Mädchen und Jungen ein signifikanter Zusammenhang zwischen dem mathematischen Selbstkonzept und der Mathematikleistung besteht, der mit zunehmendem Alter der Kinder enger wird. Weiter konnte Sirsch (2000) in ihrer Untersuchung mit ca. 850 Schülerinnen und Schülern kurz vor dem Übergang von der Grundschule zu weiterführenden Schulen zeigen, dass die Erwartungshaltung in Bezug auf spätere Leistungen – sowohl für das Fach Deutsch als auch für Mathematik – von den tatsächlichen Leistungen und vom Selbstkonzept stark beeinflusst wurden. Es ist generell davon auszugehen, dass sich das Fähigkeitsselbstbild auf die Leistung auswirkt, und vice versa die Leistung einen Einfluss auf die Ausprägung des Selbstkonzepts ausübt.

2.2.3.2 Selbstkonzept und Erfolgserwartung

Da die Erfolgserwartung und das Fähigkeitskonzept in einigen Untersuchungen aufgrund ihrer hohen Korrelation gleichgesetzt werden, sollen die Annahmen von Meyer zur Bestimmung der Erfolgserwartung (oder subjektiven Wahrscheinlichkeit) etwas ausführlicher expliziert werden. Meyer geht davon aus, dass die Höhe der Erfolgserwartung durch drei Faktoren bestimmt wird: die wahrgenommene, objektive Aufgabenschwierigkeit, das Selbstkonzept eigener Begabung und die intendierte Anstrengung; die entsprechende Funktionsbeschreibung lautet bei Meyer (1984a, S. 41): $We_{ik} = f(Si_k, B_k, a_{ik})$.

drei Faktoren der Erfolgserwartung

Somit ist die subjektive Wahrscheinlichkeit von Erfolg bei einer bestimmten Aufgabe (i) der Aufgabenklasse (k) umso höher, je geringer die Schwierigkeit der Aufgabe, je höher die Einschätzung der eigenen Fähigkeit für diesen Aufgabentyp (k) und je höher die Anstrengung, die eine Person bei dieser Aufgabe zu investieren bereit ist. Das sehr plausible Konzept der Anstrengungskalkulation, das Meyer hier anwendet, besagt, dass die Anstrengung einer Person sich immer der Schwierigkeit der Aufgabe anpasst, also bei steigender Aufgabenschwierigkeit eine höhere Anstrengung investiert wird. Dies konnte empirisch jedoch nur zum Teil bestätigt werden, vermutlich, weil die hier angenommene rationale Nützlichkeitsabwägung nur unter bestimmten Bedingungen vorgenommen wird (Rheinberg 2008, S. 93). Allerdings verdeutlicht die Theorie der Anstrengungskalkulation von Meyer, dass das Fähigkeitskonzept nicht einfach mit der subjektiven Erfolgswahrscheinlichkeit gleichgesetzt werden kann.

Nützlichkeitsabwägung

2.2.4 Selbstwirksamkeit

Ein Konzept, das in der pädagogisch-psychologischen Motivationsforschung zunehmend an Bedeutung gewonnen hat, ist die Selbstwirksamkeitstheorie von Bandura. Die wahrgenommene Selbstwirksamkeit wird in Anlehnung an Bandura (1997, 2001) definiert „als die subjektive Gewissheit, neue oder schwierige Anforderungssituationen auf Grund eigener Kompetenz bewältigen zu können" (Schwarzer & Jerusalem 2002, S. 35). Nach Bandura hat die wahrgenommene Selbstwirksamkeit, etwa bezüglich der Leistungen in Mathematik (vgl. Bandura & Schunk 1981) oder bezüglich akademischer Leistungen (vgl. Bandura 1989; Multon, Brown & Lent 1991; Zimmermann 1990), einen wichtigen Einfluss auf das Verhalten der Person. Die Höhe der Selbstwirksamkeit, das legen empirische Studien nahe, beeinflusst die investierte Anstrengung und Ausdauer sowie die Leistungsgüte. So kann die Selbstwirksamkeit im akademischen Bereich Leistungen, Kurs- und Berufswahlen prognostizieren.

Auswirkung auf zukünftiges Verhalten

Zusammenfassend beschreiben Bandura und Schunk (1981) die Auswirkungen der Selbstwirksamkeit folgendermaßen: Die subjektiv wahrgenommene Selbstwirksamkeit wirkt sich auf die Motivation, das Lernverhalten und die aufgewendete Anstrengung aus. Menschen mit hoher Selbstwirksamkeit arbeiten länger und intensiver. Sie geben nicht so schnell auf, auch bei Lernzielen, die schwierig sind. Misserfolge werden nicht als Lernhemmung interpretiert, wenn die Person im Sinne einer hohen Selbstwirksam annimmt, dass sie zu einer Verbesserung fähig ist.

Ergebnis- und Selbstwirksamkeitserwartung

Bandura (1977) unterscheidet zwei Komponenten der Erfolgserwartung (s. Abb. 1), zum einen die Ergebniserwartung (die Erwartung, dass ein bestimmtes Verhalten zum angestrebten Ergebnis führt) und zum anderen die Selbstwirksamkeitserwartung (die Gewissheit, selbst dieses bestimmte Verhalten ausführen zu können). Bandura trennt diese beiden Erwartungen, da beispielsweise ein Schüler zwar davon überzeugt sein kann, dass ein bestimmtes Verhalten zu einem erwünschten Ergebnis führt, er aber an der eigenen Selbstwirksamkeit zweifelt, also daran, dass er die notwendige Ausdauer und Anstrengung aufbringen kann, um die Aufgaben für die nächste Mathematikarbeit hinreichend zu üben, und als Konsequenz davon nicht handelt.

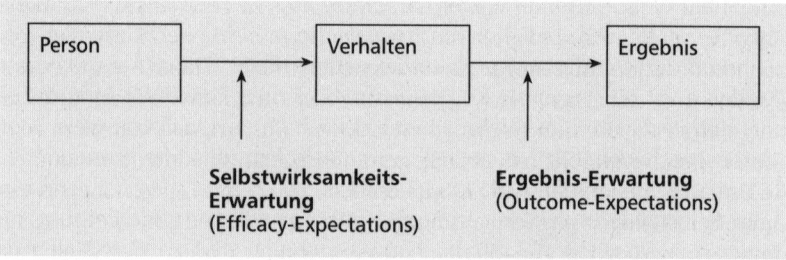

Abb. 1: Unterscheidung von Selbstwirksamkeits- und Ergebniserwartung (nach Bandura 1977)

Verhaltenserklärung und -prognose

Nach Bandura ist die Selbstwirksamkeitserwartung für die Verhaltenserklärung und -prognose wichtiger als die Ergebniserwartung, weil nach seiner Einschätzung Richtung und Dauerhaftigkeit des Verhaltens vor allem durch die auf (realen) Erfahrungen basierende Selbstwirksamkeit bestimmt wird (vgl. Jonas & Brömer 2002, S. 291; Krapp & Ryan 2002, S. 67).

Selbstwirksamkeit = Erfolgswahrscheinlichkeit?

Einige Autoren gehen auf der Grundlage einer genauen Inspektion der verwendeten Instrumente davon aus, dass Bandura zwar theoretisch ein neues Konzept der Selbstwirksamkeit (self-efficacy) konzipiert hat und auch die theoretische Differenzierung zwischen den beiden Erwartungen sinnvoll ist, jedoch empirisch in den meisten Studien nichts anderes als die Erfolgswahrscheinlichkeit überprüft wurde, die bereits Atkinson erfasst hat (vgl. Meyer 1984a; Rheinberg 2008).

Selbstwirksamkeit beeinflusst Leistungsentwicklung

Vor allem wenn die Selbstwirksamkeitserwartung domänenspezifisch erfasst wird, etwa als schulbezogene Selbstwirksamkeit im Fach Mathematik, weist sie theoretisch eine große Nähe zum mathematischen Selbstkonzept auf. Selbstwirksamkeitserwartungen haben sich als bedeutsame Vorhersagevariable für Lern- und Leistungsverhalten in Mathematik erwiesen (Jerusalem & Hopf 2002; Schunk & Pajares 2002). Unterschiede in der Selbstwirksamkeitserwartung schlagen sich in den Mathematikleistungen, wie auch in der Lernfreude und im Lernverhalten nieder (Jerusalem & Mittag 1999; Norwich 1994). So berichten Mittag, Kleine und Jerusalem (2002, S. 169) über die Entwicklung von schulbezogenen Selbstwirksamkeitserwartungen aus dem Modellprojekt „Selbstwirksame Schulen", in dem die Jahrgänge 7 bis 10 in einem querschnittlich und längsschnittlich angelegten Kohortensequenzplan erfasst wurden. Die Daten belegen, dass die Selbstwirksamkeitsentwicklung „stark an die schulische Leistungsentwicklung und das schulische Leistungsniveau – insbesondere an die Mathematikleistung – gekoppelt ist".

Untersuchungen mit Grundschülern haben gezeigt, dass sich Lernergebnisse verbessern, wenn eine positive Veränderungen der Selbstwirksamkeitswahrnehmung festzustellen ist. Diese Veränderung wirkt sich auf die Wahrnehmung der eigenen Lernergebnisse aus, d.h. der Lernende baut eine positive Beziehung zu seinen Lernergebnissen auf (Schunk 1994). Die Wahrnehmung der Selbstwirksamkeit kann von der Lehrperson gesteuert werden, indem Schülerinnen und Schülern positive Rückmeldungen gegeben werden. Diese steigern die wahrgenommene Selbstwirksamkeit, was wiederum in einem positiven Zusammenhang zur Leistung steht (Bouffard-Bouchard, Parent & Larivee 1991).

Vergleicht man die Selbstwirksamkeitstheorie mit anderen motivationalen Theorien, weisen Kritiker weiter daraufhin, dass in der Selbstwirksamkeitstheorie von Bandura lediglich die Erwartungsdimension berücksichtigt wird, während die Wertdimension unberücksichtigt bleibt. Danach würde dieses Modell zwar eine zentrale Komponente moderner, kognitiver Motivationstheorien vertreten, dies reiche allein jedoch nicht aus, das komplexe Motivationsgeschehen, das z.B. auch gegenstandsspezifische Interessen und Ziele umfasst, abzubilden (vgl. Krapp & Ryan 2002, S. 57). Auch wenn eine hohe Selbstwirksamkeitserwartung sich günstig auf Lernen und Leistung auswirkt, so wird doch zur inhaltlichen Ausrichtung und zu den Zielen des motivationalen Geschehens nur wenig gesagt und folglich werden motivational bedeutsame Sachverhalte ausgeklammert. Auf die Bedeutung von Zielen wird insbesondere in den verschiedenen Ansätzen zum selbstgesteuerten Lernen hingewiesen; sie sind unverzichtbar für die Selbstregulation oder Eigensteuerung des Lernverhaltens eines Individuums (s. Punkt 3.3). Ebenso spielen Ziele in den Zielorientierungstheorien (z.B. Dweck & Leggett 1988) eine zentrale Rolle (s. Punkt 2.3.4).

fehlende Wertdimension bei vorhandener Erwartungsdimension

2.3 Theorien mit Schwerpunkt auf der Wertkomponente

Im Folgenden werden verschiedene Theorien vorgestellt, die sich primär auf die Wert-Komponente im Leistungskontext konzentrieren, also darauf, in welchem Umfang einer Aufgabe, einer Handlung oder Tätigkeit subjektiver Wert (im Sinne von Nützlichkeit, Wichtigkeit oder emotionaler Zufriedenheit) zugeschrieben wird. Eine Schülerin, die sich für das Unterrichtsfach Biologie begeistert, weil sie es für ihren Berufswunsch Tierärztin als wichtige Voraussetzung ansieht, oder einfach weil ihr die Inhalte Spaß machen, wird eine größere Lernmotivation entwickeln als eine Schülerin, die das Fach für ziemlich unwichtig oder sogar überflüssig hält. Die Fokussierung auf die Wertkomponente schließt insbesondere die intrinsische Motivation, das Interesse und die Zielorientierungen ein (Eccles & Wigfield 2002).

Wert- Komponente

2.3.1 Intrinsische Motivation

Selbstbestimmung und innere Motivation

Die Theorien zur intrinsischen Motivation, die anfänglich von der einfachen Gegenüberstellung der intrinsischen zur extrinsischen Motivation ausgingen, umfassen inzwischen weiter ausgearbeitete und ausdifferenzierte Theorien. Eccles und Wigfield (2002) fassen unter intrinsischer Motivation die Selbstbestimmungstheorie von Deci und Ryan, die Flow-Theorie von Csikszentmihalyi und differentielle Theorien der intrinsischen Motivation zusammen.

intrinsische vs. extrinsische Motivation

Die Erforschung der intrinsischen in Abgrenzung zur extrinsischen Motivation ist in der Pädagogischen Psychologie sehr intensiv betrieben worden (Deci 1975; Deci & Ryan 1987, 1991). Die Autoren sprechen von einem intrinsisch motivierten Verhalten, wenn es nicht um seiner Konsequenzen und Ergebnisse willen ausgeführt wird und nur aufgrund der damit verbundenen positiven Gedanken und Gefühle für die Person verstärkend ist. Intrinsische Motivation kann somit definiert werden als Wunsch oder Absicht, eine bestimmte Handlung um ihrer selbst willen durchzuführen, weil die Handlung selbst als interessant, spannend, herausfordernd usw. erscheint (Schiefele & Köller 2010, S. 336). Im Falle einer intrinsisch motivierten Lernhandlung einer Schülerin oder eines Schülers spricht man von einer intrinsischen Lernmotivation. Die intrinsisch lernmotivierte Person setzt sich also mit den Lerninhalten um ihrer selbst willen auseinander (Schiefele & Schreyer 1994). Im Gegensatz dazu bezeichnet extrinsische Motivation den Wunsch oder die Absicht, eine Handlung wegen ihrer positiven Folgen auszuführen oder um negative Folgen zu vermeiden. Eine extrinsisch lernmotivierte Person ist demnach von außen her motiviert, durch das Lob eines Lehrers, durch finanzielle Anreize, die Eltern für gute Noten geben oder durch die gute Note selbst. Im Anschluss an frühe Arbeiten von Deci (1975) wurden beide Motivationsarten zunächst als Gegensätze postuliert. Dies beruhte vor allem auf dem empirischen Nachweis, dass intrinsisch motivierte Handlungen durch extrinsische Verstärker unterminiert werden können. Dies geschieht offenbar durch die Attribution der Person, nicht länger sich selbst als Handlungsverursacherin zu sehen, sondern zusätzlich oder sogar überwiegend die Anreize der Umwelt. Eine Konsequenz ist, dass die intrinsische Motivation abnimmt und sich damit die Neigung verringert, die Handlung allein wegen der intrinsischen Befriedigung auszuführen. Diese sogenannte Unterminierungshypothese konnte allerdings durch spätere Studien nicht aufrechterhalten werden, vielmehr zeigte sich, dass intrinsische und extrinsische Motivation keineswegs Antagonisten darstellen, sondern sich gegenseitig ergänzen können. Diese Erkenntnis wurde in der Theorie der Selbstbestimmung weiter ausgearbeitet.

2.3.2 Selbstbestimmungstheorie der Motivation von Deci und Ryan

drei Bedürfnisse: Kompetenz, Autonomie, soziale Eingebundenheit

Die Selbstbestimmungstheorie von Deci und Ryan geht davon aus, dass Menschen drei grundlegende, voneinander unabhängige Bedürfnisse haben, die in engem Zusammenhang zur intrinsischen und extrinsischen Motivation stehen (Bles 2002). Das Bedürfnis nach Erleben eigener Kompetenz (bzw.

eigener Fähigkeit) wurde bereits von White (1959) postuliert. Es besitzt neben dem zweiten Bedürfnis nach Selbstbestimmung oder Autonomie eine Schlüsselfunktion für die Erklärung intrinsischen Verhaltens. Nach Deci und Ryan suchen Personen bevorzugt solche Situationen auf, in denen sie sich in der Auseinandersetzung mit der Umwelt als selbstbestimmt und kompetent erleben können. Spontane Lernprozesse, die im Alltag und in der Schule immer wieder zu beobachten sind und ohne eine erkennbare Verstärkung von außen erfolgen, können damit erklärt werden. Ein Beispiel dafür ist eine Schülerin, die ohne äußeren Druck und äußeren Anreiz so lange an einem schwierigen Text oder einer Mathematikaufgabe arbeitet, bis sie den Text oder den Lösungsweg der Aufgabe verstanden hat. Weiter postulieren Deci und Ryan (1993) ein drittes Bedürfnis, das vor allem bei extrinsischem Verhalten wirksam ist. Da extrinsisches Verhalten hauptsächlich um der Konsequenzen willen, die diesem Verhalten folgen, ausgeführt wird, spielt das Bedürfnis nach sozialer Eingebundenheit eine wichtige Rolle. Personen möchten sich ihrem sozialen Milieu verbunden fühlen und sind dadurch motiviert zu handeln. Aber auch die beiden anderen Bedürfnisse sind für extrinsisches Verhalten wichtig. Personen sind bereit, bestimmte, für sie weniger interessante, Handlungen auszuführen, wenn sie damit ihre Beziehung zu wichtigen Bezugspersonen befriedigend gestalten können, dabei wirksam und effektiv sein können und sich persönlich als autonom und selbstbestimmt erfahren. Die höchste Form des extrinsisch motivierten Verhaltens (die integrierte Regulation, s. Abb. 2) unterscheidet sich dann nur noch wenig vom intrinsisch motivierten Verhalten.

2.3.2.1 Eine Integration intrinsischer und extrinsischer Motivation

Deci und Ryan (1991) haben vor einem entwicklungspsychologischen Hintergrund (Piaget 1952) ihre Theorie der Verhaltensregulation entwickelt, in der intrinsische und extrinsische Motivation quasi integriert werden. Diese Theorie geht von einem Kontinuum von external reguliertem Verhalten zu integriert reguliertem Verhalten aus. Dies entspricht in etwa dem Verlauf des Sozialisationsprozesses eines Kindes, das nur geringe Selbstbestimmung besitzt, hin zum Erwachsenen, der ein Maximum erreicht. Dabei ist beachtenswert, dass ein hohes Maß an Selbstbestimmung nicht nur bei intrinsisch motiviertem, sondern auch bei extrinsisch motiviertem Verhalten erreicht werden kann. Deci und Ryan (1991) verstehen die Entwicklung der extrinsischen Motivation als einen Prozess der zunehmenden Verinnerlichung von Handlungszielen, die nicht intrinsisch motiviert sind (s. Abb. 2). Die Autoren unterscheiden drei Stufen der Internalisierung von Handlungszielen und eine Vorstufe der externalen Regulation (Ryan & Deci 2000).

Theorie der Verhaltensregulation

Dabei wird die Selbstbestimmung der Person als ein Kontinuum von sehr geringer bis zu sehr hoher Ausprägung angesehen. Bei der externalen Regulation ist die geringste Ausprägung der Selbstbestimmung gegeben, da Druck von außen der einzige Maßstab des Handelns ist. Handlungen werden ausgeführt, um eine Belohnung zu erhalten oder einer Bestrafung zu entgehen.

Selbstbestimmung

Auf der ersten Stufe der internalisierten Regulation (der introjezierten Regulation) akzeptiert die Person Normvorschriften. Sie hat somit externale Handlungsziele verinnerlicht, ohne sich jedoch mit ihnen zu identifizieren.

die Stufen der internalisierten Regulation

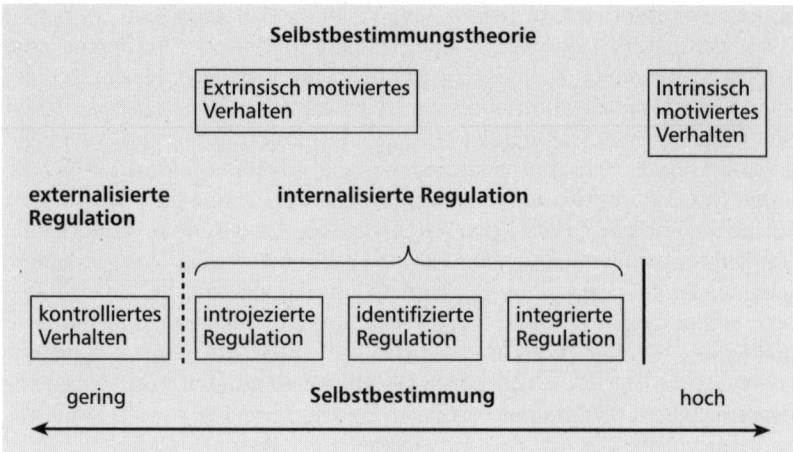

Abb. 2:
Verschiedene
Formen der
intrinsischen und
extrinsischen
Motivation:
Selbstbestimmungs-
theorie
(in Anlehnung an
Bles 2002, S. 239)

Sie handelt nur auf inneren Druck oder weil es sich so gehört, ohne externale Bestrafung oder Anreize. Auf der nächsten Stufe (identifizierte Regulation) identifiziert sich die Person mit den ursprünglich von außen vorgegebenen Handlungszielen und sieht sie als ihre eigenen an. Sie handelt, um Ziele zu erreichen, die sie für wichtig hält, und handelt stärker selbstbestimmt als auf den vorherigen Stufen, ohne jedoch unbedingt an den Handlungen selbst Freude zu haben. Die höchste Form extrinsischen Handelns (die integrierte Regulation) liegt vor, wenn die Person sich mit den Handlungen und deren Zielen identifiziert und sie vollständig und konfliktfrei in ihr Selbst integriert hat. Die Person erlebt sich als Urheber der Handlung und handelt völlig selbstbestimmt. Schon auf der zweiten und dritten Stufe ist die extrinsische Motivation ebenso wie die intrinsische als eine „selbstbestimmte Motivation" zu bezeichnen (vgl. Schiefele & Köller 2010, S. 336). Dennoch wird in dem Ansatz von Deci und Ryan die „integrierte Regulation" als höchste Form der extrinsischen Motivation unterschieden von der intrinsischen Motivation, da die Person handelt, weil sie ein bestimmtes Ergebnis erreichen möchte und die Handlung nicht um ihrer selbst willen ausführt. Für die Praxis ist die eher theoretische Unterscheidung zwischen der höchsten Form der extrinsischen Motivation einerseits und der intrinsischen Motivation andererseits kaum relevant, da der Übergang zwischen beiden Formen fließend ist. Und selbst in der Erforschung dieser beiden Motivationsformen ist es bisher nicht gelungen, eindeutige Korrelate aufzuzeigen (vgl. Bles 2002). Weiter ist daran zu denken, dass sich Phasen der intrinsischen und extrinsischen Lernmotivation abwechseln, denn auch bei hoher intrinsischer Motivation kommt es zu Phasen der Ermüdung oder Sättigung, die nur mit extrinsischer Verhaltensregulation überwunden werden können.

2.3.2.2 Anwendung der Selbstbestimmungstheorie im pädagogischen Kontext

Schiefele und Schreyer (1994) fassten in einer Metaanalyse die Ergebnisse zur intrinsischen Lernmotivation zusammen und kamen zu dem Ergebnis, dass intrinsische Lernmotivation niedrige, aber konsistente, positive Zusammenhänge zu Noten und Tests aufweist. Darüber hinaus scheint intrinsische Motivation eine tiefergehende Form des Lernens zu begünstigen, während extrinsische Lernmotivation eher mit einer oberflächlichen Form des Lernens einhergeht.

tiefergehende und oberflächliche Lernformen

Auf der Grundlage der Selbstbestimmungstheorie führte Buff (2001) eine qualitative Untersuchung mit insgesamt 510 Schülerinnen und Schülern der 5., 8. und 11. Klassenstufe durch und fragte sie nach den Gründen ihres Engagements in den Fächern Deutsch und Mathematik. Die inhaltsanalytische Auswertung der freien Antworten ergab insgesamt 12 Kategorien (s. Tab. 3), wobei die Kategorien 1 und 2 indikativ für intrinsische Motivation sind, die Kategorien 3 bis 8 für selbstbestimmt extrinsisch und die Kategorien 9, 10 und 11 als fremdbestimmt extrinsisch gelten können (zur Begründung siehe Buff 2001, S. 161 f.).

qualitative Untersuchungen bzgl. Selbstbestimmung

Die Ergebnisse machen deutlich, dass die intrinsische Motivation (Kategorien 1 und 2) mit rund 43 % im Lieblingsfach deutlich höher ausgeprägt ist als in den beiden anderen Fächern mit rund 19 % in Deutsch bzw. 23 % in Mathematik. Andererseits sind die beiden Kategorien, die klassische extrinsische Motivation (Kategorie 10 und 11) anzeigen, im Lieblingsfach nur mit ca. 4 % und in den Fächern Deutsch mit ca. 19 % und in Mathematik mit ca. 17 % vertreten.

Ein weiteres interessantes Ergebnis dieser Studie weist auf die gemischte motivationale Orientierung der Schülerinnen und Schüler hin, d.h., sie geben sowohl intrinsische als auch fremd- und selbstbestimmte extrinsische

gemischte motivationale Orientierung

Tab. 3: Gründe für das schulische Engagement in den Fächern Mathematik und Deutsch (aus Buff 2001, S. 161)

	Mathematik N = 981	Deutsch N = 944	Lieblingsfach N = 1156
1. Positives Erleben und Interesse	19,2 %	15,0 %	34,8 %
2. Positives Erleben im Handlungsvollzug	3,4 %	3,7 %	8,7 %
3. Bedeutsamkeit, Nutzen (persönlich, aktuell)	7,7 %	12,2 %	16,7 %
4. Bedeutsamkeit, Nutzen (persönlich, zukunftsbezogen)	15,6 %	9,6 %	7,9 %
5. Bedeutsamkeit, Nutzen (allgemein)	12,9 %	13,8 %	14,2 %
6. Kompetenzerweiterung	9,9 %	16,0 %	4,8 %
7. Selbstdiagnose	4,6 %	3,9 %	5,5 %
8. Persönliche Relevanz von Schulnoten	7,5 %	5,7 %	2,0 %
9. Ehrgeiz und Ansehen	0,4 %	0,4 %	0,1 %
10. Druck, Zwang und Erwartungen	14,6 %	15,4 %	3,1 %
11. Gratifikationen und Sanktionen	2,5 %	3,3 %	0,5 %
12. Rest	1,6 %	1,0 %	1,3 %

Anmerkung: Das „N" gibt die Gesamtzahl der Nennungen für ein Fach an und entspricht jeweils 100 %. Mehrfachnennungen waren möglich.

Gründe für ihr Engagement in dem jeweiligen Fach an, wobei der Anteil der rein fremdbestimmten extrinsischen motivationalen Orientierung mit steigender Schulstufe nicht weniger wird sondern ansteigt. Buff (2001) konnte auch zeigen, dass autonomere Formen der motivationalen Regulation mit einem zunehmenden Engagement im Fach einhergehen.

2.3.2.3 Selbstbestimmung und Lernmotivation

Den Zusammenhang zwischen Selbstbestimmung und Lernmotivation kann man sich durch folgendes Beispiel verdeutlichen: Warum lernt eine Schülerin in der Schule oft nur unwillig englische Vokabeln, während sie sich im letzten Amerikaurlaub spielend und fast wie von selbst viele englische Vokabeln angeeignet hat? Die Selbstbestimmungstheorie bietet eine plausible Erklärung für dieses allseits bekannte Phänomen an, da nach Deci und Ryan (1993) eine auf Selbstbestimmung basierende Lernmotivation nachweislich positive Wirkungen auf die Qualität des Lernens hat. Das eigentlich Neue an der Selbstbestimmungstheorie von Deci und Ryan ist die Annahme, dass nicht nur intrinsische Motivation als selbstbestimmt erlebt werden kann, sondern auch extrinsische Motivation. Wenn ein hoher Grad an Selbstbestimmung eine positive Wirkung auf die Lernmotivation und den Lernerfolg hat und es Lehrpersonen im Unterricht gelingt, auch bei extrinsischer Motivation einen möglichst hohen Selbstbestimmungsgrad zu gewährleisten, dann kann der Lernerfolg auch bei zunächst unbeliebten Lerninhalten, mit denen sich Schülerinnen und Schüler nur beschäftigen um eine bestimmte Note zu erzielen, erreicht werden. Je mehr das ursprünglich von außen vorgegebene Lernziel von den Lernenden auch als persönliches Ziel betrachtet wird, desto eher stellt sich das Empfinden von Selbstbestimmung ein und desto größer ist der zu erwartende Lernerfolg. Nach Deci und Ryan ist effektives Lernen sowohl auf intrinsische Motivation als auch auf integrierte Selbstregulation angewiesen. Die gleichen sozialen Faktoren, die zur Steigerung von intrinsischer Motivation und integrierter extrinsischer Motivation beitragen, sollten deshalb auch hochqualifiziertes, selbstbestimmtes Lernen unterstützen (s. Punkt 3.3).

Zur Steigerung selbstbestimmter Motivation geben Deci und Ryan (1993) folgende Empfehlungen:

Anforderungsniveau, Aufgabenangemessenheit, Feedback

– Herstellen eines optimalen Anforderungsniveaus. Die Diskrepanz zwischen den Anforderungen der Aufgabe/Tätigkeit und den Fähigkeiten sollte so gestaltet sein, dass die Aufgabe weder zu leicht noch zu schwer ist (s. dazu auch Punkt 2.3.3). Weiter dient ein positives Feedback der Stärkung der wahrgenommenen eigenen Kompetenz der Schüler. Das Feedback sollte informativ sein und nicht kontrollierend auf die Schülerin oder den Schüler wirken. Auch ein informatives, negatives Feedback, das in autonomieunterstützender Weise gegeben wird, kann zur Stärkung der Lernmotivation führen.

Autonomie

– Förderung der Autonomieerfahrung der Kinder durch Eingehen auf ihre persönlichen Interessen und Perspektiven; Einräumen von Wahlmöglichkeiten und Handlungsspielräumen.

Zuwendung und Unterstützung

– Die höchste Form der internalisierten Motivation wird vor allem dann gefördert, wenn für das Kind wichtige Erwachsene persönlich Anteil nehmen und die Autonomiebestrebungen unterstützen. Schülerinnen und Schüler werden von den Lehrpersonen kompetenter eingeschätzt, wenn sie im Elternhaus relativ hohe Autonomieunterstützung erhielten und ihre Eltern persönliche Zuwendung zeigten.

Weitere Hinweise für die Gestaltung eines interessenorientierten Mathematikunterrichts mit konkreten Unterrichtsvorschlägen auf der Grundlage der Selbstbestimmungstheorie und der Interessentheorie (s. Punkt 2.3.5) gibt Bikner-Ahsbahs (1999).

2.3.3 Theorie des Flow

Die Flow-Theorie von Csikszentmihalyi stellt eine besondere Form der intrinsischen Motivation dar. Wie Deci und Ryan in der Selbstbestimmungstheorie herausgearbeitet haben, sind die Bedürfnisse nach Selbstbestimmung und Kompetenz eine wichtige Grundlage der intrinsischen Motivation. Dies trifft allerdings auch auf bestimmte Formen der extrinsischen Motivation zu, so dass die Erfüllung dieser eher kognitiven Bedürfnisse nicht vollständig erklären kann, warum eine Person intrinsisch motiviert handelt und diese Tätigkeiten freiwillig und gern ausführt. Hier setzt nun die Flow-Theorie an, um zu erklären, wie das subjektive Erleben einer intrinsisch motivierten Person aussieht und warum diese emotionale Erfahrung als so positiv und belohnend erlebt wird (Csikszentmihalyi & Schiefele 1993). Nach Eccles und Wigfield (2002) beschreiben die Selbstbestimmungs- und Flow-Theorie zwei Seiten einer Medaille. Die Selbstbestimmungstheorie erklärt die Verhaltensgründe global und auf einen längeren, zeitlichen Abschnitt bezogen, während die Flow-Theorie die momentan wirksamen Gründe des Verhaltens einer Person erklärt.

globale und momentane Verhaltensgründe

2.3.3.1 Merkmale des Flow-Erlebens

Flow bezeichnet ganz allgemein den Zustand des reflexionsfreien völligen Aufgehens in einer Tätigkeit. Es geht hierbei um die emotionale Erfahrung, die eine Person bei der Ausführung einer Tätigkeit macht. Das Flow-Erleben umfasst folgende Merkmale (vgl. Csikszentmihalyi 1996; Csikszentmihalyi & Schiefele 1993, S. 210):

Merkmale des Flow-Erlebens

a) *Verschmelzen von Handlung und Bewusstsein*
Die Person im Flow-Zustand ist sich nur der Handlung, nicht jedoch ihrer selbst als handelndes Subjekt bewusst. Die Person geht gänzlich in der eigenen Aktivität auf. Es kommt zum Verlust von Reflexivität und Selbstbewusstheit. Die Handlungsanforderungen sind für die Person völlig klar, so dass sie ohne nachzudenken und ohne über die Tätigkeit zu reflektieren genau weiß, was richtig ist und was zu tun ist.

Verlust von Reflexivität und Selbstbewusstsein

b) *Zentrierung der Aufmerksamkeit auf die momentane Tätigkeit*
Die Aufmerksamkeit der Person richtet sich nur auf die auszuführende Tätigkeit. Die Konzentration kommt aber wie von selbst, d.h., die Person muss sich nicht willentlich auf die Ausführung der Handlung konzentrieren. Auch das Zeiterleben ist stark beeinträchtigt; Stunden vergehen wie Minuten und die Person weiß häufig nicht mehr, wie lange sie tätig war.

Konzentration

logische, flüssige
Handlungsschritte

c) Selbstvergessenheit

Im Zustand des Flow werden Kognitionen, die nicht unmittelbar auf die momentane Ausführung der Tätigkeit gerichtet sind, ausgeblendet. Das Selbst als bewusst wahrgenommene Steuerungsinstanz rückt in den Hintergrund. Ein Handlungsschritt geht flüssig und ohne Unterbrechung in den nächsten über, so als handle die Person wie aus einer inneren Logik heraus.

optimale
Beanspruchung

d) Ausüben von Kontrolle über Handlung und Umwelt

Im Flow-Zustand fühlt die Person sich optimal beansprucht, kraftvoll und leistungsfähig und hat trotz hoher Anforderungen das sichere Gefühl, die Situation im Griff oder unter Kontrolle zu haben.

2.3.3.2 Bedeutung des Flow für die pädagogische Praxis

Flow-Erleben
erzeugt intrinsische
Lernmotivation

Die positive Erlebensqualität des Flow ist nach dieser Theorie wichtig für das schulische Lernen. Beispielsweise konnte Schüler (2007) in einer Studie mit Studierenden positive Zusammenhänge zwischen Flow und akademischer Leistung und Lernen nachweisen. Somit stellt das Flow-Erleben eine wichtige Voraussetzung für die Entwicklung einer intrinsischen Lernmotivation dar. Es führt bei dem Schüler und der Schülerin zu dem Wunsch, sich mit den Aufgaben zu beschäftigen, nicht um einer extrinsischen Belohnung willen, sondern weil die Beschäftigung mit der Aufgabe an sich ein positives, äußerst angenehmes Erlebnis ist.

Eine wichtige Voraussetzung für das Erleben von Flow in der Schule oder auch bei anderen Tätigkeiten ist die Passung zwischen den Anforderungen und den eigenen Fähigkeiten, wie in Abb. 3 verdeutlicht wird.

Anforderungen an
Leistungsniveau an-
passen, Kompetenz-
entwicklung

Die gelungene Passung hängt davon ab, dass die Fähigkeiten bzw. das Leistungsniveau (z.B. das Vorwissen) des Schülers und die Anforderungen (z.B. Schwierigkeitsgrad des Stoffes), die an ihn gestellt werden, nicht zu

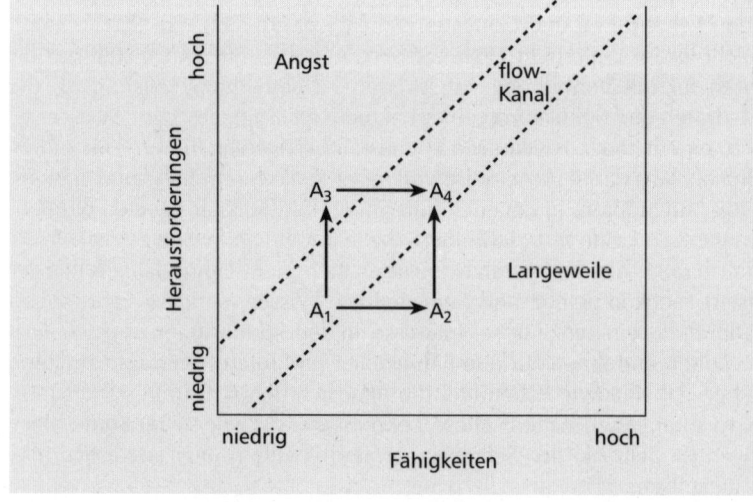

Abb. 3:
Entstehung der
Flow-Erfahrung
(nach
Csikszentmihalyi
1996, S. 107)

weit auseinanderliegen. Sind die Fähigkeiten zu gering und die Anforderungen zu hoch, kommt es zum Erleben von Angst, im anderen Fall, wenn die Fähigkeiten hoch sind, aber die Anforderungen zu gering, tritt Langeweile auf. Die Abbildung soll darüber hinaus auch deutlich machen, dass das Flow-Erleben die Person dazu anregt, sich immer weiter zu verbessern. Wenn das eigene Leistungsniveau, z.B. weil es sich um einen neu zu erarbeitenden Bereich handelt, noch sehr gering ist, kann schon auf einem vergleichsweise geringen Niveau der Herausforderung und Fähigkeit Flow erlebt werden (A1). Wenn sich dann durch Übung oder Erfahrung die eigenen Fähigkeiten verbessern, kann es bei gleichhoher Herausforderung zu Langeweile kommen (A2), steigen jedoch die Anforderungen schneller als die eigenen Fähigkeiten, kann Angst auftreten (A3). Wenn auf einem höheren Niveau wiederum eine Passung erreicht wird, kommt es erneut zu einem Flow-Erleben. A1 als auch A4 beschreiben Situationen, in denen die Person Flow erlebt, allerdings beschreibt A4 eine komplexere Erfahrung. „Diese Dynamik erklärt, warum flow-Aktivitäten zu Wachstum und Entdeckungen führen. Man kann die gleiche Sache auf gleicher Ebene nicht lange genießen. Entweder man langweilt sich, oder man wird frustriert, und dann drängt einen der Wunsch, wieder Spaß zu haben, dazu, sich anzustrengen oder neue Möglichkeiten zu finden, seine Fähigkeiten anzuwenden" (Csikszentmihalyi 1996, S. 108). Das Erleben von Flow führt danach zu einer Weiterentwicklung in Richtung zunehmender Kompetenz in dem entsprechenden Bereich und zu erkennbaren Lernfortschritten.

Eine weitere, wichtige Bedingung für das Erleben von Flow ist die Eindeutigkeit der Handlungsstruktur; damit ist gemeint, dass die Anforderungen und Rückmeldungen im Lernprozess eindeutig sein müssen. Der Schülerin und dem Schüler muss ganz klar sein, wie das Ziel aussieht, welcher Stoff in welchem Umfang zu lernen ist. Sie müssen zu jedem Zeitpunkt ohne größere Reflektion feststellen können, ob sie auf dem richtigen Weg sind. Die Eindeutigkeit der Handlungsstruktur betrifft auch die Lernstrategien. Die Schüler müssen wissen, welche Strategien sie sinnvollerweise einsetzen können und wie sie im Lernprozess vorzugehen haben (Csikszentmihalyi & Schiefele 1993). *Zielorientierung*

Wenn Lehrerinnen und Lehrer erreichen wollen, dass ihre Schülerinnen und Schüler im Unterricht Flow erleben, reicht es nicht aus, sich nur als Experten für die Vermittlung von Wissen zu betrachten. Wichtig ist, die Schülerinnen und Schüler von einem aktuellen Fertigkeits- bzw. Wissensniveau zu einem neuen Niveau von Herausforderungen zu führen. Um zu verdeutlichen, was damit gemeint ist, verweisen Csikszentmihalyi und Schiefele (1993) auf Studien, in denen Schülerinnen und Schüler gebeten wurden, diejenigen Lehrkräfte zu beschreiben, die in ihrem Leben eine zentrale Rolle gespielt haben. Als einflussreich erwiesen sich nicht Lehrpersonen mit der höchsten Fachkompetenz und dem meisten Wissen, sondern Lehrerinnen und Lehrer, die ein persönliches Interesse an den Schülerinnen und Schülern entwickelten und ihnen auf ihre Fähigkeiten und Interessen zugeschnittene Aufgaben gaben sowie Lehrkräfte, die offensichtlich selbst ein starkes Interesse an ihrem Fach hatten. Diese Lehrpersonen scheinen im Sinne eines positiven Modells bei den Schülerinnen und Schülern Begeisterung für das Fach auszulösen. *einflussreiches Lehrpersonal*

2.3.4 Zielorientierung

Lernerfolge und
Leistungsergebnisse

Neuere Forschungsansätze beschäftigen sich mit grundlegenden motivationalen Orientierungen von Individuen im Zusammenhang mit Lernerfolgen und Leistungsergebnissen. Für Schülerinnen und Schüler kann es verschiedene Gründe geben, die sie veranlassen, im Unterricht gute Leistungen zu erbringen. Sie können das vorrangige Ziel haben, von anderen anerkannt und gelobt zu werden und zu zeigen, dass sie besser sind als die anderen. Es kann andererseits wichtig sein, sich mit einer herausfordernden Sache um ihrer selbst willen zu beschäftigen, Spaß daran zu haben, auch ohne sofortigen Erfolg, und dadurch die eigenen Kompetenzen und Fähigkeiten zu erweitern, wie es beispielsweise bei intrinsisch motivierten Personen der Fall ist.

motivationale
Orientierungen

Verschiedene Autorinnen und Autoren (vgl. Ames 1992; Butler 1999; Dweck & Leggett 1988; Nicholls 1984) formulieren in ihren Theorien unterschiedliche motivationale Orientierungen oder Zielorientierungen von Lernenden. So wird unterschieden zwischen Lernenden, die hauptsächlich auf die Beherrschung von Aufgaben und die Erweiterung der eigenen Kompetenz zielen und Lernenden, die vorrangig versuchen, ihre Kompetenz zu demonstrieren bzw. nicht vorhandene Kompetenz zu verbergen. Eine motivationale Orientierung, die sich durch das Streben nach Kompetenzzuwachs auszeichnet, wird je nach Autor/in auch als Lernziel-, Aufgaben-, oder Bewältigungs-(mastery)Orientierung bezeichnet. Die als entgegengesetzt konzipierte Ziel-Orientierung, die sich durch die Demonstration von Kompetenz auszeichnet, wird als Leistungsziel-, Ich-, oder Folgenorientierung bezeichnet. In Tab. 4 sind die unterschiedlichen Bezeichnungen samt Quellenangabe aufgeführt.

Theorie der
Lernmotivation

Im Folgenden wird die Theorie der Lernmotivation von Dweck und Mitarbeiterinnen (Dweck 1986; Dweck & Leggett 1988; Elliott & Dweck 1988; zusammenfassend Dweck 1999) näher vorgestellt, da sich dieses Modell als recht fruchtbar für die weitere Forschung erwiesen hat und inzwischen eine Reihe empirischer Studien dazu vorliegen. Im Rahmen ihres Modells können die Autorinnen konkrete Verhaltensvorhersagen ableiten und die Bedingungen der beiden unterschiedlichen Zielorientierungen spezifizieren.

**Tab. 4: Unterschiedliche Bezeichnungen der motivationalen
Orientierungen und Quellen**

Bezeichnung	Quelle
Aufgaben- und Folgen-Orientierung	Heckhausen & Kuhl (1985)
Lern- und Leistungsziel-Orientierung (learning goals vs. performance goals)	Dweck (1986) Dweck & Legett (1988)
Bewältigungs- und Leistungsziel-Orientierung (mastery goals vs. performance goals)	Ames (1992) Ames & Ames (1984)
Aufgaben- und Ich-Orientierung (task orientation vs. ego orientation)	Nicholls (1984, 1992)

Eine zentrale Annahme der Theorie besagt, dass Schülerinnen und Schüler entweder Lernziele (learning goals) oder Leistungsziele (performance goals) verfolgen, wobei Dweck (1986) die beiden Zielorientierungen als Endpunkte einer Dimension ansieht. Es wird angenommen, dass Mädchen und Jungen mit unterschiedlichen Zielen auch Unterschiede in der Aufmerksamkeitsrichtung und in der Interpretation von Leistungen zeigen. Ist ein Schüler lernzielorientiert und demzufolge vor allem am Erwerb neuer Fähigkeiten und der Erweiterung seiner Kompetenzen interessiert, sollte er vor allem an Rückmeldungen interessiert sein, die ihm Auskunft über seine Fähigkeiten und über die Angemessenheit seines Umgangs mit der Aufgabe (Angemessenheit seiner Lern- und Lösungsstrategien) geben (Stiensmeier-Pelster, Balke & Schlangen 1996; Stöger 2002).

Lern- und Leistungsziele

Auch die Interpretation der eigenen Misserfolge ist bei lernziel- bzw. leistungszielorientierten Personen unterschiedlich. Verstehen Schülerinnen und Schüler eine Leistungssituation als persönliche Herausforderung, haben Misserfolge einen anderen Stellenwert, als wenn sie nur darum bemüht sind, ihre Kompetenzen vor anderen zu demonstrieren bzw. ihre Inkompetenzen zu verbergen. Misserfolge können informativ sein, wenn es darum geht, einen Lernzuwachs zu erzielen, da sie Informationen darüber liefern, warum eine Problemlösung nicht angemessen war und wie sie verbessert werden könnte. Für Mädchen und Jungen mit einer Leistungszielorientierung sind dagegen Misserfolge bedrohlich, da diese fehlende oder unzureichende eigene Fähigkeiten auch für andere sichtbar machen können.

Interpretation der Misserfolge

Nach Dweck und Leggett (1988) ist die implizite Theorie der Intelligenz von Schülerinnen und Schülern die zentrale Ursache dafür, welche der beiden Zielorientierungen sie in einer Leistungssituation verfolgen. Gehen Personen davon aus, dass es sich bei der Intelligenz um ein modifizierbares,

implizite Theorie der Intelligenz

Tab. 5: Motivationale Orientierungen nach Dweck (1986), Dweck und Leggett (1988) sowie Nicholls (1984) (in Anlehnung an Rheinberg 2008, S. 91)

Aufgaben-Orientierung *Lernziel-Orientierung*	*Ego-Orientierung* *Leistungsziel-Orientierung*
Ziel: Lernzuwachs, Kompetenzsteigerung zu erreichen	*Ziel:* Fähigkeit vor anderen zu demonstrieren bzw. Unfähigkeit zu verbergen
Ursache: Fähigkeiten werden als veränderbar angesehen (Modifizierbarkeitstheorie), damit einhergehend: bevorzugte Attribution auf mangelnde Anstrengung	*Ursache:* Fähigkeiten werden als unveränderbar angesehen (Stabilitätstheorie), damit einhergehend: bevorzugte Attribution auf mangelnde Fähigkeit
Rückmeldungen: Sie gelten als lernrelevante Informationen (Misserfolg ist informativ)	*Rückmeldungen:* Misserfolgsrückmeldungen sind bedrohlich
Bezugsnorm: Orientierung an individuellen Bezugsnormen	*Bezugsnorm:* Orientierung an sozialen Bezugsnormen

also prinzipiell veränderbares Merkmal handelt, führt dies nach Dweck und Leggett zu einer Lernziel-Orientierung. Die eigene Intelligenz kann sich verbessern und zunehmen und dies wird auch im Sinne einer positiven Beeinflussung angestrebt. Gehen Mädchen und Jungen jedoch davon aus, dass eine Veränderung der Intelligenz nicht möglich ist, besteht ihr Ziel darin, die vorhandenen Fähigkeiten gut zur Geltung zu bringen bzw. nicht vorhandene Fähigkeiten vor anderen zu verbergen (vgl. Schlangen & Stiensmeier-Pelster 1997; Stöger 2002).

Weiter nehmen Dweck und Leggett (1988) an, dass Personen, für die Intelligenz ein stabiles und unkontrollierbares Merkmal ist, Leistungsergebnisse vorrangig auf die eigenen (fehlenden) Fähigkeiten zurückführen. Wird die Intelligenz jedoch als ein veränderbares Merkmal angesehen, auf das man selbst Einfluss nehmen kann, sollten Leistungsergebnisse eher auf variable Faktoren wie Anstrengung attribuiert werden. Diese Annahmen zum Attributionsstil leiten Dweck und Legett (1988) aus empirischen Untersuchungen zur erlernten Hilflosigkeit ab, die Dweck und Mitarbeiterinnen in den 1970er und 1980er Jahren durchgeführt haben (vgl. Tab. 5).

2.3.4.1 Das Motivationsprozessmodell von Dweck und Leggett

Intelligenz-verständnis

Dweck und Leggett (1988) stellen ein Motivationsprozessmodell vor, in dem die verschiedenen Konstrukte wie implizite Theorie, Zielorientierung und Selbstkonzept eigener Begabung zueinander in Beziehung gesetzt werden und leistungsrelevantes Verhalten vorhergesagt wird (s. Tab. 6). Ausgangspunkt bildet die Intelligenztheorie. Die Art, wie Schülerinnen und Schüler ihre Intelligenz verstehen, welche impliziten Theorien zur Veränderbarkeit von Intelligenz sie haben, spielt in dem Modell von Dweck eine zentrale Rolle, da sich Individuen grundlegend darin unterscheiden, ob sie Intelligenz als unveränderbar ansehen (Stabilitätstheorie) oder als eine durch Übung und Anstrengung veränderbare Größe (Modifizierbarkeitstheorie).

implizite Theorie
und Zielorientierung

Die implizite Theorie steht nun im engen Zusammenhang mit den Zielorientierungen. Entweder richtet sich das Bemühen einer Person in Leistungssituationen darauf, die eigenen Fähigkeiten zu verbessern und zu erweitern (dann wird eine Lernzielorientierung verfolgt) – was vor allem Sinn macht, wenn die eigene Fähigkeit als veränderbar angesehen wird – oder aber die Person versucht, vorhandene Fähigkeiten vorrangig vor anderen zu demonstrieren bzw. Unfähigkeit zu verbergen (dann wird eine Leistungszielorientierung verfolgt). Das Kennzeichen von erfolgreichen Schülerinnen und Schülern besteht nach Dweck (1999) darin, dass sie Herausforderungen suchen, Anstrengung positiv bewerten und bei Hindernissen ausdauernd sind, also eine „mastery-Orientierung" (vgl. Tab. 6) ausgebildet haben. Mastery- oder bewältigungsorientierte Qualitäten entwickeln sich nach Dweck (1999) in enger Abhängigkeit von der Art und Weise, wie Menschen ihre Intelligenz verstehen. Es macht eben nur dann Sinn, ein Lernziel anzustreben, wenn man davon überzeugt ist, damit neue Kompetenzen erwerben zu können.

Selbsteinschätzung

Die Einschätzung der eigenen Begabung nimmt in der Theorie von Dweck eine Moderatorfunktion zur Vorhersage des Verhaltens in Leistungssituatio-

Tab. 6: Die Grundstruktur der Leistungsmotivationstheorie von Dweck (1986) sowie Dweck und Leggett (1988)

Implizite Intelligenz-Theorie	Zielorientierung	Einschätzung der eigenen Begabung (Moderator-funktion)	Verhalten
Stabilitäts-theorie →	Leistungsziel-Orientierung →	hoch →	beharrlich
		niedrig →	hilflos
Modifizierbar-keitstheorie →	Lernziel-Orientierung →	hoch →	beharrlich
		niedrig →	beharrlich

nen ein. Bei Personen, die überzeugt sind, dass Intelligenz ein stabiles, nicht steigerbares Merkmal ist, und demzufolge eine Leistungsziel-Orientierung vertreten, kann es nach Misserfolg leicht zu hilflosen Verhaltensweisen kommen, wenn sie ihre eigenen Fähigkeiten als niedrig einschätzen. Hilfloses Verhalten äußert sich vor allem in schnellem Aufgeben bei Schwierigkeiten oder Misserfolgen, da hilflose Personen nicht glauben, ihre Leistungen aus eigener Kraft verbessern zu können. Leistungszielorientierte mit einem positiven Selbstkonzept werden dagegen, ebenso wie Lernzielorientierte, die an die prinzipielle Beeinflussbarkeit von Intelligenz glauben, auf Misserfolg mit vermehrter Anstrengung, also beharrlich reagieren.

2.3.4.2 Konsequenzen für die Schule

Nach Dweck (1999) kann die implizite Stabilitätstheorie als ein Verarbeitungssystem charakterisiert werden, in dem Herausforderungen eine Bedrohung des Selbst darstellen. Schülerinnen und Schüler mit dieser Theorie lassen sich Lernmöglichkeiten entgehen, falls die Aufgaben zu herausfordernd sind und Fehler mit sich bringen könnten. Leistungsschwächere Mädchen und Jungen, die eine Leistungszielorientierung verfolgen, strengen sich oft weniger an, um ihren Selbstwert zu schützen. Da sie mangelnde Fähigkeiten möglichst verbergen möchten, ist für sie die Rückführung von Misserfolgen auf mangelnden Einsatz selbstwertdienlich. Wenn dagegen das Ziel die Beherrschung der Aufgabe im Sinne einer Lernzielorientierung ist, wird mehr Anstrengung investiert (Tollefson 2000). — *Leistungsziel- und Lernzielorientierung*

Schülerinnen und Schüler mit einer Zuwachstheorie, die von der Flexibilität und prinzipiellen Veränderbarkeit ihrer Intelligenz überzeugt sind, verhalten sich anders: Sie glauben daran, dass sie mit Anstrengung und Leistung ihre intellektuellen Fähigkeiten verbessern können, ohne dabei zu vernachlässigen, dass Menschen sich sehr wohl darin, wie viel sie wissen und wie schnell sie gewisse Dinge meistern können, unterscheiden. Solch eine Sichtweise führt zu einer Reihe positiver, motivierender Folgen. Es motiviert — *Zuwachstheorie bzgl. Intelligenz* dazu, zu lernen und sich anzustrengen. Sogar Schülerinnen und Schüler mit geringer Zuversicht versuchen schwierige Aufgaben zu bewältigen und bleiben beharrlich dabei, denn es motiviert sie, wenn sie Dinge meistern und ihre Fähigkeiten ausprobieren können (vgl. Dweck 1999).

Oberflächen und Tiefenstrategie
Motivationale Orientierungen im Schulkontext wirken sich offenbar auch darauf aus, welche Lernstrategien bevorzugt eingesetzt werden (Ames & Archer 1988). Lernzielorientierte Personen benutzen eher Tiefenstrategien, d. h. sie bemühen sich, den Lernstoff zu verstehen, während Leistungszielorientierte dagegen eher Oberflächenstrategien verwenden, die hauptsächlich darauf abzielen, den Stoff – ohne tieferes Verständnis – reproduzieren zu können (s. Punkt 3.3.5).

Die Lernzielorientierung hängt weiter mit dem Interesse zusammen (Hidi & Harackiewicz 2000). Interessiert sich ein Schüler für einen bestimmten Unterrichtsgegenstand, wird bei ihm eher das Bedürfnis geweckt, sich intensiver damit auseinanderzusetzen und mehr darüber zu erfahren. Andererseits werden Schülerinnen und Schüler, die eine Lernzielorientierung besitzen und sich mit einem neuen Gegenstand beschäftigen, stärkeres Interesse dafür entwickeln (vgl. Dweck 1986; Heyman & Dweck 1992). Zusammenfassend ist somit festzuhalten, dass sich eine Lernzielorientierung (auch Aufgaben-/Mastery-Orientierung) eher lernförderlich und eine Leistungszielorientierung eher lernhinderlich auswirken.

2.3.5 Interesse

Interessenkonzept
Eine Aufgabe von Schule ist es, ein möglichst dauerhaftes schulisches und akademisches Interesse zu entwickeln. In den letzten 20 Jahren hat eine intensive theoretische Auseinandersetzung und empirische Forschung zum Interessenkonzept und insbesondere zum Zusammenhang zwischen Interesse und Lernmotivation stattgefunden. Durch die Publikationen der Arbeitsgruppe um Krapp (Krapp 1992, 1993, 2010; Krapp & Prenzel 1992; Schiefele 1996; Schiefele & Wild 2000) wurde das Interesse wieder zunehmend in den Mittelpunkt der Aufmerksamkeit gerückt.

2.3.5.1 Person-Gegenstands-Theorie des Interesses

Def. Interesse
Theoretisch fasst Krapp in seiner Person-Gegenstands-Theorie das Interesse als eine „besondere Relation oder Beziehung zwischen einer Person und einem Lern-Gegenstand" auf (vgl. Krapp & Ryan 2002, S. 69). Ein integraler Bestandteil seiner Interessendefinition besteht in der Annahme, dass das Interesse einer Person immer auf einen spezifischen Gegenstand ausgerichtet ist; somit kann auch die auf dem Interesse beruhende Lernmotivation näher durch den Gegenstand oder Inhaltsbereich, auf den sie sich richtet, charakterisiert werden.

situationales vs. individuelles Interesse
In der Interessensforschung wird zwischen dem situationalen und individuellen Interesse unterschieden: Das situationale Interesse wird durch die Lernumgebung hervorgerufen, es handelt sich folglich um einen situativ ausgelösten Zustand des „Interessiertseins" (s. Abb. 4). Das individuelle Interesse wird als eine situationsübergreifende, motivationale Disposition verstanden, d. h., als ein relativ stabiles Personenmerkmal und ist somit ein wichti-

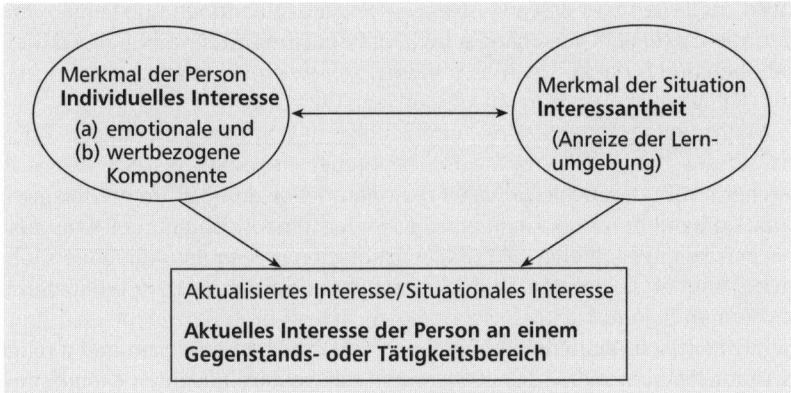

Abb. 4:
Die relationale
Person-Gegen-
stands-Konzeption
des Interesses

ger, zentraler Bestandteil des Selbstkonzeptes einer Person (Krapp & Ryan 2002, S. 70). Das individuelle Interesse setzt sich wiederum zusammen aus einer emotionalen und der wertbezogenen Komponente, die miteinander verknüpft sind. „Die emotionale Komponente besagt, dass ein Interesse während seiner Realisierung mit überwiegend positiven Gefühlen verbunden ist, z.B. mit optimaler Spannung und Freude an der Auseinandersetzung mit dem Interessengegenstand" (Krapp & Ryan 2002). Bei diesen „gefühlsbezogenen Valenzen" des Interessenkonzepts wird der enge Bezug zur intrinsischen Motivation und zum Flow-Konzept erkennbar. Die wertbezogene Komponente verweist darauf, „dass der Interessengegenstand und die inhaltliche Auseinandersetzung mit diesem Gegenstand für die Person eine herausgehobene, subjektive Bedeutung hat. Diese Einschätzung ist unabhängig von der tatsächlichen („objektiven") Bedeutung eines Sachverhaltes oder eines bestimmten Themas" (Krapp & Ryan 2002, S. 69f.). Für einen Schüler kann die Interessantheit eines Gegenstandes der Auslöser für die interessengeleitete Beschäftigung mit diesem Gegenstand sein, ebenso wie das relativ zeitstabile, persönliche Interesse. Beide Komponenten sind jedoch nicht eindeutig voneinander zu trennen.

Die Interessenforschung unterscheidet grundsätzlich zwischen der prozess- und strukturorientierten Forschung. Gegenstand der prozessorientierten Interessenforschung ist das situationale Interesse (auch Interessantheit genannt), das vor allem durch motivierende, herausfordernde Lernumgebungen oder Lernmaterialien angeregt und ausgelöst wird. Ein anderer Gegenstand der prozessorientierten Forschung ist das dispositionale, relativ überdauernde Interesse. Empirisch überprüft wurde u.a. der Zusammenhang zwischen der Interessantheit bzw. dem aktualisierten Interesse und den Behaltensleistungen von Personen. So konnte ein positiver Einfluss der Interessantheit, wie auch des Interesses auf den Wissenserwerb und die Behaltensleistungen, nachgewiesen werden (Krapp 2010, S. 314; Schiefele 1996). *Interessenforschung*

Die meisten Forschungsarbeiten sind jedoch am strukturorientierten Forschungsansatz ausgerichtet und befassen sich mit individuellen Interessenunterschieden und dem Zusammenhang mit schulischem Lernen und Leistungen. Empirische Untersuchungen belegen, dass Interesse in engem Zusammenhang mit Schul- und Studienleistungen und dem Lernverhalten *empirische Untersuchungen* steht. So liegen die Zusammenhänge zwischen der Schulleistung allgemein und dem Interesse (unabhängig von Fach und Schulstufe) bei einer durchschnittlichen Korrelation von r = .30 (vgl. Schiefele, Krapp & Schreyer 1993).

2.3.5.2 Interesse und Lernverhalten

Lernmotivation

Interesse kann nach Prenzel (1994) als eine besondere Lernmotivation verstanden werden. Wenn ein Schüler oder eine Schülerin an einer Sache oder einem Gegenstand interessiert ist, richtet sich das Bestreben auf ein zunehmend tieferes Verstehen des Gegenstandes, verbunden mit der Kompetenz, in diesem Gegenstandsbereich sachgerecht und problemangemessen handeln zu können. Bei einem hohen Interesse benötigen Mädchen und Jungen kaum zusätzliche motivationale Anreize und sie identifizieren sich längerfristig mit dem Interessengegenstand und engagieren sich im Sinne einer angestrebten kompetenten Auseinandersetzung mit diesem Gegenstandsbereich. Interesse ist ein zentrales Element selbstbestimmten Handelns und ein wichtiger Bestandteil intrinsischer Motivation (Schiefele et al. 1993); damit liegt die Nähe zur intrinsischen Motivation und zum Autonomiebestreben der Selbstbestimmungstheorie von Deci und Ryan auf der Hand (Krapp & Ryan 2002).

Untersuchungsergebnisse

Die Veränderung des schulischen Interesses ist besonders intensiv in mathematisch-naturwissenschaftlich-technischen Bereichen untersucht worden. Die Ergebnisse verschiedener Untersuchungen zeigen, dass sich im Laufe der Schulzeit bei Schülerinnen und Schülern nicht nur die positive Erwartungshaltung sondern auch das Interesse im Fach Mathematik deutlich reduziert (zusammenfassend Wigfield & Eccles 2000). In ihrer Längsschnittstudie wiesen Jacobs, Lanza, Osgood, Eccles und Wigfield (2002) nach, dass sich die Kompetenzeinschätzung und die subjektive Werteinschätzung der Mädchen und Jungen für das Fach Mathematik von der ersten bis zur zwölften Klasse kontinuierlich verringern. Diese deutliche Abnahme der mathematischen Wertschätzung über die Schulzeit hinweg konnte auch in vielen anderen Studien überzeugend belegt werden (Eccles, Wigfield & Schiefele 1998; Graham & Taylor 2002; Köller, Baumert & Schnabel 2000).

Geschlechterunterschiede

Im Rahmen dieses Forschungsschwerpunktes treten vor allem die Unterschiede zwischen den Geschlechtern deutlich hervor. In einer Untersuchung von Rustemeyer (1999) schrieben angehende Lehrkräfte der Mathematik für Jungen eine höhere Bedeutung und Nützlichkeit (auch im Hinblick auf die spätere Berufswahl) zu als für Mädchen. Ebenso urteilten die befragten Schülerinnen und Schüler. In neueren Studien wurde bei älteren Jungen und Mädchen häufig eine vergleichbare subjektive Wertschätzung der Mathematik gefunden, wobei jedoch das Interesse bei Jungen konstant höher ist (Wigfield & Eccles 2002).

2.3.5.3 Interessenförderung in der Schule

Interessenförderung

Das Interesse von Schülern, vor allem aber von Schülerinnen, kann im mathematisch-naturwissenschaftlichen Bereich durch die Einbettung von Aufgaben und Inhalten in lebens- und geschlechtsthematische Kontexte gefördert werden; folglich haben Trainingsprogramme genau an dieser Stelle angesetzt (Hoffmann 2002; Hoffmann, Häussler & Peters-Haft 1997).

Spezielle Hinweise zur Interessenförderung in der Schule findet man bei Krapp (1998). Er unterscheidet in Anlehnung an Mitchell (1993) zunächst zwischen einer „catch-" und einer „hold-"Komponente des situationalen Interesses. So ist es wichtig, das Interesse des Schülers „einzufangen", seine Aufmerksamkeit zu gewinnen. Techniken der Aufmerksamkeitssteuerung sind z.B. Überraschung und Diskrepanzerlebnisse. Allerdings bietet das aktuell hervorgerufene Interesse keine Garantie für die gewünschte längerfristige Beibehaltung des Interesses. Damit das Interesse „gehalten" werden kann, sind weitere Faktoren nötig, z.B. das Erleben der Sinnhaftigkeit des Lernstoffes, wie Mitchell (1993) für den Mathematikunterricht gezeigt hat.

„catch"- und „hold"-Komponente

Krapp (1998, S. 193) postuliert für die Entwicklung von Interesse, dass „sich eine Person nur dann mit einem bestimmten Gegenstandsbereich dauerhaft und aus innerer Neigung auseinandersetzt, wenn sie ihn auf der Basis rationaler Überlegungen als hinreichend bedeutsam einschätzt (wertbezogene Valenz) und wenn sich für sie im Verlauf gegenstandsbezogener Auseinandersetzungen (Lernhandlungen) eine insgesamt positive Bilanz emotionaler Erlebnisqualitäten ergibt." Bestimmend für die Erlebnisqualitäten sind emotionale Erfahrungen, die auf den drei grundlegenden psychologischen Bedürfnissen nach Kompetenz, Selbstbestimmung und sozialer Eingebundenheit basieren. Krapp (1998) stellt hiermit die Verbindung zur Selbstbestimmungstheorie von Deci und Ryan (1993) her, in der eben diese drei Bedürfnisse als verhaltenswirksam angenommen werden (s. Punkt 2.3.2). Die Möglichkeit, diese Grundbedürfnisse bei der Bewältigung von Aufgaben/Tätigkeiten zu befriedigen, entscheidet nach Krapp (1998, S. 195) darüber, ob ein Interesse aufgebaut und in welche Richtung es geleitet wird. So wird ein Schüler sich mit denjenigen Tätigkeiten identifizieren und ein Interesse aufbauen, die von wichtigen anderen („signifikanten Anderen"), von denen er akzeptiert werden möchte, besonders wertgeschätzt werden.

Gemeinsamkeiten der Interessen- und Selbstbestimmungstheorie

2.4 Integrative Modelle

Es gibt verschiedene Ansätze, die bislang behandelten Theorien in einem Rahmenmodell zu integrieren (Eccles & Wigfield 2002). Zwei der bekanntesten Modelle, die in den beiden letzten Jahrzehnten eine Fülle empirischer Untersuchungen angeregt haben, sind das Erwartungs-Wert-Modell von Eccles et al. (1983, 2002) und das Rubikon-Modell von Heckhausen (1989). Beide Modelle sind als deskriptive Modelle zu verstehen, die bislang nur in Teilbereichen empirisch überprüft wurden. Während sich Eccles et al. eng an den Erwartungs-Wert-Ansatz von Atkinson (1964) anlehnen, indem sie die Leistungen und das Leistungswahlverhalten einer Person in direkten Zusammenhang stellen mit den subjektiven Erwartungs- und Wertüberzeugungen, wird in dem Rubikon-Modell von Heckhausen (1989) erstmals versucht, das Handeln einer Person als eine Abfolge von Motivations- und Volitionsphasen zu beschreiben. Leistungsbezogenes Handeln wird danach als ein Prozess gesehen, der vom Handelnden über Ziel- bzw. Intentionsbildung und -aufrechterhaltung selbst gestaltet wird. Das Handlungsphasenmodell berücksichtigt, dass nicht jede prinzipiell vorhandene Handlungsbereit-

Zwei integrative Modelle

schaft auch in die Tat umgesetzt wird, und es gibt an, wovon die Ausführung eines Entschlusses abhängig ist.

2.4.1 Erwartungs-Wert-Modell von Eccles et al.

Rahmenmodell Eccles et al. (1983) konzipierten auf der Grundlage der Erwartungs-Wert-Theorie der Motivation (vgl. Atkinson 1964) ein Motivationsmodell, in dem Umgebungsvariablen-, kognitive, motivationale und emotionale Variablen berücksichtigt werden. Es wird eine Verbindung hergestellt zwischen kulturellen Normen, Geschlechterrollen, Erfahrungen, Begabung persönlicher Einstellung und leistungsbezogenem Verhalten. Das Modell wurde ursprünglich von Eccles et al. als Rahmenmodell entwickelt, um die empirischen Befunde zu Geschlechtsunterschieden im Fach Mathematik zu strukturieren und zu erklären. Das Modell als Ganzes mit allen Teilkomponenten wurde bislang empirisch noch nicht überprüft und ist vermutlich aufgrund der postulierten vielfältigen Beziehungen zwischen den einzelnen Variablen nicht prüfbar. Allerdings hat sich das Modell als sehr anregend und fruchtbar für die Forschung erwiesen, um Teilaspekte empirisch zu prüfen und eine Übertragung auf andere Bereiche als Mathematik zu erproben (s.u., Dickhäuser 2001).

Grundannahme des Modells Grundannahme des Modells besagt in Übereinstimmung mit den klassischen Erwartungs-Wert-Theorien, dass sowohl die Erwartung als auch der zugeschriebene subjektive Wert die Wahl einer bestimmten Leistungsaktivität sowie das Leistungshandeln und folglich auch das Leistungsresultat beeinflussen. Je höher die Erwartung des Individuums ist, bei einer bestimmten Aufgabe oder in einem bestimmten Bereich einen Erfolg zu erzielen, und je höher der Wert für das angestrebte Ziel ist, desto wahrscheinlicher wird das Individuum eine entsprechende, zielführende Aktivität aufnehmen (z.B. den Leistungskurs in Mathematik wählen). Eccles et al. nehmen an, dass Leistung, Ausdauer und Wahl von Leistungsaufgaben direkt vorhergesagt werden können.

Erfolgserwartungen Für eine genauere theoretische Klärung sollen zunächst die Erwartungen näher bestimmt werden und dann das Wertkonstrukt. Erfolgserwartungen werden definiert als die Überzeugung der Person, wie gut sie bei nachfolgenden Aufgaben abschneiden wird (vgl. Wigfield & Eccles 2002, S. 94). Die resultierende Erfolgserwartung wird, wie in dem vorliegenden Modell (vgl. Abb. 5) erkennbar, beeinflusst durch Selbstschemata, individuelle Kurz- und Langzeitziele, das ideale Selbst, das Selbstkonzept eigener Fähigkeit und die Einschätzung der Aufgabenschwierigkeit. Die Ziele und Selbsteinschätzungen wirken sich aber nicht nur auf die Erfolgserwartungen aus, sondern auch auf den subjektiven Aufgabenwert. Hat beispielsweise eine Person in einem bestimmten Bereich ein niedriges Fähigkeitskonzept, wird sie wahrscheinlich die Wichtigkeit und Nützlichkeit dieser Aufgabe oder dieses Bereiches für sich selbst bzw. ganz allgemein reduzieren. So beurteilen weibliche Personen, die im Schnitt ein geringeres mathematisches Selbstkonzept besitzen, im Vergleich zu männlichen Personen den mathematischen Bereich als weniger wichtig und nützlich. Nach Wigfield und Eccles (2002) können Banduras (1997) Selbstwirksamkeits-Theorie, Covingtons

(1992) Selbstwert-Theorie und Weiners (1985) Attributionstheorie als verwandte Erwartungskonstrukte angesehen werden.

Das vorliegende Modell spezifiziert die vorauslaufenden Bedingungen, die die Ziele und die Selbstschemata der Person beeinflussen, und damit indirekt vermittelnd auch die Erfolgserwartungen. Dazu gehört, wie die Person ihre früher erbrachten Leistungen interpretiert (Attributionen), wie sie die Einstellungen und Erwartungen der Sozialisationsagenten (Eltern, Lehrpersonen) wahrnimmt, aber auch welche Geschlechter- und Rollenstereotype vorherrschen. Attribuiert beispielsweise eine Schülerin ihren früheren schulischen Erfolg überwiegend auf variable Faktoren wie Glück, positive Umstände etc. und tendieren die Überzeugungen von Lehrkräften und Eltern in die Richtung, dass Mädchen maskulin stereotypisierte Aufgaben/Bereiche weniger gut bewältigen können als Jungen, werden sich diese Einschätzungen negativ auf das Fähigkeitskonzept der Schülerin auswirken. Mädchen glauben oft, dass sie härter arbeiten müssen, um ein bestimmtes Ziel zu erreichen. So unterstützen die meisten empirischen Studien die Annahme, dass Frauen und Mädchen im mathematisch-naturwissenschaftlichen Bereich, in dem stereotyp Männern höhere Fähigkeiten zugeschrieben werden, geringere Erfolgserwartungen haben als männliche Personen (vgl. Eccles, Wiegfield & Schiefele 1998; Rustemeyer 2000).

Aber nicht nur die Erwartungen sind bei Mädchen und Jungen unterschiedlich, sondern auch die Wertzuschreibungen für den maskulin stereotypisierten mathematisch-naturwissenschaftlichen Bereich. In dem Modell setzt sich die subjektive Wertschätzung einer Aufgabe bzw. eines Bereiches aus drei Komponenten zusammen: Interesse (Anreiz/Zielwert) an einer bestimmten Aufgabe oder einem bestimmten Bereich sowie die der Aufgabe

Erwartungs- und Wert-Komponente bei Frauen und Männern

subjektive Wertschätzung

Abb. 5: Erwartungs- Wert-Modell von Eccles et al. (nach Eccles & Wigfield 2002)

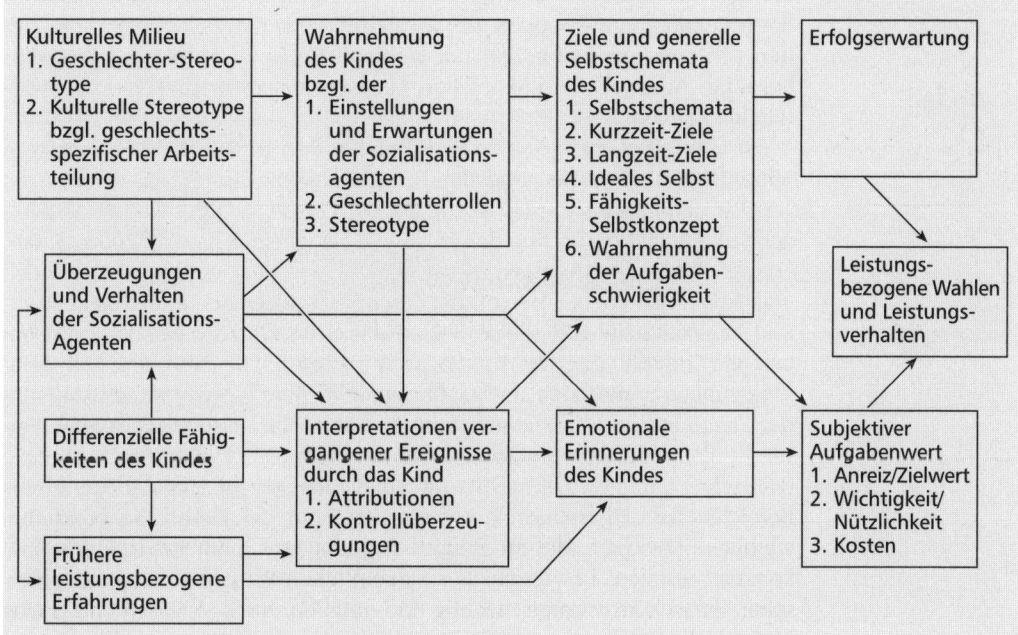

oder dem Bereich zugeschriebene Wichtigkeit und Nützlichkeit sowie die Kosten, die der Person entstehen. Damit kann z.B. die für die Lösung der Aufgabe oder die für die Einarbeitung in einen bestimmten Bereich aufgewendete Zeit gemeint sein (s. Abb. 5). Der zugeschriebene Nutzen einer Aufgabe oder Tätigkeit ist im hohen Maße gesellschaftlich beeinflusst, dies trifft insbesondere für das Fach Mathematik zu (Wigfield & Eccles 2002). Die geringere Wertschätzung der weiblichen Personen für den mathematischen Bereich führt dann zu einer geringeren Leistungsbereitschaft. Aktuelle empirische Untersuchungen legen den Schluss nahe, dass die Interessenskomponente einen geringeren Einfluss auf das Leistungsverhalten hat als die beiden anderen Komponenten. Der Einfluss des Interesses zeigt sich allerdings deutlich bei Leistungskurswahlen in Mathematik (vgl. Köller, Baumert & Schnabel 2000).

Vorauslaufende Bedingungen der subjektiven Wertschätzung sind nach dem Eccles-Modell die emotionalen Erinnerungen der Person, die selbst direkt beeinflusst werden von den Überzeugungen und Verhaltensweisen der Sozialisationsagenten, den Interpretationen vergangener Ereignisse und den früheren leistungsbezogenen Erfahrungen. Letztere führen auch direkt zu Interpretationen vergangener Ereignisse. Hierbei können Erfahrungen eines Schülers mit Lehrern, Eltern, Freunden und Klassenkameraden und andere gesellschaftliche Erfahrungen eine Rolle spielen.

Anwendung des Modells auf Computernutzung

Das Modell wurde inzwischen auf weitere Bereiche und Aufgaben – wie z.B. Wahlverhalten am PC (Dickhäuser 2001; Dickhäuser & Stiensmeier-Pelster 2003b) – angewendet und konnte zum Teil bestätigt werden. Übereinstimmend mit den Annahmen des Modells kann unterschiedliches Verhalten (Intensität der Computernutzung, Ausdauer) von weiblichen und männlichen Personen auf folgende Kausalsequenz zurückgeführt werden: die Attribution eigener Erfolge auf global-stabile Ursachen führt zu einem hohen Selbstkonzept eigener Begabung. Aufgrund des hohen Selbstkonzepts bildet die Person Erwartungen für die erfolgreiche Nutzung des Computers aus. Hohe Erfolgserwartungen führen dann zu einer intensiveren Computernutzung. Die Unterschiede zwischen Mädchen und Jungen in der Nutzung des PCs kommen dann durch die unterschiedlich hohe Ausprägung der vorauslaufenden Variablen zustande.

2.4.2 Integration von Motivation, Kognition und Volition (Rubikon-Modell von Heckhausen)

Berücksichtigung der Willenskraft

Die Motivationsmodelle haben sich ausführlich damit befasst, wie eine bestimmte Handlungstendenz oder Handlungsabsicht entsteht. Nach dem klassischen Grundmodell wird die aktuelle Handlungstendenz bestimmt durch das Motiv der Person, im Sinne eines relativ dauerhaften Personenmerkmals, und durch situative Hinweisreize, die eben dieses Motiv anregen (Rheinberg 2008, S. 192). Dass die Handlungsabsicht, die Ziele, die eine Person sich setzt, aber nicht so ohne Weiteres die Ausführung einer bestimmten Absicht garantiert, zeigt die Erfahrung. Häufig muss Willenskraft (Volition) eingesetzt werden, um Schwierigkeiten, die sich auf dem Weg vom Wunsch, ein bestimmtes Ziel zu erreichen bis zu seiner Realisierung einstellen, erfolgreich zu überwinden. Wenn das Endziel zwar attraktiv und

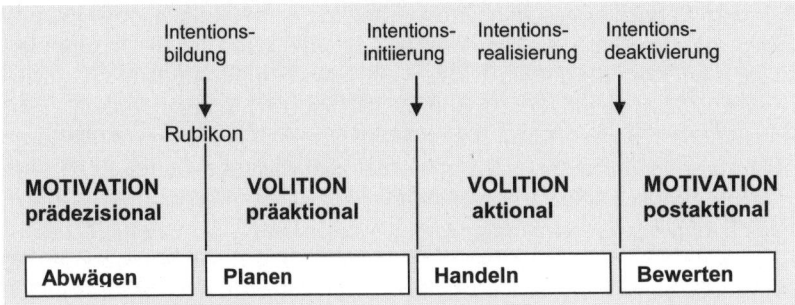

Abb. 6:
Schematische
Darstellung der
vier Handlungs-
phasen des
Rubikonmodells
(nach Heckhausen
& Heckhausen
2006, S. 278)

angenehm ist, Zwischenziele jedoch wenig motivierend, unangenehm oder angstbesetzt sind, ist Willensanstrengung erforderlich, um dennoch das Endziel zu erreichen.

Im Zuge der Wiederentdeckung des Willens in der Motivationsforschung konnte gezeigt werden, dass zwischen Motivationsprozessen und Willensprozessen unterschieden werden musste (Kuhl 1987). In einem beschreibenden Modell unterschied Heckhausen vier Handlungsphasen (s. Abb. 6).

Handlungsphasen-Modell

Die vier Handlungsphasen des Rubikonmodells können folgendermaßen charakterisiert werden:

Das Modell beginnt mit der *Motivationsphase (prädezisional).* Aus einer Vielzahl von ständig vorhandenen Wünschen wird ein Wunsch gleichsam herausgenommen und auf Machbarkeit geprüft (vgl. Rheinberg 2008, S. 185). Die Person weist in dieser Phase eine Realitätsorientierung auf; sie wägt verschiedene Handlungsalternativen ab, antizipiert mögliche Handlungsfolgen und schätzt die Eintretenswahrscheinlichkeit verschiedener Ereignisse ein.

Abwägen/Wählen: Motivationsphase

Diese Motivationsphase, in der die Erwartungs- und Wertaspekte der Person die zentrale Rolle spielen, wird im Rahmen der klassischen Erwartungs-Wert-Modelle dargestellt (vgl. Punkt 2.1). So dürfen weder die Erwartung noch der (Anreiz-)Wert bestimmte kritische Schwellen unter- bzw. überschreiten, andernfalls kommt es zu keiner Handlungstendenz. Helmke (1992) weist in seinem Sequenzmodell des Lern- und Leistungshandelns, das sich eng an das Motivationsmodell von Heckhausen anlehnt, darauf hin, dass z.B. im Kontext Schule oftmals der Anreizwert einer Tätigkeit selbst nicht ausreicht (Grammatik üben, Rechenaufgaben lösen, Hausaufgaben erledigen etc.), um eine Lernhandlung in Gang zu setzen. Erst wenn extrinsische, also folgenbezogene Anreizwerte (wie Bewertungen durch Lehrer oder Eltern) dazukommen, kommt es zu einer Intentionsbildung. Die Motivationsphase wird mit der Bildung einer Handlungsabsicht (Intention) beendet.

Dann, wenn aus dem Wunsch eine Intention wird, also der Entschluss gereift ist, wird nach Heckhausen der Rubikon überschritten, und es tritt eine Änderung der Bewusstseinslage der Person ein. Wie der Name Rubikon[1] nahelegt, geht es „ab jetzt nur noch um die bestmögliche Realisation

---

1 Rubikon ist der Name des Flusses, den der Imperator Cäsar nach langem Abwägen überschritt und damit den Bürgerkrieg eröffnete. Damit wird verdeutlicht, dass sich die Motivationslage schlagartig und unumkehrbar verändert.

des gefassten Entschlusses" (Rheinberg 2008, S. 185). Es ist allerdings zu ergänzen, dass es auch Handlungen gibt, die ohne eine eigene Intentionsbildung in Gang gesetzt werden. Dazu gehören alltägliche, gewohnheits- und routinemäßig ausgeführten Handlungen wie Aufstehen, Ankleiden etc., oder solche Handlungen, die durch ein übergeordnetes Ziel (im Sinne einer Disposition) initiiert werden wie Höflichkeit oder Hilfsbereitschaft, ohne dass dafür jedes Mal eine bewusste Entscheidung gefällt werden müsste (Heckhausen 1989).

Planen: präaktionale Phase

Nachdem der Entschluss gefasst ist, beginnt die nächste Phase, die *präaktionale Volitionsphase*, in der es um die konkrete Umsetzung des gefassten Entschlusses geht. Während in der ersten Phase die Realitätsorientierung im Vordergrund steht, geht es nun um die möglichst störungsfreie Planung und Realisierung des Entschlusses. Die intendierte Handlung wird zielstrebig verfolgt und mit ihrer Realisierung begonnen. In dieser Phase werden Strategien der willentlichen Handlungskontrolle wirksam, die Kuhl (1987, S. 108) beschrieben hat. Dazu gehört u. a. die Kontrolle der eigenen Aufmerksamkeit, die dadurch ausgeübt werden kann, dass Informationen bevorzugt danach ausgewählt und aufgenommen werden, ob sie die getroffene Entscheidung unterstützen oder nicht. Weitere Strategien zielen auf die Kontrolle der Motivation, Emotion sowie der Umwelt. Die Person kann im Dienste einer möglichst optimalen Realisierung ihres Entschlusses die eigene Motivation verbessern, indem sie die Bedeutung der Anreize steigert, sie kann ihre Gefühlslage positiv beeinflussen oder auch Veränderungen der Umwelt vornehmen, so dass eigene Absichten besser verwirklicht werden können. Kuhl konnte zeigen, dass Personen die Handlungskontrolle unterschiedlich gut gelingt und er unterscheidet zwischen handlungsorientierten und lageorientierten Personen. Die Handlungsorientierten können ihre Absichten gut gegen konkurrierende Handlungstendenzen abschirmen, sie setzen häufiger die o. g. Strategien der Handlungskontrolle ein, während dies den Lageorientierten nicht so gut gelingt. Handlungs- versus Lageorientierung wird als ein relativ stabiles, bereichsunspezifisches Personenmerkmal betrachtet.

Handeln: aktionale Phase

Die dritte *(aktionale) Volitionsphase* ist die eigentliche Handlungsphase. Die Unterscheidung in eine präaktionale und aktionale Volitionsphase ist deshalb notwendig, weil nicht alle Handlungsabsichten unmittelbar realisiert werden können. Welche Intention in Handlung umgesetzt wird, hängt u. a. von der Situation ab, der Dringlichkeit usw. (Rheinberg 2008, S. 188). Die Handlung kann mit unterschiedlicher Intensität und Ausdauer ausgeführt werden. So können z. B. in Lernsituationen beeinträchtigende, aufgabenirrelevante Kognitionen auftreten, die mit einer negativen Selbstbewertung einhergehen und zur Demotivation führen; es kann andererseits auch zur Anstrengungssteigerung kommen, etwa wenn die Person in einer Lernsituation hinter ihren gesetzten Zielen zurückgeblieben ist, aber über ein hohes leistungsbezogenes Selbstvertrauen verfügt.

Bewerten: postaktionale Phase

Nach Abschluss der Handlung beginnt die vierte Phase, die *postaktionale Motivationsphase*, in der es um die Bewertung der Handlungsergebnisse und möglichen Schlussfolgerungen für zukünftiges Handeln geht. So prüft z. B. die Person vor allem bei erwartungswidrigen Ergebnissen, warum ein bestimmtes Ziel nicht oder nicht wie geplant erreicht wurde (Kausalattributionen), ob Ziele weiter verfolgt, aufgegeben oder revidiert werden müssen.

Zu berücksichtigen ist, dass die in diesem Modell vorgegebene Phasenabfolge idealtypisch zu verstehen ist. Es ist nicht so gedacht, dass alle Stufen vollständig und bewusst durchlaufen werden müssen. Gerade in leistungsthematischen Situationen ist davon auszugehen, dass eine Reihe von eingeschliffenen Gewohnheiten und Routinen existiert, so dass die beschriebenen Phasen nur teilweise durchlaufen werden (vgl. Helmke 1992). Es ist weiter davon auszugehen, dass Rückkoppelungsschleifen existieren, die in der Realität durchlaufen werden, aber in diesem Modell nicht dargestellt sind. unvollständiges Modell

„Der beachtliche Beitrag der willenspsychologischen Forschung besteht vor allem darin, genauer zu bestimmen, wie wir es schaffen, Dinge zu tun, die im Moment von sich aus keine Freude machen oder uns gar zuwider sind" (Rheinberg 2008, S. 191). Willenspsychologie

Die Bedeutung des Rubikonmodells für die pädagogische Praxis ist sehr vielfältig, wenn auch noch längst nicht in seiner ganzen Breite erforscht. So gibt es bislang keine Programme zur Motivationsförderung, die auf den kompletten Handlungsablauf (Abwägen, Planen, Handeln und Bewerten) Einfluss nehmen, aber es gibt Ansätze wie z.B. Motivations- und Attributionstrainings, Trainings zur Förderung der Zielorientierung oder Trainings zur Interessenförderung, die sich schwerpunktmäßig auf einzelne Phasen konzentrieren (Schober 2002). Ansatzweise versucht Schober eine praktische Umsetzung mit dem Münchner Motivationstraining, das sich auf die Förderung der Motivation in der Sekundarstufe I (5. Klasse) und damit auch der Leistung im Mathematikunterricht konzentriert. Indem an verschiedenen Phasen gleichzeitig mit der Förderung angesetzt wird, soll der gesamte Handlungsablauf motivational unterstützt werden. pädagogische Konsequenzen für die verschiedenen Phasen

Für jede Phase des Handlungsablaufs sind unterschiedliche pädagogische Interventionsmöglichkeiten denkbar. Lernende können bei der Auswahl von Handlungszielen angeleitet, beraten und eben auch trainiert werden. Da in dieser Phase der Wert, den die Person einer Sache zuschreibt, eine zentrale Rolle spielt, kann über die im Unterricht vermittelte Wertzuschreibung eines bestimmten Bereichs Einfluss genommen werden. Weiter kann eine realistische Antizipation der Handlungsfolgen unterstützt werden, z.B. indem unrealistischen Unterschätzungen der eigenen Fähigkeiten, wie bei Schülerinnen und Schülern mit einem negativen Selbstkonzept, entgegengewirkt wird. Überschätzungen sind ebenso unerwünscht, da sie mit großer Wahrscheinlichkeit zu negativen, frustrierenden Ergebnissen führen. Da es in dieser ersten Phase um die Wünschbarkeit (Anreiz, Wert) und um die Realisierbarkeit (Erwartung) einer bestimmten Handlung geht, ist es wichtig, dass Lernende Informationen möglichst objektiv und unvoreingenommen daraufhin einschätzen und abwägen, was für sie machbar ist und was nicht.

In der präaktionalen Handlungsphase, der sogenannten Vorhandlungsphase, und der eigentlichen, aktionalen Handlungsphase geht es um die möglichst störungsfreie Umsetzung der Intention und die Regulierung und Aufrechterhaltung der Handlungsintention. Dies ist für Schülerinnen und Schüler insbesondere bei längerfristigen und umfangreicheren Zielintentionen schwierig. Wenn eine Schülerin das Ziel verfolgt, sich in Englisch deutlich zu verbessern, indem sie sich in Zukunft intensiver am Unterricht beteiligt, immer die Vokabeln lernt und die Klassenarbeiten gut vorbereitet, dann kann die Umsetzung in Konflikt geraten mit attraktiveren Interessen, nämlich in der Freizeit mit Freunden zusammen ins Kino zu gehen oder für andere, interessantere Fächer, die mehr Spaß machen, zu lernen. Hier kann die Unterstützung von der Lehrperson dabei helfen, überschaubare Handlungspläne zu entwerfen, Dringlichkeiten zu bewerten, Konzentrationshilfen anzuwenden und unliebsame Störungen auszublenden. Schülerinnen und Schüler können auch systematisch angeleitet werden, sich selbst „im Kopf" sprachlich zu begleiten.

In der postaktionalen Motivationsphase (Bewertungsphase) bewerten die Lernenden das Handlungsergebnis. Bewertungen haben Folgen für das spätere Handeln. Nach Heckhausen (1987, 1989) hat diese Phase einen janusköpfigen Charakter, da die Bewertung mit dem Blick zurück auch Folgen für zukünftiges Handeln in ähnlichen Situationen und bei vergleichbaren Aufgabenstellungen hat. Insbesondere die rückblickende Bewertung nach einem Misserfolg kann schnell zu einer Perseveration führen und in einer negativen Selbstbewertung verharren, bis hin zu Erscheinungsformen der Erlernten Hilflosigkeit, ohne dass eine vorausschauende Beschäftigung mit einer neuen Handlung stattfindet. In dieser Phase können Lehrkräfte Schülerinnen und Schüler anleiten, das Handlungsergebnis möglichst objektiv zu bewerten, realistische Ursachenzuschreibungen vorzunehmen, da diese wiederum auf die Erwartung und die Wertzuschreibung bei einer erneuten Intentionsbildung (erste Phase) Einfluss nehmen können.

3. Kognitive und volitionale Einflussfaktoren für Lernleistung auf Seiten der Schülerinnen und Schüler

Neben motivationalen und emotionalen Faktoren beeinflussen insbesondere Intelligenz und Vorwissen die Schulleistungen der Schülerinnen und Schüler. Helmke und Schrader (2010, S. 90ff.) unterscheiden bei den kognitiven Determinanten konstitutionelle Faktoren wie biologisches Geschlecht und Lebensalter sowie Intelligenz als eine der wichtigsten Einflussfaktoren von Schulleistung. Zu den weiteren konativen bzw. volitionale Determinanten des Lernens und der Schulleistung zählen die Autoren Lernstile und Lernstrategien sowie metakognitive Kompetenzen und Lerngewohnheiten sowie Handlungskontrolle. Nachfolgend werden zunächst die beiden Faktoren Intelligenz mit Schwerpunkt Hochbegabung und biologisches Geschlecht ausführlicher behandelt. Anschließend wird das selbstgesteuerte Lernen exemplarisches für die volitionale Komponente dargestellt.

kognitive Determinanten

3.1 Intelligenz und Hochbegabung

Der Zusammenhang zwischen der Intelligenz und dem Erfolg in der Schule oder im späteren Beruf ist weitgehend unbestritten. Dennoch haben schulische Längsschnittstudien gezeigt, dass Intelligenz nicht allein für guten Lernfortschritt verantwortlich ist, sondern dass das Vorwissen in bestimmten Bereichen, wie z.B. der Mathematik, enger mit der Leistung zusammenhängt als die Intelligenz. Mit Vorwissen ist das thematische Wissen gemeint, über das eine Person bereits verfügt, bevor sie mit einer Lern- oder Problemlöseaufgabe beginnt (Renkl 2008). Vorwissen muss aktiviert werden, damit es eine Lernleistung verbessern kann. Vor allem bei anspruchsvollen Lernleistungen scheint Vorwissen eine wichtige Bedingung für gute Leistungen zu sein, während bei einfachen Aufgaben Intelligenz geringes Vorwissen zu kompensieren vermag. Dennoch ist es nicht immer leicht, empirisch zu klären, ob die beobachtbaren Lern- und Leistungsvorteile bei gutem vorhandenen bereichsspezifischen Vorwissen nicht auf die Wirksamkeit allgemeiner Intelligenz zurückzuführen ist, da beide Variablen häufig miteinander kovariieren (Hasselhorn & Gold 2009). Neben dem nachgewiesenen Einfluss des Vorwissens auf Mathematikleistungen (vgl. hierzu Renkl 2008) zeigt sich der Einfluss auch beim Lernen mit (Hyper)Texten (u.a. Naumann, Richter, Flender, Christmann & Groeben 2007). Weiter spielt thematisches Vorwissen eine wichtige Rolle in der Expertiseforschung. Höchstleistungen, die von Experten vergleichen mit Novizen erzielt werden, so zeigen Forschungsergebnisse zu herausragenden Schachspielern, haben offenbar weniger mit hohen Fähigkeiten als vielmehr mit reichhaltigem Vorwissen zu tun (vgl. hierzu auch Punkt 3.1.2).

Vorwissen

3.1.1 Was ist Intelligenz?

Def. Intelligenz Intelligenz wird seit über hundert Jahren erforscht und ist das am besten erforschte Merkmal der Psychologie (Rost 2009). Umso erstaunlicher, dass bis heute keine allgemein akzeptierte Definition existiert und nach wie vor eine intensive, kontroverse wissenschaftliche und nicht zuletzt auch populärwissenschaftliche Diskussion über das Konstrukt Intelligenz mit seinen pädagogischen und gesellschaftspolitischen Konsequenzen geführt wird. Für die allgemeine intellektuelle Begabung, kurz Intelligenz genannt, existieren eine Reihe unterschiedlicher Definitionen, die sich je nach unterschiedlichen theoretischen Ansätzen, jeweiligen Schwerpunktsetzungen und nicht zuletzt den verwendeten wissenschaftlichen Methoden voneinander unterscheiden. So führt Rost (2009, S. 3) ca. 20 Definitionen an, die mehr oder weniger präzise und aussagekräftig sind und teilweise die subjektiven Annahmen der Verfasser deutlich werden lassen. Sie reichen von der „Fähigkeit zu hoher Bildung" (Asendorpf 2007, S. 191), „Fähigkeit zum Lernen" (Buckingham 1921) bis zur „Allgemeine(n) angeborene(n) Fähigkeit" (Burt 1970, zitiert nach Rost 2009). Und die Liste könnte noch weiter fortgeführt werden. Trotz aller Unterschiedlichkeit ist vielen Definitionen bzw. Beschreibungen gemeinsam, dass mit Intelligenz die Fähigkeit bezeichnet wird, in den unterschiedlichsten Bereichen „neuartige Anforderungen zu bewältigen beziehungsweise sich in neuen Situationen zurechtzufinden. Dies gilt für das Erfassen von Lernstoff und die Aneignung von Wissen ebenso wie für das Lösen komplexer Probleme" (BMBF 2010, S. 9). Eine ähnliche Definition verwendet auch Sternberg (1997), der Intelligenz als eine Fähigkeit versteht, „sich neuen Gegebenheiten anzupassen, zugleich aber auch als Fähigkeit, die Umwelt zu verändern" (vgl. Oerter 2008, S. 249).

Intelligenz = Testwert? Die allgemein bekannte und keineswegs unernst gemeinte Definition von Boring (1923), Intelligenz sei das, was die (Intelligenz-)Tests messen, weist darauf hin, dass Intelligenz selbst ein Konstrukt ist, d.h. ein nicht beobachtbares, empirisch festgelegtes theoretisches Konzept; in diesem Falle der von Experten festgelegte Begriff zur Beschreibung kognitiver Fähigkeiten. Da Intelligenz nicht beobachtbar ist, können diese Fähigkeiten nur aus vorher festgelegten Verhaltensweisen der Person (z. B. der Beantwortung der Intelligenztestaufgaben) erschlossen werden.

3.1.2 Hochbegabung

Def. Hochbegabung Zum Thema Hochbegabung liegen sehr unterschiedliche Definitionen vor, die schon auf den ersten Blick deutlich machen, dass es sich, entgegen der Alltagsvorstellung von Eltern oder Lehrpersonen, bei der Hochbegabung um ein recht ungenaues Konzept handelt. Sowohl im angloamerikanischen als auch im deutschen Sprachraum sind unterschiedliche Begriffe im Gebrauch wie z.B. gifted, academically talented, hoch- bzw. spitzenbegabt, talentiert oder besonders begabt (Feger & Prado 1998; Heinbokel 2001), wobei sich in der überwiegenden deutschsprachigen Literatur der Begriff Hochbegabung durchgesetzt hat. Allgemein lässt sich Hochbegabung als „individuelles Fähigkeitspotential für herausragende Leistungen, oft (nur) in einem bestimmten Bereich definieren" (Heller & Hany 1996, S. 477). Bezogen auf

Kinder und Jugendliche ist Hochbegabung dann zu vermuten, wenn ein Kind in einem oder mehreren Bereichen seinen Altersgenossen weit überlegen ist und herausragende Leistungen erbringen kann (BMBF 2010). Zur genaueren Bestimmung und damit auch zum besseren Verständnis kann zwischen folgenden vier Bereichen der Hochbegabung unterschieden werden (Heinbokel 2001):

- intellektuelle Begabung oder Intelligenz in ihren verschiedensten Ausprägungen;
- musisch-künstlerische bzw. schöpferische Begabung (Malerei, Bildhauerei, Theater, Musik);
- psychomotorische Begabung (Sport, Tanz, Artistik);
- soziale Begabung (Sensibilität in Bezug auf Mitmenschen, Fähigkeit zur Zusammenarbeit, Bereitschaft, soziale Verantwortung zu übernehmen, moralisch zu handeln).

vier Bereiche der Hochbegabung

Während für die musisch-künstlerische, sportliche und soziale Hochbegabungen bislang keine zuverlässigen Diagnoseverfahren vorliegen, und diese Begabungen häufig erst dann erkannt werden, wenn bereits außergewöhnliche Leistungen erbracht worden sind, kann hohe Intelligenz besser identifiziert werden (Klauer & Leutner 2007). Für den Bereich der intellektuellen Begabung wird Hochbegabung als die besonders hohe Ausprägung kognitiver Merkmale in Relation zum Populationsdurchschnitt angesehen. Die hochbegabten Kinder und Jugendlichen zeichnen sich durch eine herausragende Denk- und Problemlösefähigkeit, durch eine sehr gute Lernfähigkeit, schnelle Auffassungsgabe und außerordentliche Gedächtnisleistungen aus. Nach Auffassung einiger Autoren sprechen eine Reihe empirischer Ergebnisse für die Annahme eines allgemeinen Intelligenzfaktors im Sinne des „g" Faktors von Spearman (1927), der für die Leistung einer Person in allen Teilbereichen wirksam ist. So wurden in der aufwendigen Marburger Hochbegabtenstudie aus einer Stichprobe von ca. 7000 Grundschülern die besten 2 Prozent hinsichtlich ihrer allgemeinen Intelligenz („g" Faktor) ausgewählt und mit einer Kontrollgruppe durchschnittlich intelligenter Kinder verglichen (u.a. Rost 2009; Rost & Buch 2010). Hochbegabung wird in diesem Sinne als eine sehr breite, intellektuelle Leistungsfähigkeit konzeptualisiert.

Intelligenzfaktor

Der Bereich der intellektuellen Begabung ist für die Institution Schule von besonderem Interesse, nicht nur weil die Schule vom Staat den Auftrag hat, „jedem Kind zur optimalen Entfaltung seiner individuellen Persönlichkeit zu verhelfen" (BMBF 2010, S. 58), sondern auch deshalb, weil inzwischen eine größere Sensibilisierung in den Medien, bei Lehrern und Eltern für die Notwendigkeit der Förderung von Kindern und Jugendlichen mit einem entsprechenden Begabungspotential zu beobachten ist. Intellektuelle Begabung ist aber nicht automatisch mit guter Schulleistung gleichzusetzen; empirische Studien zeigen, dass Begabung und Leistung nur mäßig hoch miteinander korrelieren (Rost & Buch 2010). Damit sich vorhandenes Begabungspotential entfalten und in entsprechend hoher Leistung manifestieren kann, sind in der Regel lange Lern- und Übungsphasen nötig. Die Umsetzung des Begabungspotentials ist von vermittelnden Variablen wie Interesse, Motivation und Anstrengungsbereitschaft abhängig. Das hochbegabte Kind bedarf der Förderung und Unterstützung von Schule und Elternhaus. So wird es zwar

intellektuelle Begabung

als selbstverständlich angesehen, dass intensives Üben und Trainieren Hochbegabter für das Erreichen von Spitzenleistungen unbedingt erforderlich sind, etwa im Bereich Sport oder Musik; bei intellektuell hochbegabten Kindern und Jugendlichen jedoch wird zuweilen die Meinung vertreten, dass sie sich aufgrund ihrer außergewöhnlichen Fähigkeiten auch allein und ohne fremde Hilfe und gegen widrige Umstände durchsetzen werden (BMBF 2010).

Expertiseforschung

Hochbegabung und außergewöhnliche Leistung: Expertiseforschung
Expertiseforschung beschäftigt sich vor allem mit Personen, die sich durch herausragende Leistungen auszeichnen, also in einem bestimmten Gebiet Leistungsexzellenz zeigen wie z. B. im wissenschaftlichen Bereich (Nobelpreisträger), musischen Bereich (herausragende Künstler) oder im sportlichen Bereich (Weltklassesportler). Studien versuchen Aufschluss darüber zu geben, ob es bestimmte Merkmale gibt, die diese Personen auszeichnen, sie zu ihren außergewöhnlichen Leistungen befähigen. Weiter versucht die Expertiseforschung zu klären, auf welche Weise und mit welchem Lernaufwand Personen ihre Leistungsexzellenz erworben haben (Gruber & Ziegler 1996). Typischerweise werden in der Forschung Experten auf einem bestimmten Gebiet mit Novizen (z. B. Berufsanfängern) verglichen und untersucht, welche Merkmale Experten auszeichnen und sie zu Höchstleistungen befähigen. Dabei hat sich gezeigt, dass der Aufbau von Expertise in enger Verbindung zur Anstrengung der Person steht sowie zu Motivations- und Kapazitätsmerkmalen. Außerdem belegt die Forschung, dass Leistungsunterschiede zwischen Experten und Novizen nicht auf Unterschieden in der allgemeinen Intelligenz beruhen, sondern auf Unterschieden in der Verfügbarkeit bereichsspezifischen Wissens und spezifischen Lernstrategien. Die anstrengungsorientierte Übung, auch „deliberate practice" genannt, ist die zentrale Variable, die für den Erfolg von Experten wichtig ist (Ericsson, Krampe & Tesch-Römer 1993). Dabei ist von langen Lernzeiten auszugehen, bevor ein Expertenstatus überhaupt erreicht wird. In der Literatur wird von mindestens 10 Jahren ausgegangen, dies entspricht etwa 10.000 intensiven Lernstunden. Ziegler (2008, S. 39) verweist darauf, dass diese 10-Jahres-Regel vereinzelt mit Hinweis auf sogenannte Wunderkinder angezweifelt wird. Aber auch hier, so Ziegler, lässt sich bei genauerer Recherche häufig nachweisen, dass sich diese Kinder schon sehr früh und sehr intensiv mit den Aufgaben in der entsprechenden Domäne auseinandergesetzt haben, wie z. B. der Schachweltmeister Bobby Fischer oder das Wunderkind Wolfgang Amadeus Mozart, das laut biografischer Analyse schon früh durch ein enormes Arbeitspensum und hohen Erziehungsdruck des Vaters diese Lernstunden absolviert haben soll. Das Expertentum hat jedoch auch eindeutige Grenzen. Es ist in der Regel auf einen bestimmten Bereich begrenzt, und die außergewöhnlichen Leistungen werden nicht vorrangig von individuellen Leistungsvoraussetzungen (wie etwa einem hohen IQ) bestimmt, sondern beruhen hauptsächlich auf übungsabhängigen, bereichsspezifischen Fertigkeiten. Hochbegabung ist somit keineswegs gleichzusetzen mit Leistungsexzellenz. Aus Hochbegabten können unter günstigen Bedingen Experten werden, während sich andere Hochbegabte im späteren Beruf nicht von durchschnittlich begabten Personen unterscheiden. Und Experten sind nicht per se

hochbegabt im Sinne einer IQ-Definiton, die eine Hochbegabung ab 130 IQ-Punkten festlegt (Gruber & Ziegler 1996; Ziegler 2008).

Während die Hochbegabungsforschung versucht, Hochbegabte möglichst früh zu identifizieren und zu fördern, konzentriert sich die Expertiseforschung auf Personen, die bereits Leistungsexzellenz zeigen. Insofern bietet die Expertiseforschung eine gute Ergänzung zur Hochbegabungsforschung, da sie Hinweise darauf geben kann, wodurch sich mögliche spätere Experten auszeichnen (Ziegler 2008). Weiter zeigt die Expertiseforschung auf, wie bedeutsam intensive Lernprozesse sind, um Leistungsexzellenz auszubilden.

Hochbegabungs-vs. Expertiseforschung

3.1.3 Verschiedene Modelle der Hochbegabung

Darüber, welche Bedeutung beispielsweise die Motivation oder die Umwelt für die Entwicklung eines vorhandenen Begabungspotentials haben, gibt es unterschiedliche Auffassungen. Ebenso wenig ist die Rolle der Kreativität im Zusammenhang mit Hochbegabung geklärt, wie die Systematisierungsversuche von Ziegler und Heller (2000) zeigen. Zu den bekannten multiplen oder mehrdimensionalen Modellen der Hochbegabung gehört das bekannte Drei-Ringe-Modell der Hochbegabung von Renzulli (1978, 1986), in dem ein Zusammenwirken von drei Bereichen angenommen wird: überdurchschnittliche kognitive Fähigkeiten (above average ability), Aufgabenzentrierung (task commitment), die Merkmale wie Ausdauer, Aufmerksamkeit und Interesse umfasst und Kreativität (creativity), die produktives Denken, Originalität etc. beinhaltet. Hochbegabung liegt im gemeinsamen Schnittpunkt der drei Bereiche. Das bedeutet konkret, nur wenn alle Bereiche hoch ausgeprägt sind, soll sich hohe Begabung zeigen und entfalten. Diesem Ansatz sehr ähnlich ist das Mehr-Faktoren-Modell der Hochbegabung von Mönks (1990), auch triadisches Interdependenzmodell genannt (Mönks & Ypenburg 2005). Der Autor fügt zu den drei, bereits von Renzulli verwendeten Merkmalen die primären Sozialbereiche Familie, Peergruppe und Schule als vermittelnde Einflussgrößen hinzu (vgl. Abb. 7). Hochbegabung kann sich nach Mönks nur dann voll entwickeln und in besonderen Leistungen zum Ausdruck kommen, wenn alle sechs Faktoren optimal zusammenwirken. Bei den drei Persönlichkeitsmerkmalen Intelligenz, Kreativität und Motivation bzw. Aufgabenzuwendung muss eine überdurchschnittliche Ausprägung vorliegen. Diese wird laut Mönks notwendigerweise ergänzt durch günstige Ausprägungen der Umweltfaktoren Familie, Schule und Gleichaltrige (Peers). Diese drei Bezugsgruppen entscheiden mit darüber, ob sich Hochbegabung ausbilden kann oder nicht. Da eine gute Interaktion zwischen Individuum und Umwelt erforderlich ist, schlagen Mönks und Ypenburg (2005) vor, zusätzlich die Fähigkeit „soziale Kompetenz" zu berücksichtigen.

mehrdimensionale Modelle der Hochbegabung

Hier zeigt sich deutlich die Problematik solcher populären Modelle. Es wird weder konkret angegeben, was die Hochbegabung fördernden Familien oder Schulen charakterisiert, noch wird berücksichtigt, dass Kinder auch dann hochbegabt sein können, wenn sie keine ausgeprägte Aufgabenzentrierung zeigen. Dies betrifft vor allem die hochbegabten Underachiever, die zwar ein intellektuelles Hochbegabungspotential besitzen, aber dennoch schlechte Schulleistungen haben.

fehlende empirische
Bestätigung

Auch das Münchener Hochbegabungsmodell von Heller, Perleth und Lim (2005) zählt zu den multifaktoriellen Begabungsmodellen. Es unterscheidet sich von den zuvor genannten Modellen dadurch, dass die Autoren in Anlehnung an Gardners multiple Intelligenzen verschiedene Begabungsfaktoren (z.B. neben intellektuellen Fähigkeiten auch praktische Intelligenz oder künstlerische Fähigkeiten) in ihr Modell aufnehmen. Weiter werden nichtkognitive Persönlichkeitseigenschaften (wie Leistungsmotivation, Prüfungsangst, Umgang mit Stress oder Kontrollerwartungen) berücksichtigt. Ebenso wird der Leistungsbereich, in dem sich die Leistungsexzellenz zeigen kann, deutlich ausgeweitet. Durch die Berücksichtigung vieler weiterer Faktoren wird das Modell zwar komplexer und weist auf viele potentielle Wechselwirkungen zwischen den Faktoren hin, gleichzeitig wird die Bestimmung von Hochbegabung aber immer unübersichtlicher. Für keines der genannten Modelle (Renzulli 1986; Mönks 1990; Heller et al. 2005) liegt eine hinreichende, empirische Bestätigung vor, und die verwendeten Konzepte, wie z.B. Kreativität, Musikalität oder praktische Intelligenz sind sehr schwammig. Multifaktorielle Begabungsmodelle werden dennoch als bedeutsamer Fortschritt im Vergleich zu monokausalen Ansätzen, bei denen Hochbegabung mit hoher Intelligenz gleichgesetzt wird, gesehen (Ziegler 2008).

Hohe Inteligenz als
alleiniges Bestim-
mungsmerkmal für
Hochbegabung

Ein Vertreter des monokausalen Ansatzes ist in Nachfolge von Terman (1925–1959), der als einer der ersten Forscher eine bedeutende Längsschnittstudie mit Hochbegabten durchgeführt hat, die „Psychologiegeschichte geschrieben" hat, in Deutschland neben anderen Forschern Rost zu nennen (Klauer & Leutner 2007, S. 267). Rost (2009) plädiert dafür, Hochbegabung auf der Grundlage sehr hoher allgemeiner Intelligenz zu bestimmen, d.h. Hochbegabung ist gleichzusetzen mit einem hohen ‚g'. Der Autor argumentiert, dass in der Psychologie seit jeher eine enge konzeptionelle Nähe

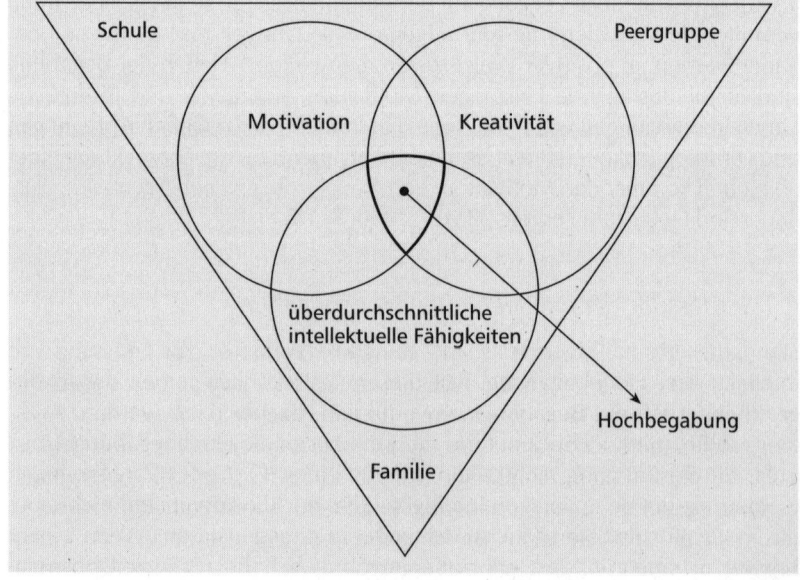

Abb. 7:
Das Mehr-Faktoren-
Modell der
Hochbegabung
(nach Mönks 1990;
Mönks & Ypenburg
2005)

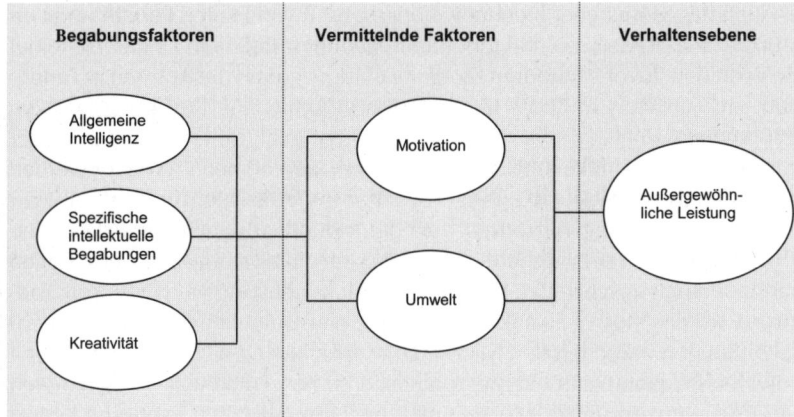

Begabungsfaktoren   Vermittelnde Faktoren   Verhaltensebene

Allgemeine Intelligenz

Motivation

Spezifische intellektuelle Begabungen

Außergewöhnliche Leistung

Umwelt

Kreativität

Abb. 8:
Allgemeines
Bedingungsgefüge
für außergewöhn-
liche Leistungen
(aus BMBF 2010,
S. 15)

zwischen ‚Intelligenz' und (kognitiver) ‚Begabung' bestehe und mit der hohen prognostischen Validität der allgemeinen Intelligenz für späteren Erfolg sowie methodischen und erfassungspraktischen Gründen. „Die allgemeine Intelligenz ‚g' gehört zu den am besten erfassbaren psychologischen Konzepten" (Rost 2009, S. 165). Dass viele Variablen der multifaktoriellen Modelle bislang nicht zuverlässig erfasst werden können, ist somit der Hauptgrund dafür, warum neben Rost Vertreter dieser psychologischen Schule daran festhalten, Hochbegabung allein durch hohe Intelligenz zu bestimmen.

Einen beschreibenden Ansatz, der nicht den Anspruch einer Theorie oder eines Modells erhebt, sondern lediglich das allgemeine Bedingungsgefüge für außergewöhnliche Leistungen darzustellen versucht, findet man in der Broschüre vom BMBF (2010) (vgl. Abb. 8). Die Grafik soll verdeutlichen, dass ein Begabungspotential, das als Disposition verstanden wird, nur dann als außergewöhnliche Leistung auf der Verhaltensebene sichtbar wird, wenn vermittelnde Variablen, die sehr allgemein als Umwelt und Motivation benannt werden, in positiver Weise zusammenwirken. „Neben der Begabung sind für herausragende Leistungen Motivation, Kreativität und förderliche Umweltbedingungen von Bedeutung. Ein Umfeld, das reichlich Anregungen und Lernmöglichkeiten bietet, ist ausschlaggebend für die Entwicklung einer von innen kommenden Motivation, von Neugierde, eigenen Interessen, Ausdauer und Liebe zum Lernen" (BMBF 2010, S. 15).

3.1.4 Messung der intellektuellen Hochbegabung

Standardisierte Intelligenztests sind geeignete Verfahren zur Erfassung von intellektueller Hochbegabung. Mit diesen Tests können neben der Intelligenzhöhe auch die Begabungsschwerpunkte diagnostiziert werden. Allerdings sollte, mit Rückblick auf das mehrdimensionale Hochbegabungskonstrukt, die Bestimmung nicht allein anhand eines IQ-Wertes vorgenommen werden, da mit den gängigen Intelligenztests nur die kognitiven, nicht aber die motivationalen Persönlichkeitsmerkmale erfasst werden. Wenn einem Schüler in einem IQ-Test ein außergewöhnlich hohes Fähigkeitspotential

Intelligenztests

bescheinigt wird, stellt dies noch keine Garantie für eine optimale Persönlichkeitsentwicklung und einen guten Schulerfolg oder sogar späteren Berufserfolg dar. Schulische Erfolge hängen sehr stark von der Motivation und Leistungsbereitschaft wie auch den fördernden Umweltbedingungen des Kindes ab.

HAWIK Häufig angewandte Intelligenztestverfahren zur Abschätzung der Allgemeinintelligenz sind der Hamburg-Wechsler-Intelligenztest für Kinder (HAWIK), für Jugendliche ab 15 Jahren der Intelligenz-Struktur-Test (IST-2000 R) von Liepmann, Beauducel, Brocke & Amthauer (2007); weitere Tests sind der Kognitive Fähigkeitstest der 4. bis 12. Klasse (KFT 4–12 + R; von Heller & Perleth 2000) und die Kaufman Assessment Battery for Children (Kaufman-ABC; von Kaufman & Kaufman 2009) für Kinder von 2; 6 bis 12; 5 Jahren. Eine zusammenfassende Übersicht zu verschiedenen Intelligenztestverfahren vom Kindergarten bis zum jungen Erwachsenenalter und zur Messung spezifischer kognitiver Fertigkeiten sind in Rost (2009, S. 157ff.) sowie in Pauen, Pahnke und Valentiner (2007) zu finden.

Der Hamburg-Wechsler-Intelligenztest für Kinder (HAWIK) ist die deutsche Bearbeitung des von David Wechsler erstellten Intelligenztests für Kinder. Der HAWIK gilt als ein Standardverfahren zur Intelligenzdiagnostik, insbesondere im Zusammenhang mit schulisch relevanten Fragen, obwohl es auch deutliche Kritik an diesem Testverfahren gibt. In der Zwischenzeit erfolgten mehrere Neubearbeitungen und Neunormierungen, wie der HAWIK-III von Tewes, Rossmann und Schallberger (2002). Inzwischen gibt es den HAWIK-IV, der nicht nur eine Aktualisierung des Testmaterials und Neunormierung, sondern auch eine Änderung der Teststruktur aufweist (vgl. Petermann & Petermann 2010). Der Test ist für Kinder zwischen 6;0 bis 16;11 Jahren geeignet und gilt für Deutschland, Österreich und die deutschsprachige Schweiz und wurde in diesen drei Ländern 2005/2006 an über 2600 Kindern und Jugendlichen normiert. Der HAWIK-IV kann differenzieren zwischen Kindern und Jugendlichen mit Entwicklungsverzögerung bis zu Jugendlichen mit intellektueller Hochbegabung (Daseking, Petermann & Petermann 2007). Der HAWIK-IV besteht aus 15 Untertests; die Einzelergebnisse können in einem Leistungsprofil dargestellt werden. Für die Berechnung des IQ-Werts sind zehn Untertest (die sogenannten Kerntests) erforderlich; mit den fünf weiteren Untertests können zusätzliche Informationen erhoben werden. Die noch beim HAWIK-III bestehende Unterteilung in einen Verbalteil, mit dem vorwiegend die sprachgebundenen Intelligenzanteile erfasst wurden, sowie einem Handlungsteil, der weitgehend sprachunabhängig war und vorwiegend die praktische Intelligenz erfasste, wurde im HAWIK-IV aufgegeben. Tabelle 7 gibt einen Überblick über die verschiedenen Untertests des HAWIK-IV mit einer kurzen Beschreibung der erfassten Funktionen.

IQ-Wert Die Ergebnisse eines Intelligenztests – wie des HAWIK-IV – werden ermittelt, indem die gelösten Aufgaben der Subtests zusammengezählt werden und aus den gewichteten Werten eine Gesamtsumme für jedes Individuum ermittelt wird. Der in Zahlen ausgedrückte IQ-Wert bezieht sich auf die durchschnittlichen Leistungen Gleichaltriger. Der IQ-Wert ist also kein absolutes Maß der Intelligenz einer Person sondern zeigt nur an, wo die intellektuelle Leistungsfähigkeit im Vergleich zu der einer vorab bestimmten Vergleichsgruppe (nach Alter, Geschlecht, Schulart) liegt. Diese Vergleichsgruppe liefert die Normwerte zur Interpretation des individuellen IQ und diese Normwerte müssen in bestimmten Abständen immer wieder neu ermittelt und berechnet werden (Ziegler 2008). Bei der Intelligenztestmessung wird eine Normalverteilung der Intelligenz in der Bevölkerung zugrunde gelegt, wobei der Mittelwert der Verteilung auf 100 (= durchschnittliche Intelligenz) festgelegt ist. Somit weisen auch die meisten Personen einen IQ um 100 auf. Wird bei einer Person ein IQ-Wert von 100 ermittelt, hat die eine Hälfte aller Personen eine geringere und die andere Hälfte der Personen eine größere Intelligenz (oder einen gleich großen IQ-Wert). Die Abweichung vom Durchschnitt wird mit einem Streuungsmaß berechnet, etwa der Standardabweichung. Die meisten Personen, ca. Zweidrittel der Vergleichsgruppe (68%) gruppieren sich um den Mittelwert, mit einer Standardabweichung nach oben oder unten. Sie erreichen einen IQ-Wert zwischen 85 und 115; dies wird als Normalbereich der Intelligenz bezeichnet, wobei 85 bis 90 als unterer und 110 bis 115 als oberer Durchschnittswert bezeichnet wird. Sowohl extrem hohe als auch extrem niedrige IQ-Werte kommen sehr selten vor. In der Regel werden Kinder mit einem IQ-Wert von 130 und höher als hochbegabt bezeichnet, also etwa 2% jeder Altersgruppe (Rost 2009; Ziegler 2008).

Intelligenztests sollten spätestens nach 10 bis 15 Jahren neu normiert werden, da mit alten Tests ein zu hoher IQ-Wert gemessen wird. Der stetige Leistungsanstieg wird als Flynn-Effekt bezeichnet nach dem Forscher James R. Flynn, der diesen Effekt entdeckt und beschrieben hat (Flynn 1984). Er konnte zeigen, dass über mehrere Jahrzehnte hinweg ein Anstieg von etwa 3 IQ-Punkten pro Jahrzehnt stattgefunden hatte. Die Zunahme der Intelligenztestwerte betrifft vor allem Untertests, die die fluide Intelligenz erfassen (Flynn 1999, 2007), damit sind Fähigkeiten wie die Verarbeitung komplexer visueller Reize, abstraktes und problemlösendes Denken gemeint. Als Ursache für die Zunahme der gemessenen Intelligenz wurden häufig Umwelteinflüsse wie verbesserte Ernährung, bessere Förderung sozial benachteiligter Gruppen und ein verändertes Lernverhalten genannt (Daseking et al. 2007). Inzwischen gibt es Hinweise darauf, dass der Anstieg der IQ-Punkte nicht mehr in dem Maße stattfindet, wie ursprünglich von Flynn beschrieben.

Ein praktisches Problem besteht jedoch nach wie vor, wenn der IQ-Wert in Beratungsstellen oder von niedergelassenen Psychologen mit veralteten IQ-Tests bestimmt wird und etwa Kinder irrtümlicherweise als hochbegabt klassifiziert werden.

Flynn-Effekt

3.1.5 Identifikation von Hochbegabten

Die richtige Identifikation und Erfassung hochbegabter Kinder stellt ein nicht zu unterschätzendes Problem dar. Dies hängt mit der Qualität der verschiedenen diagnostischen Verfahren zusammen, die von Eltern, Lehrpersonen, Beratern etc. eingesetzt werden. Ein besonderes Augenmerk richtet sich in der Forschung auf die Frage, wie zuverlässig Hochbegabte in der Schule erkannt werden, da häufig allein die Einschätzung der Lehrperson darüber entscheidet, ob ein Kind als hochbegabt identifiziert wird oder nicht. Rost und Hanses (1997) gingen der Frage nach, wie gut Grundschullehrkräfte

Identifikation und Erfassung hochbegabter Kinder

Tab. 7: Die verschiedenen Skalen des HAWIK-IV	
Untertest	*Beschreibung der Aufgaben und der erfassten Funktionen*
	Kerntests (zur Bestimmung der IQ-Werte)
Mosaik-Test (MT)	Aufgabe: Es müssen vorgegebene komplexe geometrische Muster zusammengelegt werden. Funktionen: Analyse und Synthetisierung abstrakter visueller Stimuli, nonverbale Konzeptbildung, visuelle Wahrnehmung und Organisation, visuomotorische Koordination, Figur-Grund-Unterscheidung bei visuellen Stimuli
Gemein-samkeiten finden (GF)	Aufgabe: Zu je zwei Begriffen muss der Oberbegriff gefunden werden. Funktionen: Verbales Schlussfolgern und Konzeptbildung, auditives Verständnis, Gedächtnis, verbaler Ausdruck
Zahlen nach-sprechen (ZN)	Aufgabe: vorgelesene Zahlenreihen müssen nachgesprochen werden. Funktionen: Auditives Kurzzeitgedächtnis; Fertigkeit zur Reihenbildung, Aufmerksamkeit. *Zahlen nachsprechen vorwärts:* automatisiertes Lernen, Gedächtnis, Aufmerksamkeit. *Zahlen nachsprechen rückwärts:* Arbeitsgedächtnis, mentale Rotation, visuell-räumliches Vorstellungsvermögen. *Wechsel:* kognitive Flexibilität
Bildkonzepte (BK)	Aufgabe: Aus mehreren Bilderreihen muss jeweils ein Bild ausgewählt und daraus eine Gruppe gebildet werden. Funktion: Abstraktes kategoriales Denken
Zahlen-Symbol-Test (ZST)	Aufgabe: Verschiedenen Zahlen und einfachen geometrischen Figuren müssen nach einem Schlüssel abstrakte Symbole zugeordnet werden. Funktionen: Kognitive Verarbeitungsgeschwindigkeit, Kurzzeitgedächtnis, Lernfähigkeit, visuelle Wahrnehmung, visuomotorische Koordination, Fähigkeit zum visuellen Scanning, kognitive Flexibilität, Aufmerksamkeit
Wortschatz-Test (WT)	Aufgabe: Die Bedeutung verschiedener abgebildeter Objekte und einfache Definitionen müssen benannt werden. Funktionen: Wortwissen eines Kindes und Begriffsbildung, Lernfähigkeit, Langzeitgedächtnis, Sprachentwicklung
Buchstaben-Zahlen-Folgen (BZF)	Aufgabe: Zahlen und Buchstaben müssen in bestimmter Reihenfolge nachgesprochen werden. Funktionen: Reihenfolgenbildung, mentale Rotation, Aufmerksamkeit, auditives Kurzzeitgedächtnis, visuell-räumliches Vorstellungsvermögen, Verarbeitungsgeschwindigkeit

Fortsetzung Tab. 7

Untertest	Beschreibung der Aufgaben und der erfassten Funktionen
Matrizen-Test (MZ)	Aufgabe: Eine unvollständige Vorlage/Matrize soll ergänzt werden; dafür muss aus mehreren Antwortmöglichkeiten ausgewählt werden. Funktionen: Fluide Intelligenz
Allgemeines Verständnis (AV)	Aufgabe: Es sind Fragen zum Verständnis sozialer Regeln und allgemeiner Prinzipien zu beantworten. Funktionen: Verbales Schlussfolgern und verbale Konzeptualisierung, sprachliches Verständnis, sprachlicher Ausdruck, Wissen um konventionelle Verhaltensstandards, soziales Urteil
Symbol-Suche (SYS)	Aufgabe: Unter Zeitbegrenzung muss ein Zielsymbol in einer Gruppe von Symbolen gesucht und angegeben werden, ob es in der Gruppe enthalten ist. Funktionen: Kognitive Verarbeitungsgeschwindigkeit, visuelles Kurzzeitgedächtnis, visuomotorische Koordination, kognitive Flexibilität, visuelle Diskrimination, Konzentration

Optionale Untertests (zusätzliche Informationen)

Bilder ergänzen (BE)	Aufgabe: Auf Bildern müssen fehlende Details erkannt werden. Funktionen: Visuelle Wahrnehmung und visuelle Organisation
Durch-streich-Test (DT)	Aufgabe: In einer vorgegeben Bilderanordnung müssen unter Zeitbegrenzung Zielbilder markiert werden. Funktionen: Verarbeitungsgeschwindigkeit, visuelle selektive Aufmerksamkeit
Allgemeines Wissen (AW)	Aufgabe: Es sind unterschiedlich schwere Wissensfragen zu beantworten. Funktionen: Kristalline Intelligenz, allgemeines Faktenwissen, Langzeitgedächtnis
Rechneri-sches Denken (RD)	Aufgabe: Es sind Rechenaufgaben zu lösen. Funktionen: Mentale Rotation, Konzentration, Aufmerksamkeit, Kurz- und Langzeitgedächtnis, Rechenfähigkeit
Begriffe erkennen (BEN)	Aufgabe: Umschriebene Begriffe müssen erkannt werden. Funktionen: Verbales Schlussfolgern, sprachliches Verständnis, verbale Abstraktion, Bereichswissen, Integration und Synthetisierung verschiedener Informationsarten, Generierung alternativer Konzepte

Quelle: Daseking, Petermann und Petermann (2007, S. 252)

hochbegabte Underachiever identifizieren können. Aus einer nicht vorausgewählten Stichprobe von N = 6776 Schülerinnen und Schülern der dritten Jahrgangsstufe wurden 141 Kinder mit einem mittleren IQ von 135 als hochbegabt ausgewählt. Die Zuweisung zur Gruppe der Underachiever, also zu den Kindern, die hinter den aufgrund ihres Intelligenzniveaus erwarteten Schulleistungen zurückbleiben, bestimmten die Autoren nach einem inhaltlichen Kriterium. Sie legten fest, dass es sich dann um hochbegabte Underachiever handelte, wenn die Kinder einen Zensurenschnitt in den Fächern Deutsch, Mathematik und Sachkunde aufwiesen, der dem Zensurenschnitt einer durchschnittlich begabten Vergleichsgruppe (N = 136) entsprach. Der IQ dieser Gruppe lag im Mittel bei 102. Die Ergebnisse zeigten, dass Lehrkräfte zwar recht gut die Hochbegabten mit guten Leistungen identifizieren können, jedoch hochbegabte Underachiever nicht erkennen. Selbst dann, wenn kein allzu strenger Maßstab angelegt wurde (gehört zu den 24% intelligentesten Schülern), übersahen die Lehrerinnen und Lehrer ca. 70% der hochbegabten Kinder. Nicht zuletzt aufgrund dieser Ergebnisse plädieren Rost und Buch (2010) für die Notwendigkeit einer umfassenden testdiagnostischen Überprüfung, wenn man hochbegabte Underachiever nicht benachteiligen will.

Lehrerausbildung   Endepohls-Ulpe (2004) ließ 386 Grundschullehrkräfte Merkmale hochbegabter Kinder beschreiben und trennte bei der Auswertung die Lehrerinnen und Lehrer danach, ob sie bereits ein hochbegabtes Kind unterrichtet hatten oder es nur fiktiv beschreiben konnten. Die faktorenanalytische Auswertung der Daten ergab, dass Lehrkräfte, die noch nie ein hochbegabtes Kind unterrichtet hatten, nicht zwischen Leistungsmotivation und intellektueller Leistungsfähigkeit unterschieden. Dahinter verbirgt sich offenbar die stereotype Vorstellung, dass hochbegabte Kinder auch hochmotiviert sind. Für Lehrkräfte, die bereits ein hochbegabtes Kind unterrichtet hatten, traf dies nicht zu: Leistungsmotivation und intellektuelle Leistungsfähigkeit traten bei ihnen als unabhängige Faktoren auf. Für die Lehrerausbildung lässt sich daraus ableiten, dass neben der generellen Vermittlung von Kenntnissen zum Phänomenbereich Hochbegabung und zu speziellen Fördermodellen, eine besondere Sensibilisierung für diejenigen hochbegabten Schülerinnen und Schüler erforderlich ist, die nicht durch außergewöhnliche Schulleistungen auffallen oder schlimmstenfalls schulisch bereits demotiviert sind.

Tab. 8: Merkmale zur vorläufigen Identifikation hochbegabter Kinder (aus BMBF 2010, S. 21)

Das Kind

… überrascht häufig durch originelle Ideen oder Vorschläge.
… hat eine ausdrucksvolle, ausgearbeitete und flüssige Sprache.
… ist sehr selbständig.
… hat in einzelnen Bereichen ein hohes Detailwissen.
… neigt schnell dazu, über Situationen zu bestimmen.
… kann außergewöhnlich gut beobachten.

Als Leitfaden für Eltern und Lehrpersonen und erste Annäherung zum Erkennen von Hochbegabten werden mehr oder weniger ausführlich bestimmte Merkmale in sogenannten Checklisten zusammengefasst (s. Tab. 8). Allerdings warnen Autoren inzwischen vor diesen Listen (BMBF 2010, Rohrmann & Rohrmann 2010, S. 19), da die genannten Kriterien nicht auf ihre Validität hin überprüft sind. Außerdem eignen sich diese Listen nicht zur Diagnose, sondern können lediglich erste allgemeine Anhaltspunkte liefern, und sie beinhalten darüber hinaus eine Aufzählung möglicher Merkmale, die nicht alle zusammen bei einem Kind auftreten müssen.

Hochbegabungs- merkmale

3.1.6 Möglichkeiten der schulischen Förderung

Vor allem die Schule ist der Ort, an dem hochbegabte Kinder frühzeitig diagnostiziert und gefördert werden sollten. Die Schaffung von Chancengleichheit im Unterricht durch die Berücksichtigung unterschiedlicher Lernvoraussetzungen von Kindern und Jugendlichen und die besondere Förderung ihrer Interessen und Fähigkeiten gilt nicht nur bei geringer sondern auch bei hoher Begabung. Während die Durchführung sonderpädagogischer Maßnahmen inzwischen als eine selbstverständliche Aufgabe des Bildungssystems angesehen wird, setzt sich das Bewusstsein, dass auch Hochbegabte einer individuellen Förderung bedürfen, damit sie ihr volles Potential ausschöpfen können, erst langsam durch.

Fördermodelle

Ganz allgemein können zwei Arten von Fördermodellen – Akzeleration und Enrichment – unterschieden werden (vgl. Tab. 9). Bei der Akzeleration (Beschleunigung) geht es um das beschleunigte Durchlaufen der Schulzeit (Heinbokel 2001). Der Unterrichtsstoff, der von den durchschnittlich begabten Schülerinnen und Schülern in einer bestimmten Zeit, etwa einem Schuljahr, durchgearbeitet wird, wird von den Hochbegabten schneller absolviert. Dazu gehören die frühere Einschulung und das Überspringen von Klassen. Beide Maßnahmen sind in unserem Schulsystem möglich, werden aber von den beteiligten Personen kontrovers eingeschätzt (zu den gesetzlichen Bestimmungen vgl. BMBF 2010, S. 62 ff.).

Durch die vorzeitige Einschulung können hochbegabte Kinder, die oftmals schon Grundfertigkeiten im Lesen oder Rechnen beherrschen, bereits vor dem 6. Lebensjahr gefördert werden. Ihre Neugier kann frühzeitig und systematisch angeregt werden und ihnen können vielfältige Lernmöglichkeiten eröffnet werden. Eltern und Lehrkräfte beurteilen die schulischen Fördermöglichkeiten jedoch nicht nur positiv. So werden Vorbehalte in Bezug auf die Möglichkeit des Überspringens von Klassen geäußert, wie die empirische Studie von Heinbokel (1996), in der die Konsequenzen des Springens aus Sicht der betroffenen Kinder, Eltern und Lehrkräfte untersucht wurden, deutlich macht. Bei solch einer Entscheidung muss z. B. berücksichtigt werden, dass sich die Begabung des Schülers oder der Schülerin möglichst auf breiter Ebene zeigt und eine entsprechende körperliche und soziale Reife gegeben ist. Weiter ist es wichtig, das Kind selbst zur Entscheidung des Überspringens zu hören und es dabei ernst zu nehmen.

Akzeleration

Eine andere Möglichkeit des beschleunigten Lernens betrifft die Teilnahme hochbegabter Kinder am Teil-Unterricht in höheren Klassen. Dadurch können Mädchen und Jungen, die beispielsweise besondere sprachliche oder mathematische Fähigkeiten besitzen, in diesem speziellen Bereich gemäß ihrer individuellen Möglichkeiten gefördert werden, ohne den Klassenverband verlassen zu müssen.

Enrichment · Eine vom beschleunigten Lernen zu unterscheidende zweite Fördermöglichkeit ist das vertiefte Lernen, auch Enrichment genannt. Bei diesen Maßnahmen wird das Unterrichtsangebot für die hochbegabten Schülerinnen und Schüler nicht ersetzt, z.B. durch den Stoff der nächst höheren Klasse wie beim Überspringen, sondern in vielfältiger Weise ergänzt, ausgeweitet und vertieft. Hier sind zunächst Fördermöglichkeiten im Rahmen der inneren Differenzierung gefragt, d.h. sie finden im eigentlichen Klassenverband statt und berücksichtigen das individuelle Lern- und Begabungsniveau des Schülers (Heinbokel 2001).

innere Differenzierung · Beim vertieften Lernen (Enrichment) kann zwischen innerer und äußerer Differenzierung sowie außerschulischen Maßnahmen unterschieden werden. Schwerpunkte der inneren Differenzierung wie arbeitsteilige Kleingruppenarbeit, Projektarbeit etc., die eine bestimmte Form der Individualisierung des Unterrichts durch die Lehrperson darstellen, betreffen eigentlich alle Schüler und sind somit keine spezielle Maßnahme für Hochbegabte. Diese Maßnahmen eignen sich sehr gut, im „normalen" Unterricht auf die besonderen Kenntnisse und Begabungen der einzelnen Kinder einzugehen und eine darauf abgestimmte Unterrichtsvorbereitung zu treffen.

Förderung der Eigenständigkeit · Wichtig ist aber nicht nur die Individualisierung, die von der Lehrperson vorangetrieben wird, sondern ebenso die Förderung einer weitgehend eigenständigen, aktiven Mitarbeit der Mädchen und Jungen, wie sie z.B. im Offenen Unterricht angezielt wird. Da die schulische Unterforderung gerade für hochbegabte Kinder problematisch werden kann, ist die systematische Herausforderung ihrer Begabung und Kreativität, aber auch ihrer Anstrengungs- und Lernbereitschaft, wichtig. Verschiedene Möglichkeiten, die der Offene Unterricht mit Wochenplanarbeit, Projektarbeit oder Freiarbeit speziell für die Grundschule bietet, stellt Schulte zu Berge (2001) ausführlich in ihrem Buch dar.

äußere Differenzierung · Maßnahmen der äußeren Differenzierung oder außerschulischer Angebote, wie zusätzliche Arbeitsgemeinschaften, überregionale Wettbewerbe oder Schüleraustauschprogramme, können die innere Differenzierung optimal ergänzen. Vorteilhaft bei Fördermaßnahmen der äußeren Differenzierung ist der Verbleib der Hochbegabten im Klassenverband, was mit Blick auf das Sozialverhalten der Kinder häufig günstiger ist, als eine Trennung von den Mitschülerinnen und Mitschülern.

Mischformen · Darüber hinaus gibt es noch Mischformen aus Akzeleration und Enrichment, bei denen verschiedene Fördermöglichkeiten kombiniert werden. Dazu zählen Intensivkurse, die vor allem in der Sekundarstufe hochbegabten Mädchen und Jungen die Möglichkeit bieten, den Stoff der Klasse schneller zu durchlaufen (Akzeleration) und die erworbenen Kenntnisse, z.B. in einer Sprache, weiter zu vertiefen (Enrichment). Spezialschulen und Schulen mit Hochbegabtenklassen stellen eine weitere Möglichkeit dar.

spezielle Modelle · Eine ausführliche Übersicht über spezielle Modelle der Hochbegabtenförderung geben Heller und Hany (1996) in ihrem Beitrag. Zusammenfassend ist der folgenden generellen Empfehlung der Autoren zuzustimmen: „Auf einen einfachen Nenner gebracht muss demnach schulische Hochbegabtenförderung – aus der Sicht der vorliegenden Theoriebildung – nach folgenden Prinzipien verfahren: (1) Hochbegabte Schüler sollen das reguläre Curriculum so schnell wie möglich durchlaufen. (2) Sie sollen jene Fertigkeiten vermittelt bekommen, die für selbständiges Lernen erforderlich sind. (3) In der ‚ersparten' Lernzeit können sie dann besser eigenen Interessen nachgehen. Dabei obliegt es der Schule, gesellschaftlich relevante Gegenstandsbereiche in zugänglicher Form für hochbegabte Schüler anzubieten" (Heller & Hany 1996, S. 490).

Tab. 9: Übersicht über verschiedene Fördermöglichkeiten Hochbegabter (in Anlehnung an BMBF 2010, S. 60 und Rost & Buch 2010)

Akzeleration (beschleunigtes Lernen)	Enrichment (vertieftes Lernen)	Mischformen aus Akzeleration und Enrichment (spezielle Klassen und Schulen)
Schwerpunkt äußere Differenzierung	*Schwerpunkt innere Differenzierung*	*Schwerpunkt innere und äußere Differenzierung*
Vorzeitige Einschulung	Offener Unterricht/ Projektarbeit	Intensivkurse
Überspringen von Klassen	Arbeitsteilige Kleingruppenarbeit; zusätzliche Arbeitsmaterialien/ Aufgaben	Hochbegabungsklassen an normalen Schulen (D-Zug-Klassen)
Teil-Unterricht in höheren Klassen	Tutorenfunktion	Spezialschulen für Hochbegabte
Altersgemischte Klassen und flexible Eingangsstufe	*Schwerpunkt äußere Differenzierung und außerschulische Maßnahmen*	Gasthörerschaft an Universitäten und vorzeitige Zulassung zum Studium
	Arbeitsgemeinschaften	
	Zusätzliche Leistungskurse	
	Überregionale Wettbewerbe	
	Schüleraustauschprogramme	
	Ferienkurse und Sommerakademien	
	Fernunterricht und Internetkurse	

3.2 Geschlechtszugehörigkeit

Auswirkungen der Geschlechterunterschiede

Vor allem im Rahmen der Koedukationsdebatte ist eine intensive Diskussion darüber geführt worden, welche Bedeutung Geschlechterdifferenzen im Kontext Schule haben, welche Auswirkungen tatsächliche oder vermeintliche Unterschiede zwischen Mädchen und Jungen auf schulische Motivation und schulische Leistung (insbesondere in mathematisch-naturwissenschaftlichen Fächern bei Mädchen und in Deutsch bei Jungen) haben, und welche möglichen pädagogischen Konsequenzen daraus zu ziehen sind (vgl. Faulstich-Wieland 1991; Holz-Ebeling 2010; Ludwig 2003, 2007). Und nicht zuletzt durch die Ergebnisse nationaler und internationaler Leistungsvergleichsstudien (TIMSS, PISA, IGLU) rückte der Zusammenhang zwischen Geschlecht und Schulleistung erneut in den Fokus der Aufmerksamkeit (Becker et al. 2010; Rustemeyer 2009).

Die Untersuchung und Analyse von Unterschieden zwischen Frauen und Männern hat eine relativ lange Tradition innerhalb der Psychologie, wobei verschiedene theoretisch-methodische Ansätze zur Beschreibung und Erklärung von Geschlechtsunterschieden zu unterscheiden sind.

3.2.1 Die Untersuchung der Geschlechtsvariable

umfassender Überblick

Der erste umfassende Überblick wurde von Maccoby und Jacklin (1974) vorgelegt. Die Autorinnen kategorisierten rund 1400 empirische Studien qualitativ nach verschiedenen Gebieten wie Dominanz, Aggression, verbale Fähigkeiten etc. und prüften, in wie vielen Studien sich überhaupt Unterschiede zwischen den Geschlechtern nachweisen ließen. Insgesamt wiesen die Autorinnen vier Bereiche aus, in denen einigermaßen gesicherte Geschlechtsunterschiede existieren. In Bezug auf die intellektuellen Fähigkeiten konnte eine größere sprachliche Fähigkeit bei den Mädchen sowie ein besseres räumliches Vorstellungsvermögen und eine höhere Mathematikbegabung bei den Jungen nachgewiesen werden. Bei den sozialen Verhaltensweisen fanden die Autorinnen eine höhere Aggressivität der Jungen.

eigenschaftsorientierter Ansatz

Forschungsmethodisch gesehen liegt der Studie von Maccoby und Jacklin (1974) ein eigenschaftsorientierter Ansatz zugrunde, bei dem Geschlechterdifferenzen letztendlich auf relativ stabile Persönlichkeitsmerkmale zurückgeführt werden. Dies ist zwar historisch gesehen der älteste und am weitesten verbreitete Ansatz, der aber durch neuere Forschungsparadigmen zunehmend in Frage gestellt wird (vgl. Rustemeyer 2003, 2009).

Nature-Ansatz

Die Frage, ob Anlage- oder Umwelteinflüsse für die beobachtbaren Geschlechterdifferenzen verantwortlich sind, wurde heftig in der sogenannten Nature-Nurture-Kontroverse ausgetragen (vgl. Rustemeyer 2001b; Scheele 1998; Walsh 1997), in der zwischen dem biologischen Geschlecht (sex) und dem sozialen Geschlecht (gender) unterschieden wird. Die zugrunde liegende Annahme des Nature-Ansatzes besagt, dass es von Natur aus einen Unterschied zwischen Männern und Frauen bzw. zwischen Maskulinität und Femininität gibt, und dass dieser Unterschied zu Unterschieden im Verhalten und im Handeln der Geschlechter führt.

Nurture-Ansatz

Der Nurture-Ansatz, der die Gender-Komponente, also das sozial konstruierte Geschlecht betont und diesem einen Vorrang vor dem biologischen einräumt, wurde in der Psychologie vor allem von Sandra Bem (1974) vertreten. Damit änderte sich in der psychologischen Geschlechterforschung die Fragestellung und eng damit verbunden die methodische Vorgehensweise. Die Forschung konzentrierte sich nunmehr stärker auf das *„soziale Geschlecht"* der Person. Mit der Konzeption von Bem war zum einen eine Überwindung der traditionellen, bipolaren Konzeption von Männlichkeit und Weiblichkeit verbunden; zum anderen war damit der Weg für eine größere Flexibilität der Geschlechtsrollenorientierungen geebnet, die im Laufe eines Lebens durch innere oder äußere Einflüsse (z.B. Ausübung bestimmter beruflicher Tätigkeiten) prinzipiell geändert werden kann.

Die These der sozialen Entstehung von Geschlechtsunterschieden ist auch eine zentrale Annahme klassischer Sozialisationstheorien (Bilden 1980). Danach werden die weibliche und männliche Geschlechtsidentität sowie die entsprechenden Merkmale, Neigungen, Fähigkeiten und die dadurch bedingten Verhaltensweisen über Sozialisationsprozesse erworben. Diese relativ stabilen, zeitlich überdauernden Merkmale und Fähigkeiten der Person sind danach anerzogen und nicht angeboren. Mit dieser Annahme einer sozialen Entstehung von Geschlechtsunterschieden wird von den klassischen Sozialisationstheorien ein Gegengewicht zu biologisierenden Erklärungen von „natürlich" auffindbaren Geschlechtsunterschieden geschaffen.

klassische Sozialisationstheorien

Eine veränderte Sichtweise und damit auch eine veränderte Forschungsorientierung definiert das Geschlecht als „soziale Kategorie". Eine Frau oder ein Mann zu sein, stellt in unserer Gesellschaft eine bedeutsame soziale Kategorie dar, ähnlich wie Alter oder Nationalität, die dazu führt, dass ungeachtet der individuellen Eigenschaften eines Individuums, bestimmte, geschlechtsbezogene Erwartungen, Überzeugungen und geschlechtsrollenspezifische Verhaltensreaktionen vom sozialen Umfeld (Elternhaus, Schule, Peer-Group) geäußert werden (vgl. Trautner 1994, 2008). Das Geschlecht wird somit als ein vom sozialen Kontext abhängiges Phänomen konzipiert und untersucht. Deaux und LaFrance (1998) gehen davon aus, dass das Konstrukt ,Geschlecht' vor allem in den Köpfen von Frauen und Männern existiert und in spezifischen Kontexten ausgehandelt wird. Bestimmte Umgebungsbedingungen wie Familie, Schule, Arbeitsplatz etc. aktualisieren geschlechtstypisierte Handlungsskripte. An weibliche und männliche Kinder, Jugendliche und Erwachsene werden bestimmte Erwartungen und Anforderungen gestellt. Die Erwartungen können direkt geäußert werden, aber auch indirekt, indem z.B. Mädchen und Jungen erfahren, wie Eltern oder Lehrpersonen auf ihr Verhalten reagieren, oder sie beobachten bedeutsame Modelle, die positiv oder negativ sanktioniert werden (vgl. Modelllernen nach Bandura). Prozesse der Sich-selbst-erfüllenden-Prophezeiung dienen als wichtiger Erklärungsansatz für die Aufrechterhaltung geschlechtsspezifischer Erwartungen. Solche geschlechtsspezifischen Rollenerwartungen (Geschlechtsrollenstereotype) finden sich bei Eltern, Kindergärtnerinnen, Lehrpersonen und Mitschülern, also bei allen, die für die Erziehung und Sozialisation der Mädchen und Jungen bedeutsam sind (vgl. Trautner 1994, 2008).

Geschlecht als „soziale Kategorie"

In einer Reihe von Arbeiten, sowohl experimentellen Studien als auch Untersuchungen in Schulen, konnte die Wirksamkeit geschlechtsspezifischer Erwartungen nachgewiesen werden. Mädchen und Jungen, aber auch Männer und Frauen haben offenbar gemeinsame Vorstellungen und Erwartungen hinsichtlich dessen, was in bestimmten Kontexten passieren sollte und wie sich Frauen und Männer angemessen verhalten sollten (s.a. Punkt 3.2.6).

Selbstwahrnehmung und Informationsverarbeitung

Trautner (2008, S. 626) unterscheidet eine weitere Forschungsperspektive, nämlich das „Geschlecht als Dimension der Selbstwahrnehmung und Informationsverarbeitung". Hierbei geht es um die Geschlechtsidentität der Person. Die Selbstwahrnehmung kann weiblich oder männlich bzw. mehr oder weniger feminin oder maskulin sein. Wie sich die individuelle Geschlechtsidentität, auch geschlechtsbezogenes Selbstkonzept genannt, entwickelt, hängt von den Rückmeldungen der Umwelt und die Wahrnehmung, Verarbeitung und Speicherung dieser selbstbezogenen Informationen ab. Insofern spielt auch hier der soziale Kontext eine wichtige Rolle, so dass die Abgrenzung zu den beiden vorher genannten Forschungsperspektiven nicht immer eindeutig ist; am ehesten ist hier die Geschlechterschema-Theorie zu nennen (Bem 1981). Im Fokus der Selbstwahrnehmung stehen kognitive Konzepte, die Wissen über das eigene Geschlecht beinhalten, sogenannte individuell ausgeprägte Geschlechterschemata. Diese Wissensstruktur ist im Gedächtnis gespeichert und beeinflusst Wahrnehmung und Verhalten der Person. Ist das Schema erst einmal aufgebaut, wird es als relativ stabil und unveränderbar angesehen. Geschlechterschemata werden somit „zu einer Art Filter der Aufnahme und Speicherung weiterer eingehender Informationen" (Trautner 2008, S. 628).

3.2.2 Unterschiede in schulrelevanten Merkmalen

Geschlechtstypisierung: Konstrukte und Inhaltsbereiche

Unterschiede zwischen den Geschlechtern werden am ehesten mit Unterschieden in Persönlichkeitseigenschaften und Fähigkeiten bzw. Kompetenzen in Zusammenhang gebracht (Hannover 2008). Darauf, dass diese Merkmale aber nur einen Teilbereich aus der Vielzahl der möglichen Bereiche abdecken, die für die Ausprägung der individuellen Geschlechtstypisierung eine wichtige Rolle spielen, weisen vor allem anglo-amerikanische Autoren hin (Ruble & Martin 1998; Ruble, Martin & Berenbaum 2006). Sie haben eine differenzierte Matrix entwickelt, in der verschiedene Arten geschlechtsbezogener *Konstrukte* (insgesamt 4) und *Inhaltsbereiche* (insgesamt 6) miteinander kombiniert werden können (vgl. die vollständige Matrix in Trautner (2008, S. 630). Betrachten wir aus Platzgründen nur die unterschiedlichen Konstrukte ohne weitere Differenzierung nach Inhaltsbereichen. Anhand empirischer Studien lässt sich belegen, dass Geschlechtsunterschiede vor allem bei den Konstrukten *Identität/Selbstwahrnehmung* (wie Selbsterleben als männlich oder weiblich, geschlechtsbezogenes Selbstkonzept), *Präferenzen* (wie Interesse an bestimmten Unterrichtsfächern und Ausbildungswegen, Berufswünsche) und *manifestes Verhalten* (wie Spiel- und Freizeitverhalten, soziales Verhalten, Berufswahl, Studienwahl) auftreten. Bei dem Konstrukt *Konzepte/Überzeugungen* (wie Geschlechtskonstanz erkennen, Geschlechterstereotype bezüglich Aktivitäten und Interessen) lassen sich kaum Unterschiede zwischen Mädchen und Jungen finden. So lassen sich beispielsweise Geschlechterstereotype, deren Bedeutung für schulische Leistungen unbestritten ist, bei beiden Geschlechtern gleichermaßen nachweisen.

Exkurs zur Erfassung von Geschlechtsunterschieden
Nicht alle Unterschiede sind gleichermaßen bedeutsam und die tatsächliche Größe der Geschlechtsunterschiede wird nach Auffassung einiger Forscher überschätzt (Asendorpf 2007, S. 386). Die Verteilungen der erfassten Merkmale überlappen sich die in den meisten Fällen sehr deutlich. So gibt es keinen Bereich der Geschlechtsunterschiede, in dem alle Männer bei einem bestimmten Merkmal besser sind als Frauen oder alle Frauen besser als Männer. Dies trifft selbst für das Merkmal Aggressivität zu. Die Gemeinsamkeiten bei Frauen und Männern sind größer ist als stereotyperweise angenommen wird. Die subjektive Überschätzung der Unterschiede lässt sich nach Asendorpf durch die in einer Kultur geteilten Geschlechtsstereotype und die darauf basierenden spezifischen Erwartungen erklären.

Während in der Arbeit von Maccoby und Jacklin (1974) wie auch in vielen Studien der 1970er und 1980er Jahre als Maß für die Unterschiede die Mittelwertdifferenz der beiden Geschlechtsgruppen herangezogen wurde, stützen sich heute Wissenschaftlerinnen und Wissenschaftler zur Einschätzung der tatsächlichen Größe psychologischer Geschlechtsunterschiede vorwiegend auf Metaanalysen. Mit diesem statistisch-methodischen Verfahren werden Ergebnisse von Einzelstudien zum selben Thema zusammenfasst und auf der Grundlage vieler Einzelstudien kann die sogenannte Effektstärke des Geschlechts berechnet werden. In der Metaanalyse wird versucht, einen integrativen Überblick über eine bestimmte Fragestellung zu liefern und zugleich die Aussagekraft der Ergebnisse in dem untersuchten Gebiet zu erhöhen.

Die Ergebnisse von Metaanalysen werden in standardisierten Werten ausgedrückt, etwa durch d-Werte. Werden empirische Studien zu bestimmten Unterschieden zwischen den Geschlechtern in einer Metaanalyse zusammengefasst, beispielsweise zu den sprachlichen Fähigkeiten, dann gilt: Je höher der über verschiedene Untersuchungen gemittelte d-Wert, desto höher der Unterschied zwischen den Geschlechtern bei diesem bestimmten Merkmal. Allgemein gilt die Einschätzung, dass durchschnittliche d-Werte (ein statistischer Kennwert, der etwas über die Effektgröße aussagt) von 0,20 kleine, von 0,50 mittlere und ab 0,80 große Unterschiede zwischen den Geschlechtern widerspiegeln (zur Methode vgl. Bortz & Döring 1995), s.a. Alfermann (1996, S. 94; Rindermann & Geiser 2010).

Inzwischen liegt eine Reihe von Metaanalysen zu Geschlechtsunterschieden vor, etwa zu kognitiven Merkmalen, verbalen Fähigkeiten oder sozialen Unterschieden. Kurz erwähnt werden sollen auch die problematischen Aspekte dieses methodischen Verfahrens. Das betrifft zum einen die Subjektivität der Auswahl der zu integrierenden Studien (Bortz & Döring 1995) und zum anderen die Nichtbeachtung der methodischen Qualität der in die Metaanalyse eingehenden Untersuchungen. Zusammenfasend ist dazu festzuhalten: Wie gut die Ergebnisse einer Metaanalyse letztendlich sind, hängt von den nach Qualität und Quantität ausgewählten und in der Analyse verwendeten Studien ab.

Marginalien:
Erfassung von Geschlechtsunterschieden

Die Bedeutung von Metaanalysen

Kritik an Metaanalysen

Fähigkeits-
selbstkonzepte

3.2.3 Selbsteinschätzung eigener Fähigkeit

Im Folgenden werden einige ausgewählte, für den schulischen Unterricht relevante Ergebnisse, näher vorgestellt. Wie unter Abschnitt 2.2.3 ausgeführt, werden insbesondere Fähigkeitsselbstkonzepte als bedeutsame Schülermerkmale angesehen, die sich auf leistungsthematisches Verhalten auswirken. Unterschiede zwischen Mädchen und Jungen in Bezug auf das Selbstkonzept ließen sich jedoch in vielen Publikationen nicht nachweisen (vgl. Hattie 1992). Dabei muss berücksichtigt werden, wie die Selbstkonzeptvariable in den einzelnen Studien erfasst worden ist. Werden nämlich anstatt globaler Selbstkonzeptmaße domänenspezifische Maße verwendet, ändert sich die Befundlage, und es lassen sich durchaus Geschlechtsunterschiede finden, die zudem in die gleiche Richtung weisen. Charakteristisch für den mathematischen Bereich sind die niedrigeren Selbsteinschätzungen der Mädchen im Vergleich zu den Jungen, während für den sprachlichen Bereich in der Regel ein höheres Selbstkonzept der Mädchen zu beobachten ist (Marsh 1989). Mit Hannover (2008) kann zusammenfassend konstatiert werden, dass Jungen über eine optimistischere Selbsteinschätzung hinsichtlich eigener Kompetenzen und Leistungen verfügen und sich in maskulin konnotierten Bereichen für besonders talentiert halten, während dies für Frauen und Mädchen in bestimmten stark weiblich konnotierten Bereichen zutrifft.

Auswirkungen der
Selbsteinschätzung

Dass das unterschiedlich ausgeprägte Selbstkonzept der Mädchen und Jungen sich auf das Lern- und Leistungsverhalten im Fach Mathematik, einem maskulin konnotierten Bereich, auswirken kann, wird durch Befunde untermauert, die zeigen, dass Schülerinnen ihre Fähigkeiten für Mathematik geringer einschätzen als Schüler (Rustemeyer & Fischer 2005, 2007; Rustemeyer 1999); selbst dann, wenn noch keine Leistungsunterschiede nachweisbar sind, wie etwa zum Ende der Grundschulzeit (Dickhäuser & Stiensmeier-Pelster 2003a; Stipek & Gralinski 1991; Tiedemann & Faber 1995; s. auch Abschnitt 2.2.3). Aufgrund der Ergebnisse der PISA-Studie wird angenommen, dass das Geschlecht die Mathematikleistung sowohl direkt beeinflusst, als auch über das Selbstkonzept vermittelt (Klieme, Neubrand & Lüdtke 2001). Unter einer stärker entwicklungspsychologischen Perspektive ist bei beiden Geschlechtern ein früh einsetzender Abwärtstrend im mathematischen Fähigkeitskonzept vom Kindergarten bis zur 6. Klassenstufe zu beobachten (vgl. Helmke 1998). In der Untersuchung von Rustemeyer und Fischer (2005), an der Schülerinnen und Schüler ab der Orientierungsstufe teilnahmen, verschlechterten sich bei beiden Geschlechtern von der 5. bis zur 9. Jahrgangsstufe neben dem fachspezifischen Selbstkonzept kontinuierlich auch weitere motivationsrelevante Variablen wie das Interesse oder die Lernzielorientierung (s. a. Jacobs et al. 2002).

3.2.4 Mathematische und räumliche Fähigkeiten/Kompetenzen

biologische Basis
für Unterschiede

Die Erforschung von Geschlechterdifferenzen in schulischen Leistungen und kognitiven Fähigkeiten konzentrierte sich bereits seit den 1980er Jahren auf den mathematisch-naturwissenschaftlichen Bereich und schon bald setzte eine bis heute anhaltende kontroverse Diskussion darüber ein, ob Mädchen und Frauen möglicherweise mathematisch weniger begabt seien als Jungen bzw. Männer.

Vor allem die Forschergruppe um Camilla P. Benbow vertritt die Auffassung, dass eine biologische Basis für Unterschiede in den mathematischen Fähigkeiten existiert (Benbow 1992; Benbow & Lubinski 1997; Benbow & Stanley 1983). Ausgangspunkt bildete eine Längsschnittuntersuchung mit ca. 5000 Schülerinnen und Schülern, die als 13-jährige zu den 1 Prozent Besten im sogenannten Scholastic Aptitude Test (SAT) gehörten, der in den USA für die Zulassung zum College abgelegt werden muss (vgl. Giesen 2000). Es handelt sich hierbei um hochbegabte Kinder. Jungen erreichten in dieser Studie konstant bessere Leistungen als Mädchen.

An der These der biologisch bedingten Geschlechtsunterschiede in Mathematik wurde von anderen Forscherinnen (vgl. Walsh 1997) deutliche Kritik geübt, die u.a. darauf abzielte, dass es sich um eine hochselektive Gruppe handelt, die nicht repräsentativ für die Gesamtbevölkerung ist. Differenziertere Angaben erhält man aus der umfassenden Metaanalyse von Hyde, Fennema und Lamon (1990), die Aussagen für Geschlechtsunterschiede in der Gesamtbevölkerung macht. Auch hier ergeben sich Unterschiede zwischen den Geschlechtern ab einem Alter von etwa 14 Jahren. Jungen schneiden bei Problemlöseaufgaben (Umgang mit mathematischen Konzepten und Problemen) besser ab, Mädchen dagegen bei arithmetischen Aufgaben ($d = -.22$). Allerdings erweisen sich für die gefundenen Unterschiede Alter, Selektivität der Stichprobe und kognitives Aufgabenniveau als bedeutsame Moderatorvariablen. Leistungsunterschiede fanden sich erst innerhalb höherer Schulstufen und am stärksten bei mathematisch Hochbegabten, also bei der Gruppe, die Benbow et al. untersucht haben.

bedeutsame Moderatorvariablen

Im Rahmen der Third International Mathematics and Science Study (TIMSS) wurden Befunde für mathematisch-naturwissenschaftliche Leistungen bei Schülerinnen und Schülern der 7. und 8. Klassen in Deutschland erhoben (Baumert, Bos & Watermann 1999; Baumert, Lehmann u.a. 1997). Danach gibt es über alle Mädchen und Jungen, gemittelt in den Mathematikleistungen keine bedeutsamen Unterschiede, was jedoch darauf zurückzuführen ist, dass mehr Mädchen als Jungen das Gymnasium besuchen. Werden die einzelnen Schulformen getrennt betrachtet, erreichen die Mädchen schlechtere Leistungen in Mathematik und Physik als die Jungen. Signifikante Unterschiede zwischen Jungen und Mädchen für den Bereich der mathematischen Grundbildung („mathematical literacy") konnte auch in dem OECD Programm PISA nachgewiesen werden. Die internationale Schulvergleichsstudie PISA (Programme for International Student Assessment) ist langfristig angelegt, wird seit dem Jahre 2000 im Abstand von 3 Jahren durchgeführt und untersucht die Kompetenzen von 15-jährigen Schülerinnen und Schülern. In jedem Durchgang werden alle Kompetenzbereiche erfasst, jedoch mit unterschiedlicher Schwerpunktsetzung: Lesekompetenz (PISA 2000), mathematische Grundbildung (PISA 2003), Naturwissenschaften (PISA 2006) und erneut Lesekompetenz in dem zweiten Erhebungszyklus (PISA 2009). So können Veränderungen im Leistungsniveau und weiterer Lernvariablen zuverlässig erfasst werden.

TIMSS

Bei PISA 2006 zeigt sich, wie zuvor bei PISA 2003, eine insgesamt höhere mathematische Kompetenz für Jungen als für Mädchen (Frey, Asseburg, Cars-

PISA

tensen, Ehmke & Blum 2007, S. 263). Allerdings tritt der Kompetenznachteil der Mädchen nicht in allen mathematischen Inhaltsbereichen gleichermaßen auf. Ausgehend von der PISA-Studie 2003, in der die Erfassung der mathematischen Grundbildung den Schwerpunkt bildete, zeigen die Ergebnisse im bundesdeutschen Ländervergleich, dass im Inhaltsbereich *Quantität* (Stoffgebiet Arithmetik) lediglich in einem Bundesland und im Bereich *Veränderung und Beziehungen* (Stoffgebiet Algebra) in sieben Bundesländern ein statistisch signifikanter Kompetenzvorsprung der Jungen zu verzeichnen ist. Deutlicher sind die Unterschiede in den Bereichen *Raum und Form* (Stoffgebiet Geometrie) und *Unsicherheit* (Stoffgebiet Stochastik). Im Stoffgebiet Geometrie weisen Jungen in 14 Bundesländern statistisch signifikant bessere Kompetenzen auf als Mädchen und im Bereich *Unsicherheit* (Stoffgebiet Stochastik) in 13 Bundesländern (Zimmer, Stick, Burba & Prenzel 2006, S. 323). Signifikante Geschlechterdifferenz treten in den meisten OECD-Staaten auf, jedoch in keinem erreichen Mädchen höhere Punktwerte als Jungen, und die Unterschiede sind in Deutschland mit 20 Punkten zugunsten der Jungen besonders ausgeprägt.

Einen ersten Erklärungsansatz für die unterschiedlichen Mathematikleistungen haben Klieme, Neubrand und Lütke (2001) vorgeschlagen. Da Jungen nicht nur in der mathematischen Grundbildung besser abschneiden als Mädchen, sondern auch höhere Werte für motivationsrelevante Variablen wie Selbstkonzept und Interesse erreichen, ist die Gesamtbetrachtung der Variablen hilfreich (vgl. Abb. 9).

In Abb. 9 ist ein pfadanalytisches Modell zur Erklärung der Mathematikleistungen dargestellt. Es zeigt, dass es einen engen Zusammenhang zwischen Lesekompetenz und Mathematikleistung gibt; ablesbar an dem recht hohen Pfadkoeffizienten (ß = 0,55). (Der Pfadkoeffizient ist ein Maß für die Einflussstärke eines Prädiktors (wie z.B. der Leseleistung) auf eine Variable (wie Leistung in Mathematik) bei Kontrolle aller anderen berücksichtigten Prädiktoren.) Die kognitiven Fähigkeiten wirken sich ebenfalls direkt auf die Mathematikleistung aus, aber auch indirekt vermittelt über das Selbstkonzept.

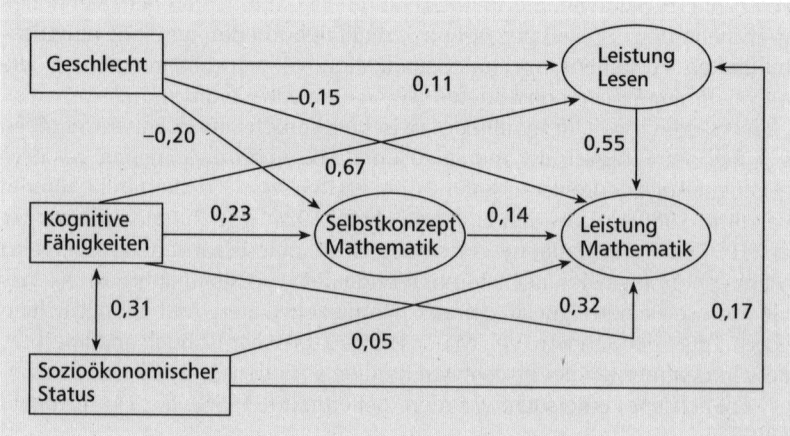

Abb. 9:
Pfadmodell zur
Erklärung der
Mathematikleistung
(aus Klieme,
Neubrand & Lüdtke
2001, S. 184)

Betrachtet man den Einfluss des Geschlechts, dann wird anhand des Modells deutlich, dass sich die Geschlechtszugehörigkeit und die kognitiven Fähigkeiten auf das mathematikspezifische Selbstkonzept auswirken. Mädchen haben ein niedrigeres Selbstkonzept als Jungen. Das Selbstkonzept der mathematischen Begabung (ß = 0,14) wiederum wirkt sich auf die mathematische Leistung aus. Nach diesem Modell wirkt somit das Geschlecht dreifach auf die mathematische Leistung (vgl. Klieme et al. 2001, S. 185):

1) Bei ansonsten unveränderten Bedingungen haben Mädchen geringere Mathematikleistungen als Jungen. Das zeigt der direkte Pfad (ß = -0,15) von Geschlecht auf Leistung.

2) Weiter gibt es einen indirekten Effekt, der über das Selbstkonzept vermittelt wird. Er besagt, dass sich auch das geringer ausgeprägte mathematische Selbstkonzept der Mädchen auf ihre Leistungen auswirkt.

3) Und es gibt einen weiteren indirekten Effekt, der über die Leseleistung vermittelt wird: Mädchen können besser lesen als Jungen, und dies wirkt sich positiv auf ihre mathematische Grundbildung aus.

Während die ersten beiden Effekte zugunsten der Jungen wirken, wirkt der dritte Effekt zugunsten der Mädchen. Insgesamt ergibt sich ein Leistungsvorsprung der Jungen, ihre mathematischen Leistungen sind besser und sie haben ein höheres mathematisches Selbstkonzept, was sich zusätzlich indirekt auf die Leistung auswirkt. Die Mädchen andererseits besitzen eine höhere Lesekompetenz, und diese wirkt sich positiv auf die Mathematikleistung aus. Die Überlegenheit der Jungen im Bereich Mathematik wird dadurch jedoch nicht in Frage gestellt.

Diese Befunde machen deutlich, wie wichtig es ist, das mathematische Selbstkonzept vor allem der Mädchen, aber auch der Schülerinnen und Schüler mit schwächeren kognitiven Grundfähigkeiten zu fördern (Hannover 2004).

Räumliche Fähigkeiten/Kompetenzen

Einen zweiten wichtigen Bereich stellen die räumlichen Fähigkeiten dar. Die unterschiedlich hohe Ausprägung bei Jungen und Mädchen wird häufig als Ursache für die unterschiedlichen mathematischen Fähigkeiten der Mädchen und Jungen angesehen. Eine umfassende Metaanalyse führten Linn und Petersen (1985) durch. Sie trennten die drei Komponenten der räumlichen Wahrnehmung („spatial perception"), mentalen Rotation und des räumlich-bildhaften Vorstellens („spatial visualization") – eine Differenzierung, die auch von Voyer, Voyer und Bryden (1995) verwendet wurde.

Metaanalyse

Die deutlichsten Unterschiede zwischen Frauen und Männern ergeben sich bei der Fähigkeit der mentalen Rotation, wenn also Figuren vor dem geistigen Auge gedreht werden müssen. So beträgt der d-Wert bei Linn und Petersen (1985) d = .94, bei Linn und Hyde (1989) d = .73 und bei Voyer et al. (1995) d = .56. Kaum nennenswerte Unterschiede zwischen Frauen und Männern gibt es bei der räumlich-bildhaften Vorstellung (d =.13); das Herauslösen einer Figur aus einem komplexen Untergrund gelingt Frauen ebenso gut wie Männern (vgl. Maier 1996). Zum Alter ist noch anzumerken, dass in den meisten der berichteten Studien vor allem Jugendliche und junge Erwachsene untersucht wurden (Alfermann 1996, S. 114; Feingold 1993).

mentale Rotation

Bedeutung
der Befunde

Welche Bedeutung haben nun diese Befunde für mathematische Leistungen? Zunächst ist festzuhalten, dass bedeutsame Unterschiede nur für einen Teilbereich der räumlichen Fähigkeiten nachzuweisen sind. Dennoch vertritt Halpern (1992, 1997) die These, dass die gefundenen Unterschiede bei räumlichen Fähigkeiten in engem Zusammenhang stehen mit den unterschiedlichen mathematischen Leistungen der Mädchen und Jungen.

Räumliche Fähigkeiten wurden auch in TIMSS und PISA untersucht, aber nicht als gesonderte Bereiche, sondern die räumliche Fähigkeit wird als Teilbereich der mathematischen Kompetenz erfasst (s. oben). In beiden Studien zeigen Jungen bei Aufgaben, die räumliches Vorstellungsvermögen erfordern, deutlich bessere Leistungen als Mädchen (Budde 2009), was sich dann auf das mathematische Kompetenzniveau insgesamt auswirkt. Dass räumliche Fähigkeiten die Grundlage mathematischer Fähigkeiten sind, lässt sich aus diesen Befunden nicht ableiten. Und bevor räumliches Vorstellungsvermögen als mögliche Grundlage für mathematische Fähigkeiten in Betracht gezogen wird, sollte bedacht werden, was Friedman (1995) metaanalytisch nachgewiesen hat. Sie konnte zeigen, dass bei beiden Geschlechtern die Korrelationen zwischen sprachlichen und mathematischen Tests höher sind als zwischen räumlichen und mathematischen Tests. Die Autorin schlussfolgert: „Meta-analytic results show that when space-math correlations are combined and compared to other correlations, they are not convincing evidence that spatial skill is well related to mathematical ability" (S. 40).

3.2.5 Sprachliche Fähigkeiten/Kompetenzen

Lesekompetenz

Maccoby und Jacklin (1974) hatten bereits auf sprachliche Unterschiede zwischen den Geschlechtern hingewiesen. Metaanalytische Untersuchungen zu sprachlichen Fähigkeiten (vgl. Hyde & Linn 1988) kamen teilweise zu anderen Ergebnissen und konnten nur geringe Geschlechtsunterschiede belegen. In der Tat konzentrierten sich bildungspolitische Bemühungen zunächst vor allem auf den mathematisch-naturwissenschaftlichen-technischen Bereich. Durch die Ergebnisse von IGLU und PISA, die einen hohen Kompetenzrückstand der Jungen belegen, veränderte sich die Sichtweise. So zeigen PISA 2000 und 2003 signifikante Vorteile der Mädchen in der Lesekompetenz (Zimmer, Burba & Rost 2004, S. 213). Die Effektgröße des Unterschieds liegt in Deutschland bei d = -0,39. Verglichen damit fallen die Vorteile der Jungen in der mathematischen Kompetenz (in Deutschland d = 0,09) deutlich geringer aus. Problematisch ist vor allem, dass ein hoher Prozentsatz (28%) der Jungen bei der Lesekompetenz auf den unteren Kompetenzstufen liegt, also zur sogenannten Risikogruppe gehört. Angehörigen dieser Gruppe fehlt eine wichtige Schlüsselkompetenz, um erfolgreich am gesellschaftlichen Leben teilzunehmen. Der Kompetenzrückstand der Jungen wird u.a. dafür verantwortlich gemacht, dass weniger Jungen auf weiterführenden Schulen gehen, so dass inzwischen von Bildungs(miss)erfolgen der Jungen die Rede ist (Budde 2008).

Nimmt man die Ergebnisse der IGLU-Studie von 2001 und 2006 hinzu, zeigt sich für 2001 noch ein signifikanter Unterschied in der Leseleistung, für 2006 jedoch nicht mehr. Besonders die Jungen konnten ihre Lesekompetenz in IGLU 2006 verbessern (Blossfeld u.a. 2009, S. 83). Auch die aktuellen Ergebnisse von PISA 2009 belegen eine erfreuliche signifikante Verbesserung der Lesekompetenz bei beiden Geschlechtern; die Unterschiede zwischen Mädchen und Jungen bestehen hier aber nach wie vor. Klieme et al. (2010) fassen zusammen: „Die Kompetenzunterschiede zwischen Mädchen und Jungen sind im vergangenen Jahrzehnt in Deutschland praktisch unverändert geblieben. Aus früheren PISA Erhebungen ist bekannt, dass Jungen deutlich geringere Kompetenzen im Lesen erzielen als Mädchen. Dies ist auch in PISA 2009 der Fall" … „allerdings gibt es auch keine Anzeichen dafür, dass sich die erhebliche Lücke zwischen den Geschlechtern schließen würde" (vgl. Klieme et al. (2010, S. 16) in der Kurzfassung).

3.2.6 Erklärungsansätze der Geschlechterdifferenzen

In der Literatur werden unterschiedliche Erklärungsansätze für psychologische Geschlechtsunterschiede diskutiert. Die *psychoanalytische Theorie* der Geschlechtsunterschiede von Siegmund Freud findet heute kaum noch Anhänger, da sie empirisch nicht prüfbar ist und nach Meinung mancher Autoren sogar als durchweg widerlegt gelten kann (Asendorpf 2007; Trautner 1997). Nach dem *lerntheoretischen Ansatz* können Befunde wie die Beobachtung, dass Mädchen häufiger Verhaltensweisen zeigen, die als typisch feminin und Jungen solche, die als typisch maskulin gelten, recht gut mit Bekräftigungs- und Imitationslernen erklärt werden. Allerdings können die meisten Unterschiede nicht allein durch Lernprozesse erklärt werden (Hannover 2008). Etwas ausführlicher sollen deshalb die folgenden drei Erklärungsansätze dargestellt werden, wobei es sich auch hier jeweils um bestimmte theoretische Sichtweisen handelt, die Geschlechtsunterschiede mehr oder weniger zutreffend und umfassend erklären können:

– biologische Theorien,
– sozialpsychologische Theorien,
– entwicklungspsychologisch-kognitive Theorien.

(Randnotiz: drei Theorien)

Biologische Erklärungsansätze
Biologische Ansätze werden bei sozialen wie kognitiven Fähigkeiten als Erklärung geschlechtsbezogener Unterschiede herangezogen. Dabei spielen folgende biologische Faktoren eine zentrale Rolle: chromosomale und hormonelle Einflüsse, Hirnlateralisation und Reifungstempo (zur kritischen Übersicht vgl. Trautner 1997).

(Randnotiz: biologische Ansätze)

Die Forschung beschäftigt sich seit Ende der 1960er Jahre mit dem vorgeburtlichen und frühkindlichen Einfluss männlicher Geschlechtshormone auf geschlechterdifferenzierendes Verhalten sowie auf die Entwicklung kognitiver Fähigkeiten. Dabei liegt die Hypothese zugrunde, dass sich maskulinisierende Hormone wie ein erhöhtes Androgenniveau auf die Entwicklung und Steuerung von Gehirnstrukturen auswirken. Das fördere die Ausbildung bestimmter kognitiver Fähigkeiten, insbesondere die Erhöhung räumlicher Fähigkeiten sowie die Senkung der Wortflüssigkeit und der Wahrnehmungsgeschwindigkeit. Berenbaum, Korman und Leveroni (1995) fassen die Untersuchungen zu den Unterschieden in kognitiven Fähigkeiten zusammen und kommen zu dem Schluss, dass nur wenige Studien übrigbleiben, die eindeutig belegen, dass ein erhöhtes Androgenniveau in der späten pränatalen und

(Randnotiz: Hormone)

der perinatalen Phase die räumlichen Fähigkeiten von Mädchen erhöht. Ebenso weist Trautner (1997) nach Prüfung der einschlägigen Literatur darauf hin, dass eine Zurückführung unterschiedlicher räumlicher Fähigkeiten bei Mädchen und Jungen auf hormonelle Einflüsse nur mit Vorbehalt möglich ist. Als zusätzliche Schwierigkeit erweist sich außerdem der nicht trennbare Einfluss von hormonellen Bedingungen und Reifungsgeschwindigkeit sowie Körperbau. Und selbst wenn die Hypothese zutrifft, dass ein erhöhtes Androgenniveau die Ausbildung räumlicher Fähigkeiten begünstigt, ist damit nicht gesagt, dass soziale Faktoren unwichtig sind. Wie Berenbaum et al. (1995) in ihren Schlussfolgerungen anmerken, könnten Kinder mit einem hohen Androgenniveau stärker von einem anregenden sozialen Umfeld profitieren. So besagt ein bekanntes Argument der Intelligenzforschung, dass sich Kinder ihre anregenden, intelligenzfördernden Umwelten selbst schaffen können (vgl. Plomin, DeFries, McClearn & Rutter 1999).

Sozialpsychologische Erklärungsansätze

Rollentheorie

Vor allem die soziale Rollentheorie von Eagly (1987, 1997) hat sich als ein fruchtbarer Ansatz zur Erklärung geschlechtstypischer sozialer Verhaltensweisen erwiesen. Für Eagly spielen soziale Bedingungen bei der Ausbildung von Geschlechtsunterschieden eine Schlüsselrolle. Die Arbeitsteilung innerhalb der Gesellschaft zwischen Männern in den besser bezahlten beruflichen Positionen und Frauen in überwiegend schlechter bezahlten Berufen und/oder der unterbewerteten Hausfrauenrolle wirkt sich auf geschlechtsbezogene Überzeugungen aus. So bilden sich einerseits Erwartungen hinsichtlich der Merkmale und Verhaltensweisen, die von Frauen und Männern gezeigt werden sollten, und andererseits entstehen Erwartungen und Überzeugungen bei Frauen und Männern selbst, inwieweit sie über bestimmte Eigenschaften und Fähigkeiten verfügen (sollten). Diese beiden Überzeugungssysteme wiederum formen die Verhaltensweisen beider Geschlechter.

Geschlecht im sozialen Kontext

Mit dem „Geschlecht im sozialen Kontext" vertreten Deaux und LaFrance einen ähnlichen Ansatz. Am Beginn ihrer Analyse stehen das „perceiver's gender belief system" und das „self-system" (vgl. Deaux & LaFrance 1998). Beide Systeme interagieren miteinander, geschlechtsbezogene (Selbst-)Schemata werden beim Beobachter und der handelnden Person in einer konkreten Situation aktiviert. Geschlechtstypisches Verhalten entsteht somit in einem aktuellen Interaktionsprozess und wird quasi flexibel ausgehandelt, wobei auf der Seite des Individuums wie auch des Interaktionspartners geschlechtstypische Überzeugungen und Erwartungen wirksam werden. Geschlechterschemata bewirken eine selektive Wahrnehmung, und diese Schemata und Überzeugungen wiederum beeinflussen die Handlungen der wahrnehmenden Person gegenüber Frauen und Männern. Darüber hinaus sind situative Faktoren, die das Geschlecht mehr oder weniger hervortreten lassen, wirksam. In solchen Situationen forcieren geschlechtstypisierte Skripte Verhaltensweisen, die die traditionell männliche oder weibliche Rolle betonen.

Die Autorinnen postulieren in ihrem Modell Rückwirkungen, die die aktuellen Handlungen der Interaktionspartnerinnen und -partner auf das Überzeugungssystem (perceiver's gender belief system) und das Selbstsystem (self-system) haben. So ist es denkbar, dass die Überzeugungssysteme durch die Handlungsbewertungen stabilisiert und die geschlechtstypischen

Erwartungen bestätigt werden. Nicht in das Modell einbezogen wird die Genese der unterschiedlichen Erwartungen, Schemata und geschlechtstypisierten Überzeugungen. Dazu verweisen die Autorinnen auf Arbeiten zur sozialen Rollentheorie von Eagly und Untersuchungen zum sozialen Status und zur Macht (Deaux & LaFrance 1998, S. 790 ff.). Sowohl der Erklärungsansatz von Eagly (1987, 1997) als auch von Deaux und LaFrance (1998) sind relativ komplexe Modelle zur Erklärung sozialer Verhaltensweisen, die mehrere Determinanten geschlechtstypisierten Verhaltens zusammenfassen.

Zur Erklärung kognitiver Fähigkeiten und schulisch relevanter Leistungsunterschiede bieten sich die Untersuchungen zu Geschlechtsstereotypen, die ein zentraler Forschungsgegenstand sozialpsychologischer Erklärungsansätze sind, an. Geschlechtsstereotype können definiert werden als ein Set von Annahmen oder Überzeugungen hinsichtlich der Eigenschaften, die Frauen und Männer charakterisieren (Ashmore 1981; Hannover 2008). Stereotype sind somit zu verstehen als eine kognitive Struktur, in der tatsächliches und vermutliches Wissen über Frauen und Männer gespeichert ist. Es sind die in unserer Gesellschaft vorhandenen stereotypen Bilder des „Mannes" oder der „Frau", die die Wahrnehmung und Verarbeitung von Informationen beeinflussen. Zahlreiche empirische Untersuchungen belegen, dass Stereotype auch ohne bewusste Wahrnehmung oder Absicht der Person aktiviert werden und sich auf die Informationsverarbeitung auswirken (vgl. Bargh 1997).

Geschlechtsstereotype

Zu den geschlechtsbezogenen Erwartungen, die in unserer Gesellschaft vorherrschen, gehören z.B. die Klassifizierung von Aufgaben und ganzen Bereichen als weiblich oder männlich; sie werden im letzteren Fall auch als schwerer angesehen, und wenn Mädchen oder Frauen sich dennoch damit beschäftigen, werden sie als unweiblich, unattraktiv etc. bezeichnet. Solche gesellschaftlichen Erwartungen spiegeln sich auch im geringen Selbstvertrauen und den geringeren Erfolgserwartungen der Mädchen wider (Hannover 2008; Rustemeyer 2009).

Dass der sozialpsychologische Erklärungsansatz einen wichtigen Beitrag zur Erklärung der Leistungen weiblicher und männlicher Personen (vgl. TIMSS: Baumert et al., 1997, 1999; PISA: Zimmer et al. 2006) liefern kann, zeigt sich nicht zuletzt am Beispiel der Mathematik. Eine wichtige Variable zur Erklärung der ungünstigeren Leistungsentwicklung der Mädchen sind die Selbstattributionen der Schülerinnen, die dazu beitragen, dass Mädchen sich in der Männerdomäne Mathematik weniger zutrauen als Jungen und eine negativere Einstellung gegenüber diesem Fach besitzen. Geschlechtsstereotype wirken aber ebenso auf die Erwartungen und Einschätzungen der Lehrpersonen. Welche Auswirkungen das im Unterricht haben kann, wird unter Punkt 4.4.3.2 näher ausgeführt.

Selbstattributionen

Entwicklungspsychologisch-kognitive Erklärungsansätze

Unter entwicklungspsychologischer Perspektive stellt sich die Frage, wann sich im Laufe der Ontogenese die Geschlechtstypisierung (und damit assoziiert eine geschlechtsstereotype Etikettierung von Aktivitäten, Aufgaben etc.) ausbildet und wodurch sie gefördert wird. In der traditionellen Sichtweise erfolgt die Herausbildung geschlechtstypischer Verhaltensmuster und Eigenschaften primär über die familiäre Sozialisation im Kindesalter. Neben den sozialen Lerntheorien (Modelllernen und Verstärkungslernen) sind die

traditionelle Sichtweisen

kognitiven Entwicklungstheorien (hier insbesondere Kohlberg 1966) und die Geschlechterschematheorie (Bem 1981) zu nennen. Nach Kohlberg erwerben Kinder in Abhängigkeit von ihrer kognitiven Reife eine Geschlechtsidentität im Sinne einer überdauernden Selbstkategorisierung als weiblich oder männlich. Diese Geschlechtskonstanz betrifft die Selbstwahrnehmung ebenso wie die Fremdwahrnehmung, und die mit der Geschlechtsidentität eng verbundenen Einstellungen und Verhaltensweisen werden dann durch eine aktive Auseinandersetzung mit der Umwelt etwa im Sinne der Nachahmung gleichgeschlechtlicher Modelle erworben.

Metaanalyse von Lytton und Rommey

In einer Metaanalyse untersuchten Lytton und Romney (1991) die Frage, inwieweit sich die elterliche Sozialisation auf die Ausbildung geschlechtstypischer Verhaltensweisen der Kinder auswirkt. Es wurden Sozialisationsvariablen zu acht unterschiedlichen Bereichen wie z.B. Leistungsansporn, Strenge und disziplinierendes Verhalten, Wärme oder Ermutigung sowie Anregung und Bekräftigung geschlechtsrollentypischer Aktivitäten analysiert. Stabile Unterschiede konnten nur im letzten Bereich nachgewiesen werden, d.h. Eltern ermutigen ihre Kinder zu geschlechtstypischen Aktivitäten und Sichtweisen (sex-typed play and activities: signifikanter d-Wert von .34); sie bestärken Mädchen darin, sich schön anzuziehen oder mit Puppen zu spielen, während sie beispielsweise Jungen darin bekräftigen, sich mit technischem Werkzeug zu beschäftigen. Lytton und Romney (1991) haben ihre Metaanalyse auf den Sozialisationseinfluss der Eltern im Kindesalter beschränkt.

Sozialisationseinflüsse

Bei Jugendlichen haben die Peergroup und nicht zuletzt auch die Lehrkräfte einen bedeutsamen Einfluss. Dass über Sozialisationseinflüsse Geschlechtstypisierungen von Aufgaben vermittelt werden und sich die Auswirkungen im Verhalten der Kinder nachweisen lassen, belegen die Untersuchungen von Hargreaves, Bates und Foot (1985) und Davies (1986) in eindrucksvoller Weise. In der Studie von Hargreaves et al. (1985) bearbeiteten 10- bis 11-jährige Mädchen und Jungen eine Geschicklichkeitsaufgabe, die darin bestand, einen Metallring über einen Draht zu führen, möglichst ohne den Draht zu berühren. Gelang dies nicht, ertönte ein Klingelzeichen. Der einen Hälfte der Mädchen und Jungen wurde gesagt, es handle sich um eine Aufgabe aus der Mechanik, der anderen Hälfte wurde mitgeteilt, es sei eine Nadelarbeit. Sowohl Jungen als auch Mädchen machten bei geschlechtskongruenter Aufgabenbenennung weniger Fehler, d.h. allein die Etikettierung der Aufgaben wirkte sich auf die Leistung aus.

3.3 Selbstgesteuertes Lernen

Perspektivenverschiebung

Die Notwendigkeit des verstärkt eigenständigen Lernens in den Institutionen Schule und Hochschule sowie der beruflichen Weiterbildung wird heute kaum noch in Zweifel gezogen. Die hohe Wertschätzung des selbstgesteuerten Lernens ist darauf zurückzuführen, dass Inhaltswissen schnell veraltet und eine wichtige Aufgabe der Schule darin besteht, bei den Schülerinnen und Schülern Fähigkeiten und Fertigkeiten zu fördern, die ein weitgehend eigenständiges, autonomes Lernen gewährleisten. Selbstgesteuertes Lernen ist aber auch deshalb so interessant, weil sich die Perspektive in der Pädagogischen Psychologie, wie auch in der Pädagogik, vom Lehren auf das Lernen verschoben hat. „Mit der Analyse selbstregulierter Lernprozesse liegt der Schwerpunkt der Forschung nicht mehr bei festen Größen, wie der Fähigkeit des Schülers (Intelligenz) oder spezifischen Umgebungsfaktoren, so wie sie lange Zeit die pädagogisch-psychologische Forschung dominierten, sondern bei den vom Lerner selbst initiierten Strategien" (Artelt 2000, S. 12).

Selbstgesteuertes Lernen wird heute als eine Schlüsselqualifikation angesehen, um den wechselnden beruflichen Anforderungen gerecht zu werden. Selbst bei angeleitetem Lernen muss der Lernende sich selbsttätig neue Wissensinhalte erarbeiten. Diese erforderliche eigenständige Weiterbildung erfordert ein hohes Maß an Selbstdisziplin und Methodenkompetenz, die möglichst früh erlernt werden sollte. Methodentrainings bieten dafür eine gute Grundlage. Wenn es versäumt wurde, entsprechende Kompetenzen in der Schule zu fördern und zu entwickeln, müssen diese oft später durch Selbststudium oder entsprechende Weiterbildungsangebote erworben werden. Oft fehlen vor allem den Erwachsenen die notwendigen Kompetenzen zum selbstgesteuerten Lernen (Schreiber 1998).

Schlüssel-qualifikationen

3.3.1 Definition selbstgesteuerten Lernens

Lernen ist nach Weinert dann selbstgesteuert, wenn „der Handelnde die wesentlichen Entscheidungen, ob, was, wann, wie und woraufhin er lernt, gravierend und folgenreich beeinflussen kann" (Weinert 1982, S. 102). Selbstgesteuertes Lernen verlangt vom Lernenden die Bereitschaft und die Fähigkeit, sich neues Wissen anzueignen und es erfordert eine Reihe von Fertigkeiten und Kompetenzen, um effektiv lernen zu können. Im Vergleich zu fremdgesteuertem Lernen muss der Lernende in der Lage sein, sich selbst zu motivieren, seine Aufmerksamkeit und Konzentration aufrechtzuerhalten, seine Handlungen selbst zu überwachen, zu regulieren und zu bewerten. Selbstgesteuertes oder selbstreguliertes Lernen, von manchen Autorinnen und Autoren auch als selbstbestimmtes, selbstorganisiertes oder autonomes Lernen bezeichnet, kann als übergeordnete Lernstrategie gesehen werden (Schreiber 1998, S. 39).

Def. selbst-gesteuertes Lernen

3.3.2 Anforderungen an selbstgesteuertes Lernen

Damit selbstgesteuertes Lernen überhaupt stattfinden kann, müssen bestimmte Voraussetzungen beim Lernenden vorhanden sein. Selbstgesteuertes Lernen fordert die ganze Person und kann durch drei Komponenten oder Funktionsbereiche beschrieben werden: (1) kognitive Komponenten, (2) motivationale Komponenten und (3) metakognitive Komponenten (Boekaerts 1996; Weinstein, Husman & Dierking 2000).

drei Komponenten des selbstgesteuerten Lernens

– Zu den kognitiven Komponenten gehört neben dem Wissen um allgemeine Konzepte auch das Wissen über aufgabenspezifische Strategien und deren Anwendungsmöglichkeiten.
– Zu den motivationalen Komponenten gehören die Selbstmotivation und Willenskontrolle sowie die Bewertung von Lernergebnissen.
– Als metakognitiv werden diejenigen Komponenten bezeichnet, „die neben dem Wissen über eigene Fähigkeiten und eigenes Lernverhalten auch

die Planung, Überwachung und Korrektur des eigenen Denkens und Handelns im Hinblick auf angestrebte Lernziele beinhalten" (Brunstein & Spörer 2010, S. 752).

Autonomie

Selbstgesteuertes Lernen bedeutet, dass der Lernende weitgehend autonom arbeitet, quasi sein eigener Lehrer ist; er trägt die Hauptverantwortung für die Planung, Durchführung, Aufrechterhaltung und Lenkung seiner Lernaktivität. Die Übernahme der Lehrfunktionen durch den Lernenden selbst setzt bei ihm die Fähigkeit voraus, dass er seine Lernhandlung selbst reguliert, dass er die das Lernen auslösenden und aufrechterhaltenden Prozesse erfolgreich beeinflussen kann (Schreiber 1998, S. 11).

untergeordnete Lernstrategien

Damit kommt auch den untergeordneten Lernstrategien eine besondere Bedeutung zu. Der Lernende muss sie kennen und angemessen anwenden können, damit er neue Informationen optimal aufnehmen, speichern, anwenden und somit in Wissen transformieren kann.

3.3.3 Lernstrategien

Def. Lernstrategie

Lernstrategien können definiert werden als Verhaltensweisen und Kognitionen, die von Lernenden aktiv zum Zwecke des Wissenserwerbs eingesetzt werden (Wild 2010, S. 479). Insofern sind sie eng verbunden mit dem selbstgesteuerten Lernen. Lernstrategien richten sich hauptsächlich auf die kognitive Seite des Wissenserwerbs, jedoch werden auch affektive und motivationale Zustände mit berücksichtigt. Die Lernstrategie-Konzeption, wie auch die grundlegende Konzeption des selbstgesteuerten Lernens, basieren auf der anthropologischen Vorstellung vom Menschen als einem reflexiven Subjekt. Der Lernende wird verstanden als ein aktives, selbstreflektives und selbstgesteuertes Individuum, das bewusst Informationen aufnehmen, auswählen und verarbeiten kann, um sich den wechselnden situativen Umständen entsprechend anzupassen.

3.3.4 Systematisierung von Lern- und Denkstrategien

drei Gruppen von Lern- und Denkstrategien

Lern- und Denkstrategien können nach verschiedenen Aspekten zusammengefasst werden. Eine mögliche Taxonomie haben Friedrich und Mandl (1992) erstellt. Sie nehmen folgende Gruppierung vor:
(1) Primär- und Stützstrategien
(2) Allgemeine und spezielle Strategien
(3) Funktionen von Lern- und Denkstrategien für den Prozess der Informationsverarbeitung

(1) Primär- und Sekundärstrategien (bzw. Stützstrategien)

Beeinflussung der Informations-verarbeitung

Bei einer Unterteilung in Primär- und Stützstrategien geht man davon aus, dass sich Lernstrategien grundsätzlich dadurch unterscheiden lassen, wie direkt sie den Prozess der Informationsverarbeitung beim Lernen und Denken beeinflussen. So wirken Primärstrategien direkt auf die zu verarbeitende Information, damit diese besser verstanden, abgerufen und transferiert werden kann, während Stützstrategien indirekt auf den Informationsverarbeitungsprozess einwirken, indem sie ihn überhaupt erst in Gang setzen und aufrecht erhalten. Eine typische Primärstrategie für den Wissenserwerb ist beispielsweise das Zusammenfassen von Texten in eigenen Worten, das Zusammenfassen mit Hilfe von Graphiken oder auch Mapping-Techniken (vgl. Mandl & Fischer 2000). Stützstrategien richten sich dagegen auf nicht-kognitive Faktoren, sie erleichtern den Lernprozess und optimieren den Ablauf des Lernens. Sie halten den Vorgang der Informationsverarbeitung aufrecht und steuern ihn. Als Beispiele lassen sich hier die Strategie der Selbstmotivierung, der Abschirmung und die Strategie der Aufmerksamkeitssteuerung und Zeitplanung anführen. Eine ausführlichere Beschreibung verschiedener Primär- und Sekundärstrategien findet man in dem Handbuch von Mandl und Fischer (2006), u.a. Zeitmanagement (Wagner, Spiel & Schober 2006), Motivationsaktivierung (Schiefele & Strebelow 2006) oder Strategien für kooperatives Lernen (Huber 2006). Neben der Begriffserklärung werden theoretische Modelle, aktuelle Forschungsergebnisse und Fördermöglichkeiten bzw. Trainingsprogramme vorgestellt und diskutiert.

(2) Allgemeine und spezifische Lern- und Denkstrategien
Lern- und Denkstrategien lassen sich auch in Bezug auf ihre Einsatzmöglich- | Einsatz-
keiten gruppieren. Es gibt Strategien, die in sehr vielen Inhaltsgebieten ein- | möglichkeiten
gesetzt werden können, während sich andere nur für ganz spezielle Gebiete eignen. Zu den allgemeinen, situationsübergreifenden Strategien, die in vielen unterschiedlichen Situationen eingesetzt werden können und auch erforderlich sind, gehören das Selbstmanagement, die Aufmerksamkeitssteuerung und die Zeitplanung. Sie zählen zu den oben beschriebenen Stützstrategien und zielen alle auf die Selbststeuerung des Individuums. Von diesen Strategien mit einem hohen Allgemeinheitsgrad lassen sich solche mit einem mittleren Allgemeinheitsgrad unterscheiden. Sie können in relativ vielen Situationen eingesetzt werden, wie z. B. die verschiedenen Verstehensstrategien für das Lernen mit Texten, die bei Texten mit sehr unterschiedlichen Inhalten Verwendung finden. Schließlich gibt es noch hochspezifische Strategien, die definitionsgemäß nur bei ganz bestimmten Sachverhalten und Situationen zum Einsatz kommen.

(3) Funktionen von Lern- und Denkstrategien für den Prozess der
  Informationsverarbeitung
Ausgehend von Modellen und Befunden der Kognitionspsychologie, | einzelne
wonach Umfang und Qualität des Wissenserwerbs beeinflusst werden durch | Teilprozesse
die Aufmerksamkeitszuwendung zu Umweltreizen, die Speicherung der Information sowie die interne Konstruktion im Gedächtnis und Integration der aufgenommenen Informationen in bereits vorhandene Wissensbestände, können Lernstrategien danach unterschieden werden, inwieweit sie zur Unterstützung der einzelnen Teilprozesse beitragen können. Nach Weinstein und Mayer (1986) können folgende Kategorien unterschieden werden:
– *Organisationsstrategien.* Hierzu gehören alle Lernaktivitäten, die geeignet sind, komplexe Informationen so zu reduzieren, dass sie leichter verarbeitet werden können. Organisationsstrategien für komplexere Lerngegenstände, wie die Bearbeitung von Texten, fassen Detailinformationen zu größeren Sinneinheiten zusammen und gruppieren sie. Typische Strate-

gien der Stofforganisation sind: Identifikation wichtiger Fakten und Argumente, Kenntlichmachung wichtiger Textstellen und die Anfertigung von Zusammenfassungen. Eine Organisationsstrategie liegt ebenso vor, wenn ein Lernender sich einen komplizierten Sachverhalt durch ein Diagramm, eine Skizze oder eine Tabelle verdeutlicht.

– *Elaborationsstrategien.* Mittels Elaborationsstrategien können Bezüge zwischen dem neu zu lernenden Material und den bereits bestehenden kognitiven Strukturen hergestellt werden. Elaborationsstrategien umfassen u.a. die Beschreibung und Verknüpfung des neu zu lernenden Stoffes mit Alltagsbeispielen, das Ausdenken von Analogien und Überlegungen zu konkreten Anwendungsmöglichkeiten. Elaborationsstrategien fördern das Verstehen und Behalten von neuem Wissen, indem sie neues und altes Wissen miteinander vernetzen.

– *Kritisches Denken.* Diese Strategie ist den Elaborationsstrategien verwandt. Der Lernende vertieft durch diese Strategie das Verständnis für den Stoff. Das kritische Denken beinhaltet u.a. dass die Schlüssigkeit der im Text enthaltenen Argumentationslinien geprüft wird; die im Text dargestellten Theorien, Interpretationen oder Schlussfolgerungen daraufhin geprüft werden, ob sie hinreichend belegt und begründet sind.

– *Wiederholungsstrategien.* Diese Strategien dienen dazu, durch einfaches Wiederholen einzelner Fakten eine dauerhafte Verankerung im Langzeitgedächtnis zu erreichen. Untersuchungen haben gezeigt, dass neue Informationen sehr schnell wieder aus dem Arbeitsspeicher verschwinden, wenn sie nicht memoriert werden (Atkinson & Shiffrin 1968). Aktives Wiederholen ist eine elementare Lernstrategie, ohne deren Einsatz nur in seltenen Fällen Lernstoff im Langzeitgedächtnis gespeichert werden kann. Beispiele für Wiederholungsstrategien sind: Wiederholtes Durcharbeiten von Wortlisten (z.B. Vokabeln), eigene Aufzeichnungen mehrmals hintereinander durchlesen und Schlüsselbegriffe auswendig lernen.

3.3.5 Selbstgesteuertes Lernen aus kognitionspsychologischer Sicht

drei Kategorien des selbstgesteuerten Lernens

Auf der Basis der Überlegungen von Weinstein und Mayer (1986) entwickelten Pintrich und Mitarbeiter ein umfassendes theoretisches Konzept des selbstgesteuerten Lernens (Pintrich & Garcia 1994). Es kann durch drei allgemeine Kategorien beschrieben werden (s. Abb. 10):
(a) die kognitiven Lernstrategien,
(b) die metakognitiven Strategien und
(c) das Ressourcenmanagement.

kognitive Lernstrategien

Die kognitiven Lernstrategien dienen der unmittelbaren Informationsaufnahme, -verarbeitung und -speicherung; in Übereinstimmung mit Weinstein und Mayer (1986) zählen hierzu die oben beschriebenen Organisationsstrategien, Elaborationsstrategien, und Wiederholungsstrategien sowie das kritische Denken (vgl. Wild 2010).

tiefenorientierte Lernstrategie

Elaborieren und kritisches Denken werden häufig in Abgrenzung zu oberflächenorientierten Lernstrategien auch als tiefenorientierte Lernstrategien bezeichnet. Die Unterscheidung zwischen diesen beiden Strategiearten basiert auf der Theorie der Verarbeitungstiefe (levels of processing) von Craik und Lockhart (1972). Nach dieser Gedächtnistheorie existiert nur ein einziges Gedächtnissystem, das jedoch nach verschiedenen Verarbeitungstiefen differenziert werden kann, d.h., Informationen können oberflächlich oder tiefer verarbeitet werden. Wenn Schülerinnen oder Schüler einen bestimmten Inhalt lediglich auswendig lernen, also eine Wiederholungsstrategie anwenden, bei der kein tieferes Verständnis angestrebt wird, wird der Stoff nur sehr oberflächlich verarbeitet. Der Lernende hat kein besonderes Interesse am Lerngegenstand; ein Verständnis des Lernmaterials wird gar nicht angestrebt und die Aufmerksamkeit bleibt an der Oberfläche. Bei Befragungen geben Studierende, die Oberflächenstrategien verwenden, an, dass der Zweck des Lernens darin bestehe, später lediglich die Inhalte bei einer Befragung wiedergeben zu können (Wild 2000).

Eine gründlichere und tiefere Verarbeitung der Informationen findet statt, wenn der Lernende das Lernmaterial mit kritischer Prüfung, Interpretation, Vergleich und Elaboration verbindet. Studierende, die diese Tiefenverarbeitung wählen, bemühen sich etwa bei einem Text darum, die Botschaft zu verstehen, nach der grundlegenden Struktur zu suchen (Wild 2000). Das Lernmaterial wird bei Anwendung dieser Strategie dauerhafter behalten. Zusammenfassend zielt das tiefenstrategische Lernen darauf ab, „einen Sachverhalt in seiner tiefen Bedeutung zu begreifen. Hierzu wird der Sachverhalt aus unterschiedlichen Perspektiven beleuchtet, es werden Beziehungen zu anderen Wissensgebieten hergestellt, Probleme werden identifiziert und selbstständige Problemlösungen ausfindig gemacht" (Artelt 2000, S. 53).

Verständnis

Die Organisationsstrategien sind der obenflächenorientierten bzw. tiefenorientierten Lernstrategien nicht eindeutig zuzuordnen. Sie können einerseits dazu dienen, unübersichtliches Lernmaterial etwa durch Strukturierung, Gliederung und Aufteilung besser zugänglich zu machen, andererseits können sie aber auch eingesetzt werden, um lediglich den Stoff für späteres Auswendiglernen in überschaubare Teile aufzugliedern. Die kognitiven Lernstrategien ergänzen sich gegenseitig in unterschiedlichem Ausmaß, je nach den speziellen Anforderungen des Lernmaterials oder des Faches.

Organisationsstrategien

Metakognitive Strategien haben die Funktion, eine interne Erfolgskontrolle der eigenen Lernschritte zu gewährleisten. Der Lernende übernimmt Kontrollaufgaben, die traditionellerweise der Lehrperson zugeschrieben und von ihr eingesetzt werden. Metakognitive Strategien richten sich auf die Planung von Lernschritten, die Prüfung des erreichten Lernfortschrittes anhand der vorher gesetzten Lernziele durch eine aktive Selbstüberwachung und schließlich die flexible Regulierung des eigenen Lernverhaltens am Ergebnis. Diese verschiedenen Komponenten sind im Idealfall aufeinander abgestimmt und der Lernende kann seinen eigenen Lernprozess ohne Hilfe von außen ausführen und optimieren.

metakognitive Strategien

1) Planung der Lernschritte
Der erste Schritt besteht in der inhaltlichen Vorbereitung und Planung konkreter Lernphasen. So können Schülerinnen und Schüler, die eine intensive Lernplanung etwa für eine bevorstehende Klassenarbeit vornehmen, sich überlegen, welche Teilaspekte eines bestimmten Themengebietes relevant sind und welche nicht, in welcher Reihenfolge der Stoff durchgearbeitet wer-

Vorbereitung und Planung der Lernschritte

den soll, wie man am effektivsten vorgehen kann, um sich mit dem Stoff vertraut zu machen und in welchem Zeitraum welcher Stoff bearbeitet werden soll.

2) Überwachung der Lernerfolge

Ist-Soll-Vergleich

Der nächste Schritt beinhaltet Aktivitäten zur Kontrolle des eigenen Lernprozesses. Dies geschieht durch einen ständigen Ist-Soll-Vergleich, also einem Vergleich zwischen dem vorgegebenen Lernziel und dem tatsächlichen Lernfortschritt. So können die Schülerinnen und Schüler ihren Lernprozess selbst überwachen, indem sie sich Fragen zum Stoff stellen oder zusätzliche Aufgaben bearbeiten, um zu prüfen, ob sie wirklich alles verstanden haben. Weiter können sie den Stoff ohne auf Hilfsmittel zurückzugreifen wiederholen, um das eigene Verständnis zu prüfen und sie können zum tieferen Verständnis anderen Lernenden den Lernstoff erklären.

3) Regulierung der Lernschritte

Regulierung des Lernprozesses

Die Regulierungskomponente bezieht sich auf Verhaltensänderungen, die sich aus dem vorherigen Schritt ergeben. Schülerinnen und Schüler, die eine Regulierung des eigenen Lernprozesses vornehmen, können z.B. unklare Inhalte nochmals durcharbeiten, eine Anpassung der Lerntechnik vornehmen etc. Solche Strategien werden als metakognitiv bezeichnet, da es sich um Kontrollprozesse höherer Ordnung handelt, die dazu dienen, die eigene Informationsverarbeitung zu regulieren.

Abb. 10:
Mind-Map zum
selbstgesteuerten
Lernen aus
kognitions-
psychologischer
Sicht

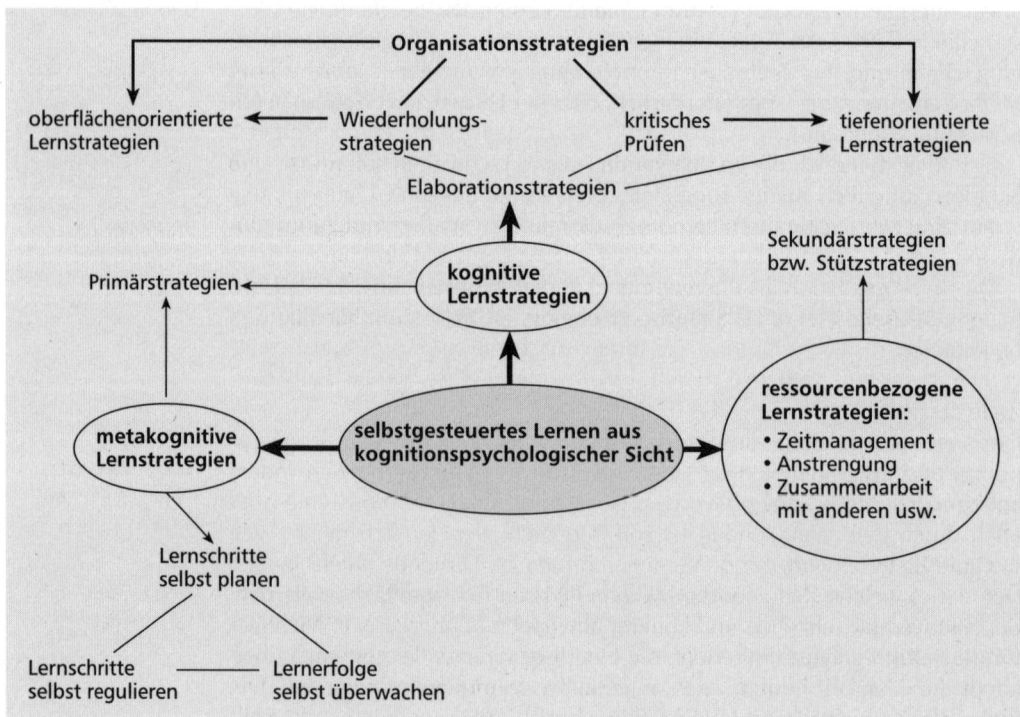

3.3.6 Selbstgesteuertes Lernen als übergeordnete Lernstrategie

Damit die kognitiven Lernstrategien im konkreten Fall zum Einsatz kommen, muss die Lernsituation motivationale Anreize bieten, insbesondere jedoch müssen die Schülerinnen und Schüler in der Lage sein, sich selbst optimal motivieren zu können. Diese Motivation sollte möglichst nicht davon abhängen, dass der Lernende auf eine Belohnung von anderen Personen hofft, sondern primär für sich allein und nicht für bestimmte erwünschte Folgen lernt. Intrinsische Motivation oder eine internalisierte extrinsische Motivation (s. Punkt 2.3.2.1) sind wichtige Voraussetzungen für selbstgesteuertes Lernen auf der Schülerseite. Wichtig sind auch lernbezogene Selbstwirksamkeitsüberzeugungen (s. Punkt 2.2.4), d.h., der Lernende muss von der Wirksamkeit der eigenen Leistung und der Arbeit überzeugt sein, damit die Motivation aufrecht erhalten bleibt. Hohe Selbstwirksamkeitsüberzeugungen gehen häufig mit der Verwendung tiefenverarbeitender und metakognitiver Strategien einher sowie mit einer hohen Ausdauer beim Lernen (Creß 1999).

sich selbst motivieren und die Motivation erhalten

Auch muss der Schüler und die Schülerin sich realistische Lernziele setzen können. Dazu ist es erforderlich, dass der Lernende sich selbst, seine Leistungsfähigkeit und seine Anstrengungsbereitschaft angemessen einschätzen kann. Die selbstgesetzten, subjektiv gewählten Ziele müssen in einer bestimmten Zeit erreichbar sein und auch immer wieder reflektiert werden, d.h., der Lernende überprüft, ob die gesetzten Lernziele erreicht wurden. Wenn das nicht der Fall sein sollte, wird nach der Ursache geforscht und die Gestaltung der nächsten Lernziele modifiziert. Schließlich sollte der Lernende in der Lage sein, Transfer zu leisten (Schreiber 1998).

Lernziele müssen erreichbar sein

Für selbstgesteuertes oder selbstreguliertes Lernen als übergeordnete Lernstrategie bedarf es der Fähigkeit, eigene Lernstrategien situationsgerecht zu entwickeln und Lerntechniken sinnvoll zu gebrauchen. Neben dieser Methodenkompetenz ist es erforderlich, dass der Lernende sich selbst beobachtet und kontrolliert.

Selbstregulation

Es stellt sich jedoch die grundlegende Frage, inwieweit Schülerinnen und Schüler tatsächlich in der Lage sind, ohne Anleitung und Unterstützung durch eine Lehrperson ihren Lernprozess effektiv zu steuern und zu strukturieren.

Die Selbstregulation als übergeordnete Funktion besteht aus vier Teilstrategien: (1) Ziele setzen, (2) Selbstbeobachtung, (3) Selbsteinschätzung und (4) Reaktion.

Ziele setzen

Die angestrebten Ziele, die sich der Lernende setzt, bilden den Ausgangspunkt des selbstgesteuerten Lernens. Ziele motivieren den Lernenden, indem antizipatorisch das Ergebnis vorweg genommen wird, sie motivieren aber auch durch den fortlaufenden Ist-Soll-Vergleich, der deutlich macht, wie weit die Zielerreichung schon vorangeschritten ist. Lernende unterscheiden sich darin, welche Ziele verfolgt werden (Wissen nur oberflächlich lernen, den Sachverhalt verstehen und konkret anwenden können usw.). Wichtiger für die Selbstregulation ist jedoch die Überlegung, dass der Lernende überhaupt die Fähigkeit besitzt, Ziele angemessen formulieren zu können. Die Ziele müssen hinreichend konkret sein, damit der Lernende einen Ist-Soll-

Ziele als Ausgangspunkt selbstgesteuerten Lernens

Vergleich vornehmen, und falls erforderlich, notwendige Änderungen einleiten und das Lernverhalten modifizieren kann. Immer wieder muss der Lernende überprüfen, wie weit er auf dem Weg zum Lernziel schon vorangeschritten ist (Schreiber 1998). Dies kann durch eine Visualisierung des Lernfortschritts geschehen, zum Beispiel anhand von Karteikarten oder Ähnlichem. Dass die Zielsetzung sich positiv auf das Lernergebnis auswirkt, konnte u.a. von Schunk (1985) gezeigt werden.

Selbstbeobachtung

Selbstbeobachtung
stellt den Ist-Wert fest

Wenn der Lernende sich Ziele gesetzt hat, ist es erforderlich, durch Selbstbeobachtung die Zielerreichung einzuschätzen und zu kontrollieren. Die Selbstbeobachtung ist zunächst einmal eine „wertfreie Erfassung des aktuellen Vorgehens oder der aktuellen Lernresultate" (Schreiber 1998). Es ist notwendig, diesen Ist-Zustand zu sehen, damit Klarheit in der Lernsituation besteht. Diese Klarheit ist informierend und zugleich motivationsfördernd. Hat der Lernende sich Ziele gesetzt, so kann er konkret sehen, welche Ziele er schon erreicht hat und welche noch zu erreichen sind. Die Grundlage der Selbstbeobachtung ist die Selbstaufmerksamkeit. Diese kann z.B. angeregt werden durch das regelmäßige Anfertigen von Aufzeichnungen, die Vorgabe eines genauen Zeitplanes, Selbsttestung oder Selbstbefragung. Beobachtet sich ein Lernender selbst, kann das Lernverhalten oft allein schon durch den Vorgang der Selbstbeobachtung effektiv verbessert werden. Ineffektivität beim Lernen wird häufig bereits durch die Selbstbeobachtung erkannt und kann entsprechend modifiziert werden. Dieser Rückkoppelungsvorgang wird als Reaktivität bezeichnet. Nach Schreiber kommt der Genauigkeit der Selbstbeobachtung eine zentrale Rolle für den Erfolg der Selbstregulation zu.

Selbsteinschätzung

Selbsteinschätzung
vergleicht den
aktuellen Lern-
zustand mit dem Ziel

Die Selbstbeobachtung beschreibt den Zustand des „Ist-Wertes", also des aktuellen Lernstandes. Die Selbsteinschätzung hingegen geht einen Schritt weiter und beschreibt das Verhältnis zwischen „Soll-Wert" und „Ist-Wert". Das aktuelle Lernergebnis wird mit dem Ziel verglichen und es wird verglichen, inwiefern die eingesetzten Lernstrategien zur Zielerreichung beigetragen haben (Schreiber 1998).

Zielformulierung

Bei der Selbsteinschätzung spielt die Zielformulierung eine besondere Rolle. Sind die Ziele so gewählt, dass sie vom Lernenden erreichbar, und in der Vorstellung des Lernenden zwar nah, aber nicht zu einfach sind, so wirken sich diese Ziele positiv auf die Selbsteinschätzung aus. Sind die Ziele allerdings zu schwer, zu weit entfernt und somit Lernfortschritte nicht sichtbar, kann sich das negativ auf die Selbsteinschätzung auswirken. Lernstrategien werden besonders dann angewendet, wenn der Lernende deren genauen Nutzen kennt und die Auswirkungen der Lernstrategien einschätzen kann. Für den Lernenden ist es elementar wichtig, dass er dem Lerngebiet einen Wert zumisst. Ist ein Gebiet für den Lernenden unwichtig, so sind auch die erreichten Ziele unwichtig. Die Motivation sinkt dementsprechend. Je wichtiger die Lernergebnisse sind, desto mehr Einschätzungen werden vorgenommen. Die Einschätzungen sind wichtig, um eine Verbesserung des Lernens zu erreichen.

Reaktion

Die Selbsteinschätzung bewirkt im positiven wie im negativen Fall eine Reaktion. Wird der Lernerfolg als positiv wahrgenommen, werden normalerweise die angewendeten Lernstrategien beibehalten. Werden allerdings die Lernfortschritte als negativ wahrgenommen, so werden das Handeln und die Lernstrategien überdacht. Durch diese Handlungsmuster erfolgt die eigentliche Regulation des Lernens. Der Lernende sollte in jedem Fall in der Lage sein, einen realistischen Soll-Ist-Vergleich anzuwenden. Daraus sollte dann eine Analyse des Lernvorganges resultieren, die sich wiederum auf die nun anzuwendenden Lernstrategien auswirkt. Ein Problem ist darin zu sehen, dass es ausgesprochen schwierig ist, besonders bei negativen Lernerfolgen, einen realistischen Soll-Ist-Vergleich anzulegen. Der Lernende sollte versuchen, möglichst objektiv zu bleiben, was sicherlich in manchen, besonders negativen Situationen, nicht einfach ist. Nach Schreiber (1998) wirken sich Misserfolge negativ auf das gesamte Lern- und Arbeitsverhalten aus. In einem vereinfachten, kreisförmigen Modell dargestellt bedeutet das: Misserfolge bewirken Pessimismus. Dieser Pessimismus erzeugt mangelndes Selbstvertrauen und Selbstwertgefühl, welche wiederum demotivierend wirken. Dieses demotivierte Verhalten erzeugt seinerseits wiederum Misserfolge, da sich der Lernende nicht mehr so stark engagiert und ein negatives Verhalten gegenüber dem Lerngebiet aufgebaut. Um dieser Spirale entgegenzuwirken, ist es wichtig, dass die Misserfolge möglichst realistisch und nicht nur emotional wahrgenommen werden. So kann die Motivation auch bei Misserfolgen aufrechterhalten werden.

verschiedene Reaktionen auf Lernerfolg

Misserfolge können auch als Herausforderung angesehen werden. Wenn bei dem Lernenden durch die Misserfolge die Aufmerksamkeit intensiviert und die Anstrengung erhöht wird, können Misserfolge eine positive Wirkung haben.

Misserfolge als Herausforderung

Das Erreichen der gesetzten Ziele hat eine sehr intensive Wirkung auf den Lernenden. Bei Lernerfolgen steigert sich der Optimismus. Es wird zum Beispiel Stolz empfunden, neue Ziele werden formuliert und die Lernaktivität kann aufrechtgehalten werden. Diese Aspekte wirken sich positiv auf das Selbstbewusstsein aus. Die Motivation zum Lernen wird aufrechterhalten oder steigert sich sogar noch. Da das Erreichen von Lernerfolgen so grundlegend bedeutsam für den Lernprozess ist, ist es für den Lernenden wichtig, dass er sich selbst immer wieder in die Lage bringen kann, diese Lernerfolge herbeizuführen.

3.3.7 Förderung selbstgesteuerten Lernens

Eine Möglichkeit der Förderung selbstgesteuerten Lernens bietet das zyklische Trainingsmodell nach Zimmermann (1998). Es besteht aus vier kreisförmig miteinander verbunden Teilkomponenten, die auf den jeweiligen Lernprozess oder die jeweilige zu fördernde Fertigkeit inhaltlich zugeschnitten sind. Erst das Zusammenwirken aller vier Komponenten ermöglicht es dem Lernenden, selbständig zu arbeiten (z. B. Vorbereitung auf eine wichtige Prüfung in Mathematik).

zyklisches Trainingsmodell

Zu den Komponenten gehören:

vier Komponenten

1. *Selbstbeobachtung*: das eigene Lernverhalten und insbesondere das Erreichen von Lernergebnissen werden beobachtet.
2. *Zielsetzung*: subjektive, konkrete Lernziele werden festgelegt und formuliert.
3. *Strategiewahl*: geeignete Arbeits- und Lernstrategien sind bekannt und werden aufgabenspezifisch angewendet.
4. *Feedback/Reflexion*: die o.g. Komponenten werden beobachtet und auf ihre Effektivität hin bewertet.

Kreisprozess

Von einem Zyklus oder Kreisprozess wird gesprochen, weil die optimale Lernhaltung nur annäherungsweise erreicht wird. Durch die Reflexion überprüft der Lernende immer wieder die anderen Komponenten und modifiziert sie. Dadurch entstehen dann wieder neue Situationen, die reflektiert werden müssen.

Prinzipien zur Förderung selbstgesteuerten Lernens

Es existieren inzwischen eine Reihe von Lehrprogrammen zur Förderung selbstgesteuerten Lernens im Unterricht wie auch zur Förderung selbstregulatorischer Kompetenzen von Schülerinnen und Schülern mit Lern- und Leistungsproblem (Ferdinand 2007). In fast allen Programmen werden ähnliche Prinzipien verwendet, die für die Vermittlung selbstgesteuerten Lernens wichtig sind (vgl. Brunstein & Spörer 2010). Butler (1994) hat einen Katalog mit Instruktionsprinzipien zusammengestellt, die von Lehrenden, die selbstgesteuertes Lernen z.B. im Unterricht vermitteln möchten, beachtet werden sollten.

- Es ist günstiger, sich auf eine kleine Anzahl effektiver Strategien für spezifische Aufgabenstellungen zu konzentrieren, als eine große Anzahl von Strategien auszuwählen, die alle nur knapp vermittelt werden. Die Strategien sollten sich nur auf solche Aufgabenfelder beziehen, in denen Möglichkeiten zur Anwendung gegeben sind.
- Es sollten neben kognitiven Strategien auch motivationale und metakognitive beachtet werden.
- Die ausgewählten Strategien sollten intensiv und umfassend besprochen, vorgemacht und auf konkrete Inhalte angewendet werden. Weiter sollten eine ausführliche Begründung der Einsatzmöglichkeiten und ein Abwägen gegenüber anderen Strategien erfolgen.
- Den Schülerinnen und Schülern sollte die Möglichkeit gegeben werden, die Strategien ausgiebig einzuüben; gegebenenfalls sollten die Strategien den speziellen Bedürfnisse der Lernenden angepasst werden. Dadurch werden das Interesse und die Motivation für den Einsatz der Strategien gefördert. Außerdem werden diejenigen Strategien besser behalten und übernommen, mit denen handelnd umgegangen wird.
- Die Fähigkeit zur Selbstregulation kann besonders gut in Zusammenarbeit mit Mitschülerinnen und Mitschülern und in intensiver Interaktion mit dem Lehrenden erworben werden. Eine Anleitung zur Selbstregulation und begleitende Unterstützung durch erfahrene Lehrkräfte sind hilfreich, sollten aber bei zunehmender Erfahrung und Vertrautheit reduziert werden.
- Individuelle Fortschritte sollten beobachtet und die korrekte Strategieanwendung kommentiert werden. In der Schule ist es für die Motivation und die Verbesserung des Lernverhaltens nützlich, wenn die Schülerinnen und Schüler Feedback durch die Lehrperson bekommen.

– Die gelernten Strategien sollten in möglichst vielen, unterschiedlichen Kontexten eingesetzt und erprobt werden. Damit soll der Einsatz der Strategien bei den Schülerinnen und Schülern möglichst verinnerlicht werden. So kann weiter gesichert werden, dass ein Transfer auf veränderte Handlungskomplexe vorgenommen wird.

Damit selbstgesteuertes Lernen stattfinden kann, ist es notwendig, dass Schülerinnen und Schüler verschiedene Lernstrategien kennen und effektiv anwenden können. Inzwischen sind für die Praxis eine Reihe von Lernstrategien zum selbständigen Lernen entwickelt und publiziert worden (z. B. Konrad & Traub 1999). Eine in der Literatur sehr häufig zitierte und beschriebene Lernstrategie zur Wissenserarbeitung, mit der Texte schnell und effektiv bearbeitet werden können, ist die SQ3R-Methode von Robinson (1946) (vgl. Dubs 1995). *SQ3R-Methode*

1. Schritt: *Überblick (S = Survey)*
   Die Schülerinnen und Schüler verschaffen sich einen Überblick, indem sie den Text überfliegen, Zusammenfassungen lesen, Überschriften oder Fragen am Ende des Textes beachten.
2. Schritt: *Fragen (Q = Questions)*
   Die Lernenden stellen zum besseren Verständnis Fragen an den Text, die sie z. B. als Randvermerke aufschreiben können.
3. Schritt: *Lesen (R = Read)*
   Dann wird der Text sorgfältig abschnittsweise gelesen, wobei es hilfreicher ist, ihn einmal konzentriert zu lesen, als ihn mehrere Male oberflächlich zu überfliegen.
4. Schritt: *Wiedergeben (R = Recite)*
   Nach der Textbearbeitung erfolgt eine kurze schriftliche Zusammenfassung für jeden Abschnitt in eigenen Worten.
5. Schritt: *Rückblick (R = Review)*
   Zum Abschluss soll das Gelernte in größere Wissenszusammenhänge eingebettet werden. Der gesamte Text wird mündlich nacherzählt, und es werden ggf. neue Fragen an den Text gestellt.

Eine Weiterentwicklung der SQ3R-Methode ist die sogenannte PQ4R-Methode, die als globale Lernstrategie zu organisiertem Lesen und Lernen mit sechs aufeinander aufbauenden Schritten angesehen werden kann. Zu den bereits bekannten Schritten werden zwei neue hinzugefügt: Preview (Vorprüfung), Question (Fragen stellen), Read (lesen), Reflect (Nachdenken), Recite (Wiedergeben), Review (Rückblick) (vgl. Schnotz 2009, S. 178). *PQ4R*

3.3.8 Beispiel Lerntagebuch

Eine weitere Strategie, die sich unter verschiedenen Aspekten gut für den Einsatz im Unterricht eignet, ist das Lerntagebuch. Unter den o. g. Punkten „Selbstbeobachtung und Selbsteinschätzung" wurde beschrieben, dass es für Schülerinnen und Schüler wichtig ist, sich selbst zu beobachten und ihr eigenes Lernverhalten zu reflektieren. Dies kann anhand eines Lerntagebuches eingeübt werden. Eine mögliche Vorgehensweise könnte so aussehen, dass die Lernenden zunächst täglich ein sogenanntes Lernprotokoll anferti- *Lernstrategie „Lerntagebuch"* gen. Damit dokumentieren die Schülerinnen und Schüler ihren individuellen Umgang mit einem bestimmten Lerngegenstand. Sie beschreiben ihre Tagesleistungen und ihre Ergebnisse; dann werden die eigenen Leistungen eingeschätzt und bewertet. Dazu gehört auch, dass die Lernenden sich selbst für die erbrachte Leistung belohnen. Langfristig gesehen kann dadurch ein Wechsel von der extrinsischen zur intrinsischen Belohnung erreicht werden. Wenn die Lehrerinnen und Lehrer die Lerntagebücher von Beginn an kontinuierlich überprüfen, bekommen sie einen tieferen Einblick in das Lern- und Arbeitsverhalten ihrer Schülerinnen und Schüler und können gezielt Anregungen zum effektiveren Lernen geben.

Erfassung metakognitiver Prozesse bei Lernenden — Das Lerntagebuch ist ein pädagogisch interessantes Verfahren zur Erfassung metakognitiver Prozesse bei Lernenden. Die Schülerinnen und Schüler werden bei diesem Verfahren aufgefordert, während der Bearbeitung einer Aufgabe ablaufende Prozesse, auftauchende Schwierigkeiten, aber auch Erfolgserlebnisse und Gefühle aufzuschreiben. Eine Strukturierungshilfe bieten Leitfragen, anhand derer die Mädchen und Jungen vorgehen können. In einer Studie zur Förderung von Metakognitionen bei Schülerinnen und Schülern forderte Guldimann (1996) die Lernenden auf, ein Arbeitsheft zu führen und Beobachtungen einzutragen. Folgende Leitfragen dienten dabei der Orientierung:

– Was gelang dir bei der Arbeit leicht (gut)?
– Wo hattest du Schwierigkeiten?
– Welche Fehler hast du gemacht?
– Wie bist du mit den Fehlern umgegangen?
– Was kannst du jetzt besser als vorher?
– Welche Vorsätze hast du für deine kommende Arbeit gefasst?

Vorteile des Lerntagebuches — Das Lerntagebuch bietet einige Vorteile. Das Selbstbewusstsein wird durch das eigenständige (erfolgreiche) Arbeiten gefördert. Schülerinnen und Schüler werden angeleitet, im Unterricht konzentrierter mitzuarbeiten, damit sie in der Lage sind, zu Hause selbstständig zu arbeiten. Da die Schülerinnen und Schüler ihren Lernfortschritt vor Augen haben, können sie angstfreier mit Prüfungssituationen, Klassenarbeiten usw. umgehen. Weiter bietet der Einsatz eines Lerntagebuches den Lernenden die Möglichkeit, die eigenen metakognitiven Kompetenzen zu fördern und zu steigern. Die Schreiberinnen und Schreiber des Lerntagesbuchs setzen sich durch Selbstreflexion mit dem eigenen Lernverhalten auseinander und haben so die Möglichkeit, ihr Lernverhalten zu entwickeln und zu verbessern. Für Lehrkräfte ermöglicht die systematische Auswertung der Lerntagebücher eine differenzierte Rückmeldung über die Lernfortschritte und Schwierigkeiten der Schülerinnen und Schüler. Dabei sollte immer sichergestellt sein und auch den Lernenden vermittelt werden, dass die Lehrkraft sorgsam und vertrauensvoll mit den enthaltenen Informationen umgeht. Lehrpersonen erhalten darüber hinaus detaillierte Hinweise zur Qualität des eigenen Unterrichts, zu aktuellen Problemen, wie auch zu den eingesetzten Methoden und Medien. Ein weiteres Ziel des Lerntagebuches ist der Übergang von extrinsischer zu intrinsischer Motivation.

Nachteile des Lerntagebuches — Das Tagebuch sollte nicht als Strafe gesehen werden, sondern Freude bereiten. Das Lerntagebuch fördert vor allem die realistische Selbsteinschätzung der Lernenden. Dadurch sind sie in der Lage, selbstständiger und unabhängig von den Vorgaben der Eltern und der Lehrpersonen zu arbeiten. Ein weiterer positiver Effekt ist die Steigerung des Selbstwertgefühls der Schülerinnen und Schüler. Die Nachteile eines Lerntagebuchs liegen vor allem bei jüngeren Kindern darin, dass es für die Mädchen und Jungen oft sehr schwer ist, sich selbst zu beobachten. Außerdem ist das Erstellen eines Lerntagebuches gerade für Lese- und Schreibanfänger mit einem hohen Aufwand verbunden.

3.3.9 Zusammenhang zwischen dem Einsatz von Lernstrategien und Lernerfolg

Der positive Zusammenhang zwischen der Anwendung von Lernstrategien und Lernerfolg scheint plausibel und unstrittig zu sein, da Lernstrategien den Lernprozess aktiv unterstützen und somit zum Wissenserwerb beitragen. Während (labor-)experimentelle Befunde der Kognitionspsychologie für einen signifikanten Einfluss der Lernstrategien auf die Lernleistung sprechen, zeigen Ergebnisse aus Feldstudien, dass in der Regel der Zusammenhang zwischen den Angaben zum Lernverhalten und dem Lernerfolg eher niedrig ist (Schiefele, Strebelow, Ermgassen & Moschner 2003; Souvignier & Gold 2004; Wild 2000).

Geringer Zusammenhang zwischen Lernstrategien und Lernerfolg

Die Erklärungen heben darauf ab, dass die Erfassung von Lernstrategien in empirischen Untersuchen variiert. So können Lernstrategien über Fragebogen, Interviews, Lerntagebücher oder die direkte Beobachtung des Lernverhaltens in einer Lernsituation erfasst werden. Die unterschiedlichen Erhebungsmethoden legen offenbar unterschiedliche Konzeptualisierungen des Lernverhaltens nahe. Fragebögen, wie der WLS-Fragebogen (Wie lernen Sie) in der Studie von Souvignier und Gold (2004), werden einmalig vorgelegt und erfassen vor allem Lernverhalten im Sinne einer überdauernden Disposition (trait), während Verhaltensbeobachtungen oder Lerntagebücher enger auf die aktuelle Lernsituation bezogen sind und insofern eher die State-Komponente erfassen. So könnten bei Lernenden situationsbedingt z. B. Strategien zur Aneignung von Faktenwissen oder transferierbarem Wissen beobachtet werden, die aber nicht als überdauernde Orientierung ausgeprägt sind. Weiter geben Befragte in Selbstberichten an, bestimmte Lernstrategien zu kennen und anzuwenden, setzen sie aber nur selten und unsystematisch ein. Ein zweiter Erklärungsansatz problematisiert die Auswahl zu einfacher Indikatoren von Lernleistungen (z. B. Prüfungsnote, Klausuren, Schulnoten). Sie bilden möglicherweise nur Faktenwissen ab (wenn etwa Klausuren im Multiple-Choice-Format geschrieben werden) und sind nicht geeignet, die Qualität von Wissen angemessen abzubilden.

Zwei Erklärungsansätze

Souvignier und Gold (2004) prüften in einer empirischen Studie die Annahme, ob der Zusammenhang zwischen Lernstrategien und Lernerfolg durch das Kriterium für Lernerfolg (Reproduktionsaufgabe vs. komplexe Aufgabe) moderiert wird und konnten nachweisen, dass sich bei Faktenwissen (Klausurergebnis) keine bedeutsamen Korrelationen ergaben, wohingegen sehr wohl signifikante Zusammenhänge zwischen „tieferen" Lernstrategien wie Veranschaulichen oder Elaborieren und komplexen, anspruchsvollen

Lernanforderungen (wie das Erstellen und Präsentieren eines Referats) auftraten.

Zur umfassenderen Klärung dieser Frage sind jedoch weitere empirische Studien notwendig, die eine valide Erfassung der einzelnen Konstrukte gewährleisten (Artelt 2006; Artelt & Moschner 2005; Wild 2010).

4. Einflussfaktoren auf Seiten der schulischen Umwelt

Neben den individuellen Lernvoraussetzungen der Schülerinnen und Schüler, die schwerpunktmäßig im ersten Teil dieses Buches untersucht wurden, steht in diesem Kapitel die Bedeutung der Lernumwelt Schule für das Lern- und Leistungsverhalten im Mittelpunkt der Betrachtung. Kennzeichnend für die psychologische Sichtweise der Lernumwelt ist die Vernetzung der verschiedenen Lebenskontexte der an Lernprozessen beteiligten Akteure und ihre Eingebundenheit in soziale und institutionelle Rahmenbedingungen (Cortina 2006, S. 479). Die Frage, welche Faktoren sich in welcher Stärke auf die Schulleistung auswirken, ist intensiv in empirischen Studien untersucht worden (s. Überblick in Brophy & Good 1986; Helmke & Weinert 1997), die Ergebnisse sind allerdings sehr inkonsistent.

Lernumwelt Schule

4.1 Produktivitätsmodell der Schulleistung

Walberg entwickelte gemeinsam mit anderen Autoren ein Produktivitätsmodell, in dem verschiedene Produktivitätsfaktoren der Schulleistung, auf der Basis umfangreicher empirischer Daten, zusammenfasst wurden (Walberg 1986; Fraser, Walberg, Welch & Hattie 1987; Wang, Haertel & Walberg 1993). Nach Cortina (2006, S. 491) können aufgrund der vorliegenden Studien neun wichtige Faktoren herauskristallisiert werden, die in drei Gruppen zusammengefasst werden: Schülerkompetenz, Unterrichtsvariablen und psychologisches Umfeld (s. Tab. 10). Betrachtet man die Einflussvariablen auf der Seite der Schülerinnen und Schüler, wirken sich die kognitiven Fähigkeiten (Beispielvariablen sind Intelligenz, Leistungstests), die Lernmotivation (Beispielvariablen sind Interesse und Lernausdauer) und der Entwicklungsstand auf die schulische Leistung aus. Auf der Seite der Lehrkräfte zeigen die angewandten Lehrstrategien und die Quantität des Unterrichts einen deutlichen Einfluss. Weiter wirken sich das häusliche Umfeld und das Klassenklima auf die Leistungen der Schülerinnen und Schüler aus, ebenso wie die außerschulischen Peer-Beziehungen.

Produktivitätsmodell

Allerdings ist die theoretische Interpretation dieser Daten nicht ganz unproblematisch. So wird allgemein von der Einflussstärke einzelner Merkmalsbündel auf die Schulleistung gesprochen, obwohl in den einzelnen Studien Schulleistung z. T. unterschiedlich erfasst worden ist (z. B. durch Lehrereinschätzung, standardisierte Tests oder einen Aufgabenkatalog). Ein weiteres Problem betrifft die Vorstellung, dass die Schulleistung als abhängige Variable betrachtet wird und die einzelnen Merkmale als unabhängige Variablen, die sich auf die Schulleistung auswirken (Helmke & Weinert 1997). Wechselwirkungsprozesse zwischen einzelnen Variablen können dabei nicht angemessen abgebildet werden.

Probleme der theoretischen Interpretation

Tab. 10: Produktivitätsfaktoren der Schulleistung (nach Cortina 2006, S. 491)

	Beispielvariablen	Mittleres r mit Schulleistung
Schülerkompetenz		
1. Kognitive Fähigkeiten/Vorwissen	Intelligenz/Leistungstest	0,44
2. Entwicklungsstand	Alter/Reifung	0,10
3. Motivation	Interesse/Lernausdauer	0,29
Unterrichtsvariablen		
4. Quantität des Unterrichts	Unterrichtszeit	0,38
5. Qualität des Unterrichts	Lehrstrategien	0,48
Psychologisches Umfeld		
6. Häusliche Umwelt	Elterliche Hausaufgabenkontrolle	0,31
7. Klassen- und Schulklima	Klassenkohäsion	0,20
8. Außerschulische Peer-Beziehung	Bildungsaspiration des Freundeskreises	0,19
9. Massenmediennutzung	Fernsehzeiten	–0,06

Rückwirkung einer schlechten Schulleistung

Eine schlechte Schulleistung kann zurückwirken auf motivationale Faktoren bei den Schülern, wenn sie z. B. den Spaß und das Interesse am Fach verlieren. Ein mangelndes Interesse der Schülerinnen und Schüler oder schlechte Schülerleistungen können sich aber auch auf die Qualität des Unterrichts auswirken, nämlich wenn die Lehrperson eine andere Lehrstrategie wählt, den Unterricht mit weniger Freude vorbereitet oder die zur Verfügung stehende Unterrichtszeit mit lernirrelevanten Aktivitäten ausfüllt.

Effekt der Produktivitätsfaktoren

Trotz aller Kritik kann man jedoch die Bedeutung der heraus gefilterten Produktivitätsfaktoren zumindest darin sehen, dass sie, im Vergleich zu anderen Faktoren wie z. B. den Merkmalen des Schulgebäudes oder dem Freizeitverhalten der Schülerinnen und Schüler einen substanziellen, empirisch nachweisbaren Effekt haben.

TIMS-Studie

Anders als bei dem Ansatz von Walberg wurde in der TIMS-Studie (Third International Mathematics and Science Study) die Schulleistung als Fachleistungen in den mathematisch-naturwissenschaftlichen Fächern definiert und anhand von Tests gemessen, die international vergleichbar und an einem in allen Ländern gültigem Kerncurriculum ausgerichtet sind (Baumert et al. 1997). Hier zeigt sich auf der Auswertungsebene der Länder eine signifikante Korrelation zwischen den Mathematiktestwerten und der Makrovariable „Anzahl der Unterrichtstage im Schuljahr" und zwar unabhängig davon, ob alle beteiligten Staaten (N = 35; r = 0,51) berücksichtigt werden oder nur OECD-Staaten (N = 20; r = 0,66) (s. auch Punkt: Kompetenzen der Klassenführung) (vgl. Cortina 2006).

4.1.1 Beispiel: Zusammenhang zwischen sozialer Herkunft und Bildungswegen

Wie die Pisa-Studie erneut gezeigt hat, gibt es einen deutlichen Zusammenhang zwischen der sozialen Herkunft der Schülerinnen und Schüler und ihrem Bildungsweg bis hin zu späteren Karrierewegen. Nach Klemm (2003) ist die soziale Selektivität im deutschen Bildungssystem, die bereits Ende der 1960er bis Anfang der 1970er Jahre mit der Idee der Chancengleichheit und dem damit verbundenen Ausbau der Bildungsangebote überwunden werden sollte, immer noch aktuell. Die schichtspezifische Beteiligung lässt sich im Sekundarbereich I und II an folgenden Zahlen, die im Rahmen der Mikrozensus-Befragung von 1989 erhoben wurden, belegen: Im Jahre 1989 besuchten lediglich 11 % der Kinder aus Arbeiterfamilien ein Gymnasium gegenüber 58 % der Kinder aus Beamtenfamilien, bei einer Beteiligungsquote der gesamten Bevölkerung von insgesamt 29 % aller 13- und 14-jährigen Mädchen und Jungen. Bei der Realschule ist das Verhältnis ausgewogen; 26 aller Arbeiterkinder besuchten diesen Schultyp bei etwa 26 % Beteiligung der Gesamtpopulation. Die Hauptschule wurde dagegen von 58 % aller Arbeiterkinder besucht gegenüber 13 % der Beamtenkinder. Nimmt man zur Interpretation noch die schichtspezifische Zusammensetzung des Altersjahrganges hinzu, die besagt, dass 38 % aller 13- und 14-jährigen aus Arbeiterfamilien und nur 10 % aus Beamtenfamilien stammen, wird deutlich, wie stark die Bildungsbenachteiligung der Kinder aus Arbeiterfamilien ist (Böttcher 1991; Klemm 2003).

Bildungsbenachteiligung der Kinder aus Arbeiterfamilien

Daten zum Zusammenhang von sozialer Herkunft und Bildungsbeteiligung liefert die internationale Vergleichsstudie PISA. Abbildung 11 zeigt die Verteilung der 15-jährigen nach Schichtzugehörigkeit und Bildungsgang.

PISA-Studie

Der Einteilung der Familien der Schülerinnen und Schüler in sieben unterschiedliche Klassen liegen folgende Merkmale zugrunde: Art des Berufes, Stellung im Beruf, Weisungsbefugnisse und die zur Berufsausübung erforderlichen Qualifikationen. Zur *oberen Dienstklasse* (I) gehören Angehörige aus freien akademischen Berufen, führende Angestellte und höhere Beamte, selbstständige Unternehmer und alle Hochschul- und Gymnasiallehrer. Zur *unteren Dienstklasse* (II) gehören Angehörige des mittleren Managements, Beamte im mittleren und gehobenen Dienst und technische Angestellte mit nicht manueller Tätigkeit. Angehörige der unteren Dienstklasse verfügen bei ihrer Berufstätigkeit über weniger Verantwortung, Autonomie und Macht als Angehörige der oberen Dienstklasse, insgesamt ist der Abstand zwischen den beiden Klassen geringer als der Abstand zu den übrigen Klassen. Zur Klasse der *Routinedienstleistungen in Handel und Verwaltung* (III) gehören die traditionellen Büro- und Verwaltungsberufe und auch niedrig qualifizierte nicht manuelle Tätigkeiten im Verkauf und Servicebereich. Zur nächsten Klasse gehören *Selbstständige aus manuellen Berufen* (IV), auch ohne eigene Mitarbeiter und selbstständige Landwirte. Die Klasse der *Facharbeiter* (V-VI) wird bestimmt durch untere technische Berufe. Dazu gehören Vorarbeiter, Meister, Techniker und abhängig Beschäftigte mit manueller Tätigkeit. Zur Klasse VII gehören alle *un- und angelernten Arbeiter* aus dem manuellen Bereich sowie Landarbeiter. Wie bei den beiden Dienstklassen sind die Abstände zwischen den Klassen III und IV sowie zwischen den beiden Arbeiterklassen VI und VII relativ gering (vgl. Baumert & Schümer 2001, S. 338).

Einteilung in Klassen

Die Abb. 11 belegt deutlich, dass sich der Gymnasialbesuch von über 50 % der Mädchen und Jungen, deren Familie der oberen Dienstklasse zugehört, auf 10 % der Jugendlichen reduziert, deren Familie zur Sozialschicht der un- und angelernten Arbeiter gehört. Betrachtet man dagegen den

prozentuale Verteilung

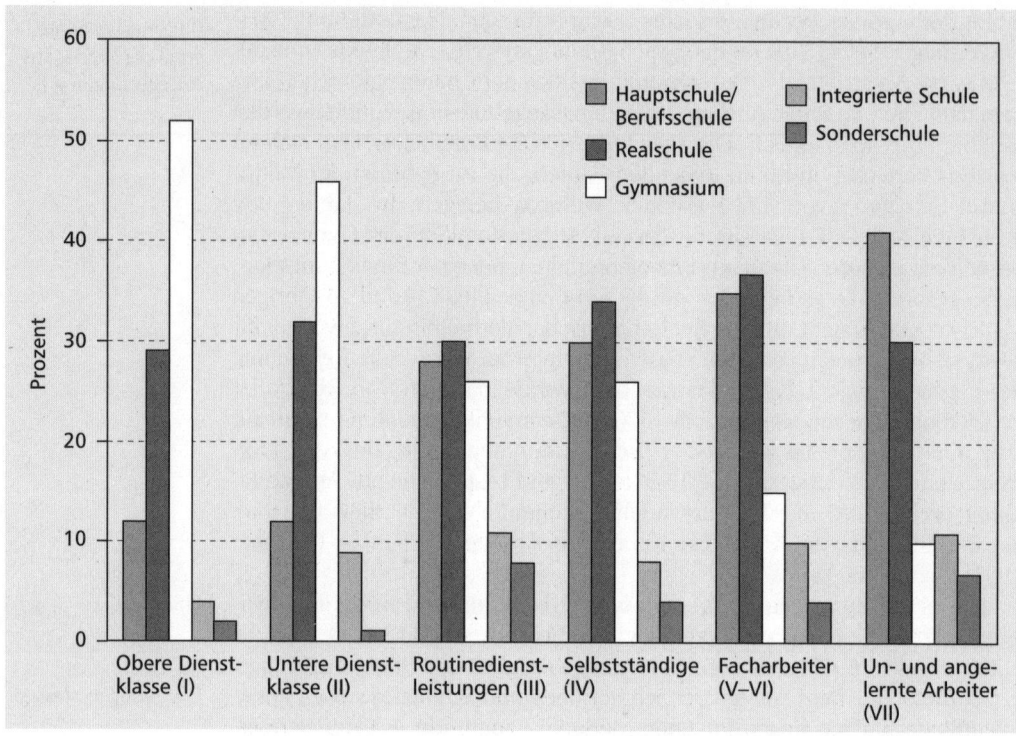

Abb. 11:
15-jährige nach
Sozialschichtzu-
gehörigkeit und
Bildungsgang
(nach Baumert &
Schümer 2001,
S. 355)

Hauptschulbesuch, kehrt sich das Verhältnis fast um. Baumert et al. (2001, S. 356) weisen nach, dass die Chancen für den Gymnasialbesuch eines Jugendlichen, der aus einer Familie der oberen Dienstklasse stammt, 5,7 mal so hoch sind wie die Beteiligungschancen eines Jugendlichen aus einem Arbeiterhaushalt. Ein aktueller Vergleich von PISA 2000 und 2006 zeigt keine gravierenden Veränderungen (Ehmke & Baumert 2007). Es zeigt sich weiterhin, dass die Schichtzugehörigkeit der Eltern einen starken Einfluss auf die Schulwahl hat. Allerdings sind die theoretischen Überlegungen zu Disparitäten der Bildungsbeteiligung komplexer geworden und berücksichtigen neben der sozialen Herkunft weitere Variablen, die die Bildungsentscheidung beeinflussen.

4.2 Multikriterialität der Einflussfaktoren auf Unterricht

Makromodell der
Bedingungsfaktoren

Schulleistung wird von einer Reihe unterschiedlicher Faktoren beeinflusst, die außerdem wechselseitig vernetzt sind. Ein Makromodell der Bedingungsfaktoren schulischer Leistungen stellt Helmke (2009) vor, ähnliche Modelle findet man bei Helmke und Weinert (1997). Diese Modelle erheben nicht den Anspruch, die komplexen Wechselwirkungen vollständig abbilden zu können, sie dienen lediglich „zur Identifikation einflussreicher Bereiche" (Helmke 2009, S. 30). Die Grafik verdeutlicht folgende Bereiche, die entweder direkt oder vermittelt auf die Schülerpersönlichkeit einwirken (vgl. Abb.12).

Von zentraler Bedeutung für Lern- und Leistungsverhalten ist die Persönlichkeit des Kindes. Schülerinnen und Schüler zeichnen sich durch unterschiedliche Eigenschaften, Fähigkeiten und Kompetenzen aus. Dazu gehören, wie im Kapitel 2 ausgeführt, biologische Merkmale wie die Geschlechtszugehörigkeit, kognitive Fähigkeiten wie die Intelligenz, aber auch das Vorwissen in einem bestimmten Bereich bzw. in einem bestimmten Fach. Neben den kognitiven Einflussfaktoren wirken sich motivational-emotionale Merkmale wie Lernmotivation, Zielorientierungen, Interesse sowie Selbstkonzept, Attributionsstile und Selbstwirksamkeitserwartungen auf das Lern- und Leistungsverhalten der Mädchen und Jungen aus.

Persönlichkeit des Kindes ist von Bedeutung

Weitere wichtige Bereiche betreffen die Lehrerpersönlichkeit und die familiäre Lernumwelt, welche in der Regel eng an die Persönlichkeit der Eltern gebunden ist. Eltern- und Lehrerpersönlichkeit wirken ihrerseits auf die Persönlichkeit des Kindes, indem sie im Erziehungsverhalten bzw. Unterricht in Form von Einstellungen, Erwartungen, Subjektiven Theorien, und Beurteilungen manifest werden. Zu nennen ist hier auch die Schichtzugehörigkeit der Familie, die allerdings, so Helmke (2009, S. 31), „keinen eigenständigen Erklärungswert für Schulleistungsunterschiede" hat. Die immer noch erheblichen Leistungsunterschiede von Kindern aus verschiedenen sozialen Schichten sind auf schichtspezifisch unterschiedlich ausgeprägte Merkmale wie Bildungsnähe etc. zurückzuführen.

Lehrerpersönlichkeit und familiäre Umwelt

Zwei weitere Einflussbereiche sind Medien und Gleichaltrige, die zunehmend in der Forschung an Bedeutung gewonnen haben. Die in den letzten 30 Jahren rasant stattgefundene Entwicklung in den Informations- und Kommunikationstechnologien hat das Lernen grundlegend verändert (Issing & Klimsa 2002; Tulodziecki 1998). Neue Bereiche wie Computer- und Softwarenutzung oder Informationsgewinnung mit computerbasierten Systemen (Internet) gehören inzwischen zum Schulalltag. Medienkompetenz, die es Schülerinnen und Schülern ermöglicht, das vielfältige Informationsangebot

Medienwandel

Abb. 12: Makromodell der Bedingungsfaktoren schulischer Leistungen (nach Helmke 2009, S. 30)

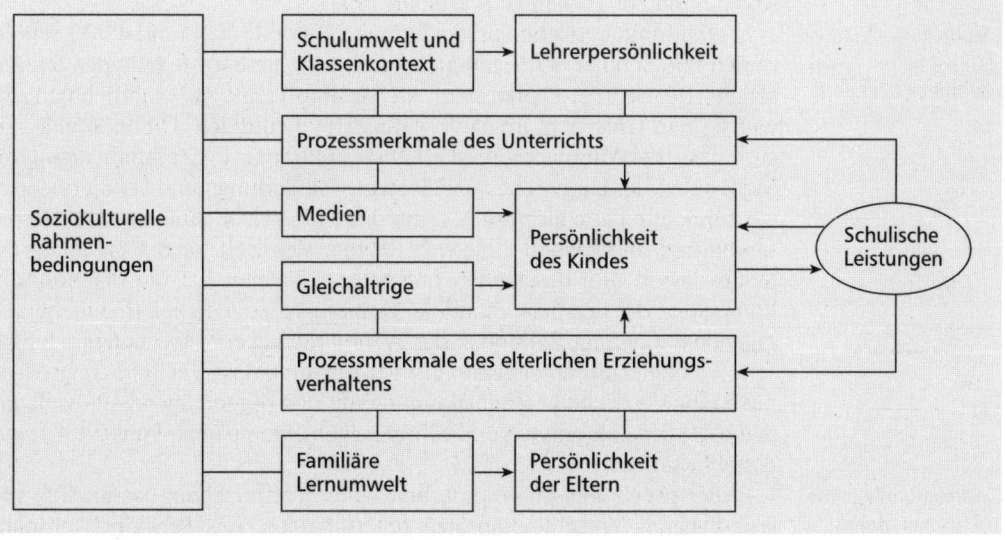

zu bewältigen, Medien optimal und angemessen zu nutzen und sich reflexiv damit auseinanderzusetzen, ist eine wichtige Basiskompetenz (Kübler 1999; Rosemann & Bielski 2001; Tulodziecki, Herzig & Grafe 2010).

Gleichaltrige   Neben den Medien als einem eigenständigen Einflussbereich wird zunehmend der Einfluss von Gleichaltrigen berücksichtigt. Untersuchungen dazu sind insbesondere im Kontext entwicklungspsychologischer Forschung durchgeführt worden (vgl. Oerter & Montada 2008). Gleichaltrige (Peers) sind für Kinder und Jugendliche wichtige Bezugspersonen und tragen zur Entwicklung sozialer Kompetenzen und zum Selbstverständnis (Selbstkonzept) der Mädchen und Jungen erheblich bei.

soziokulturelle   Weiter entfernt von dem eigentlichen Unterrichtsverhalten der Lehrkräfte
Rahmen-   und dem Erzieherverhalten der Eltern sind die soziokulturellen Rahmenbe-
bedingungen   dingungen. Damit sind die sprachlichen, kulturellen, schichtspezifischen Merkmale gemeint, die sich je nach Ausprägung sehr unterschiedlich auf den Unterricht, das Klassenklima und die Lern- und Leistungsergebnisse der Mädchen und Jungen auswirken können. Der Zusammenhang zwischen sprachlicher Herkunft und Schulleistung oder der Schichtzugehörigkeit und dem Bildungsweg sind hier als Beispiele zu nennen.

4.3 Paradigmen der empirischen Lehrerforschung

Was zeichnet eine   Die Suche nach Merkmalen einer guten Lehrperson hat in der Pädagogi-
gute Lehrperson aus?   schen Psychologie eine lange Tradition. Allerdings ist es bis heute, trotz einer umfangreichen empirischen Forschung und vieler Generationen von intensiv ausgebildeten und auf die Praxis vorbereiteten Referendaren, nicht möglich, eine eindeutige Antwort auf die Frage zu geben, was letztendlich eine gute Lehrperson und was einen guten Unterricht auszeichnet. Nach Terhart (1995) hat sich die Suche nach der geborenen Lehrerpersönlichkeit als Sackgasse erwiesen, nicht zuletzt deshalb, weil die wechselseitigen Beziehungen der für den Unterricht relevanten Faktoren sehr vielschichtig und komplex sind (Ditton 2002; Helmke & Weinert 1997).

Studie in der 9. Jahr-   In einer umfangreichen Studie befragte Ditton (2002) rund 4.300 Schüle-
gangsstufe zur Wahr-   rinnen und Schüler der 9. Jahrgangsstufe verschiedener Schultypen (Haupt-
nehmung der Lehrer   schule, Realschule, Gymnasien) wie sie ihre Lehrkräfte wahrnehmen und wie sie den Unterricht im Fach Mathematik beurteilen. Ditton konnte zeigen, dass die Wahrnehmung der Lehrkräfte primär im Zusammenhang mit Merkmalen der Unterrichtsqualität steht. Schülerinnen und Schüler beurteilen Lehrkräfte dann als positiv, wenn diese einen klar strukturierten, interessanten und anregenden Unterricht halten, sich Zeit für die Einübung des Stoffes lassen und das Lernen unterstützen. Weiter hat die diagnostische Kompetenz der Lehrperson und ihr Verhältnis zu den Schülern eine herausragende Bedeutung. Sie sind in der Wahrnehmung der Mädchen und Jungen sehr wichtig. Zusammenfassend ist festzuhalten, dass die Befragungsergebnisse eine deutliche Übereinstimmung mit den sogenannten Schlüsselkompetenzen von Lehrerinnen und Lehrer zeigen, wie sie unter Punkt (4.4.1) dargestellt werden.

drei grundlegende   In der psychologisch-empirischen Unterrichtsforschung lassen sich drei
Forschungsansätze   grundlegende Forschungsansätze unterscheiden, das Persönlichkeitspara-

digma, das Prozess-Produkt-Paradigma und das Expertenparadigma, die jeweils mit unterschiedlichen theoretisch-methodischen Ausrichtungen verbunden sind und dementsprechend auch unterschiedliche Forschungsfragen verfolgen.

4.3.1 Das Persönlichkeitsparadigma

Der älteste empirische Ansatz ist das Persönlichkeitsparadigma, das einer alltagspsychologischen Vorstellung von einem guten Lehrer und einer guten Lehrerin sehr entgegenkommt. Das Persönlichkeits- oder Eigenschaftsparadigma nimmt an, dass Personen über Merkmale oder Eigenschaften verfügen, die relativ stabil und unveränderlich sind. Diese personenspezifischen Eigenschaften bestimmen das Verhalten und die Handlungen von Personen derart, dass sie sich von anderen Personen unterscheiden, eben weil sich ihr Verhalten über verschiedene Situationen und Zeitpunkte hinweg kaum verändert. So ging es ursprünglich in der Lehrerforschung darum, Wesens- oder Charaktermerkmale eines „berufenen Lehrers" herauszufinden, der eben aufgrund dieser relativ stabilen Merkmale einen guten Unterricht macht (Döring 1931; Bromme, Rheinberg, Minsel, Winteler & Weidenmann 2006). In der empirischen Unterrichtsforschung der 1950er und 1960er Jahre wurde in Anlehnung an das Persönlichkeitsparadigma der differenziellen Psychologie nach Persönlichkeitsmerkmalen gesucht, die einen guten Lehrerfolg erklären und prognostizieren sollten. Untersucht wurden Temperamentfaktoren der Lehrperson wie emotionale Stabilität/psychische Belastbarkeit, Freundlichkeit oder Objektivität, aber auch fachliche und didaktische Kenntnisse und Fertigkeiten oder der bevorzugte Führungsstil (vgl. Pause 1970).

Persönlichkeitsparadigma

Der Versuch, Eigenschaften erfolgreicher Lehrkräfte zu identifizieren, die einen guten Unterricht garantieren, kann inzwischen als überholt angesehen werden. Das Scheitern dieser Forschungsbemühungen hängt nicht zuletzt mit einer grundsätzlichen Schwierigkeit des Persönlichkeitsparadigmas zusammen, auch als Konsistenzparadox bekannt geworden, die darin besteht, dass Personen sich keineswegs aufgrund ihrer Eigenschaften so konsistent verhalten, wie Beobachter normalerweise annehmen, und sich in charakteristischer Weise von anderen Personen abheben (Heckhausen 1989, S. 7). Die empirische Forschung hat eher das Gegenteil belegt. Die Annahme, dass grundlegende Eigenschaften das Verhalten der Person bestimmen, ist aufgrund der fehlenden Verhaltenskonsistenz nicht zu halten (s. ausführlichere Darstellung in Rustemeyer 2003). Stattdessen sind individuelle Besonderheiten im Verhalten zu beobachten, die sehr situationsspezifisch sind.

Konsistenzparadox

So ließen sich kaum bedeutsame korrelative Zusammenhänge zwischen Merkmalen der Lehrerpersönlichkeit und Schulleistungsunterschieden nachweisen. Weitgehend unberücksichtigt bleiben beim Persönlichkeitsparadigma sowohl die individuelle Schülerpersönlichkeit als auch mögliche Wechselwirkungen zwischen Merkmalen der Lehrperson und den Lernprozessen der Schülerinnen und Schüler. Bromme et al. (2006, S. 301) fassen die Problematik dieses Forschungsansatzes dahingehend zusammen, dass „man zu Unrecht gehofft hatte, die Frage nach dem optimalen Lehrverhalten auf einer sehr allgemeinen Ebene beantworten zu können. Solange man davon aus-

Schwächen des Persönlichkeitsparadigmas

ging, dass allgemeine Persönlichkeitszüge das Verhalten in konkreten Situationen determinieren, zielte man auf ein möglichst hohes Abstraktionsniveau von Persönlichkeitsvariablen. Damit ist man jedoch so weit von der konkreten Lehrer-Schüler-Interaktion entfernt, dass man spezifische Ursache-Wirkungs-Beziehungen auf dieser Ebene schwerlich finden kann". Die Suche nach grundlegenden Eigenschaften einer guten Lehrperson wurde deshalb abgelöst durch das Prozess-Produkt-Paradigma.

4.3.2 Prozess-Produkt-Paradigma

Prozess-Produkt-Paradigma

In diesem Forschungsansatz geht es ganz allgemein um den Zusammenhang zwischen dem Prozess (das was Lehrpersonen und Schülerinnen und Schüler im Klassenraum tun) und dem Produkt (die Änderungen in den Kenntnissen, Fähigkeiten, Bewertungen und Dispositionen der Lernenden) (Good & Brophy 2002). Anders als beim Persönlichkeitsparadigma geht es hier um die Erfassung und Analyse konkreter Verhaltensmuster und Fertigkeiten von Lehrpersonen und deren Wirkung auf das Schülerverhalten. Zahlreiche empirische Studien sind im Kontext dieses Forschungsansatzes entstanden und haben beachtliches empirisch begründetes Wissen über lern- und leistungsrelevante Merkmale des Unterrichtens erbracht (Helmke 2009, S. 48). In typischen Studien der Produkt-Prozess-Forschung wird das Verhalten von Lehrpersonen erfasst, deren Schüler gute oder sehr gute Leistungsfortschritte zeigen und z. T. verglichen mit dem Unterrichtsverhalten von Lehrpersonen, deren Schüler nur durchschnittliche Leistungen erbringen. Dabei geht man methodisch so vor, dass meistens anhand der systematischen Beobachtung des Unterrichts konkrete, quantifizierbare Lehrerverhaltensweisen (z. B. die Klarheit oder Verständlichkeit der Lehreräußerungen, positives Feedback, Häufigkeit des Aufrufens einzelner Schülerinnen und Schüler) beobachtet und protokolliert werden und der Zusammenhang mit ausgewählten Schülerkriterien (häufig der Schulleistung) überprüft wird.

Verhaltensweisen trainieren

Mit diesem Ansatz verbunden ist die Vorstellung, dass erfolgreiche Verhaltensweisen von Lehrern trainiert und somit anderen Lehrenden vermittelt werden können und diese geschulten Lehrerinnen und Lehrer bei Anwendung dieser Verhaltensweisen ebenso erfolgreich unterrichten können. Nachfolgend sind einige Beispiele für empirisch belegte, erfolgreiche Verhaltensweisen von Lehrpersonen genannt (vgl. Bromme et al. 2006, S. 301):
– Die Lehrkräfte verfügen über ein umfangreiches Repertoire von Unterrichtsmethoden, die sie situativ flexibel einsetzen können;
– die Unterrichtszeit wird überwiegend zur Stoffbehandlung genutzt;
– die Lehrkräfte haben eine klare Unterrichtsstruktur und klare Ziele und können diese auch den Schülern vermitteln;
– die Lehrkräfte erkennen und antizipieren mögliche Unterrichtsstörungen und können ihnen entgegensteuern.

Ausführlichere Darstellungen und Übersichten der Untersuchungen findet man u. a. in Brophy und Good (1986); Fraser, Walberg, Welch und Hattie (1987); Helmke und Weinert (1997); Shuell (1996).

Auch das Prozess-Produkt-Paradigma weist einige grundlegende Schwierigkeiten auf, die in der nachfolgenden Forschung zu weiteren Differenzierungen dieses Ansatzes geführt haben. Eine wichtige und notwendige Ergänzung ist die Berücksichtigung der Schülerseite. Ähnlich wie beim Persönlichkeitsparadigma konzentrierte sich die ursprüngliche Prozess-Produkt-Forschung vor allem auf den Einfluss, den die Lehrperson auf den Lernenden ausübt. Die Einbeziehung von Variablen auf der Lernerseite, wie z.B. Selbstkonzept, Ursachenzuschreibung oder Interesse, die sich vermittelnd auf Lernprozesse der Schülerinnen und Schüler auswirken können, stellt eine Weiterentwicklung dieses Ansatzes dar (Helmke 2009), ebenso wie die Berücksichtigung von Wechselwirkungen zwischen den verschiedenen Variablen.

Schwierigkeiten des Prozess-Produkt-Paradigma

Ein verwandtes Problem der Produkt-Prozess-Forschung besteht darin, dass bei gleichen Instruktionsmaßnahmen der Lehrperson zum Teil gegenläufige Wirkung bei verschiedenen Schülern auftreten (Bromme et al. 2006), die etwa vom Vorwissen der Lernenden abhängig sind. Die Forschung zur sogenannten Aptitude-Treatment-Interaktion thematisiert explizit Wechselwirkungen zwischen Schülermerkmalen und der Lehrmethode (Hasebrook & Brünken 2010). Obwohl es nur wenige replizierbare Ergebnisse dieser Forschungsrichtung gibt, ist die interaktionistische Sichtweise gerade auch für zukünftige Unterrichtsforschung wichtig und notwendig. In vielen früheren Untersuchungen wurden mögliche Wechselwirkungen nicht erfasst bzw. konnten nicht angemessen abgebildet werden, wenn z.B. die statistischen Auswertungen auf Klassenebene durchgeführt wurden und somit klasseninterne Wechselwirkungen überdeckt wurden.

Aptitude-Treatment-Interaktion

4.3.3 Expertenparadigma

Das Prozess-Produkt-Paradigma wird heute ergänzt durch das Expertenparadigma, in dessen Zentrum die Lehrperson als kompetente Fachperson steht, die die Kunst des Unterrichtens beherrscht (Bromme 1992; Bromme et al. 2006). Lehrpersonen als Experten für das Unterrichten verfügen über umfangreiches professionelles Wissen und berufsbezogene Fertigkeiten, die sie nachweisbar von Berufsanfängern, auch Novizen genannt, unterscheiden. Viele Expertisestudien können methodisch dadurch charakterisiert werden, dass sie das (Problemlöse-)Verhalten von Experten bei bestimmten Aufgaben bzw. in bestimmten Situationen mit dem von weniger erfahrenen Personen vergleichen, die zwar über ein bestimmtes Basiswissen verfügen, aber wenig Erfahrung in einer bestimmten Domäne haben (s. a. Punkt 3.1.2, Stichwort Expertiseforschung).

Expertenparadigma: Lehrperson steht im Zentrum

Experten unterscheiden sich aber nicht nur, wie man annehmen könnte, durch den im Laufe der Zeit gewonnen Erfahrungsschatz von den Novizen. Ein weiterer wichtiger Unterschied zwischen Experten und Novizen besteht in der unterschiedlichen Art der Wahrnehmung – z.B. die Wahrnehmung von Unterrichtssituationen bei erfahrenen Lehrpersonen – und den unterschiedlichen Gedächtniskompetenzen. Berliner (1992) berichtet über ein Projekt, in dem Experten und Anwärter mit Unterrichtssituationen konfrontiert wurden, die fotografisch dokumentiert waren und ergänzt wurden durch schriftliche Informationen über die Schüler. Die Experten wurden bestimmt anhand des Urteils der Schuldirektoren und einer Unterrichtsbeobachtung durch die Forscher. Die ausgewählten Experten waren mindestens

Unterschied zwischen Experten und Anfängern (Novizen)

5 Jahre als Lehrperson tätig im Vergleich zu den Anfängern, die sich im ersten Berufsjahr befanden und eine gute Beurteilung erhalten hatten. Es zeigte sich, dass Experten die Unterrichtssituationen kognitiv anders verarbeiteten als Anfänger, da sie die ganze Klasse im Blick hatten und die Situation als Ganzes interpretierten, während die Anfänger sich vor allem auf einzelne Schüler und beobachtbare Details wie z. B. Haarfarbe, Geschlecht, räumliche Anordnung der Schülerinnen und Schüler im Klassenraum konzentrierten und die Situation eher beschrieben (Bromme 1992).

Trainingskonzepte   Die Ähnlichkeit zur Vorstellung des guten Lehrers im Persönlichkeitsparadigma ist offensichtlich, allerdings wird nicht länger nach Charaktereigenschaften gesucht, sondern im Expertenansatz stehen das Wissen und die Informationsverarbeitung der Lehrperson im Vordergrund. So werden neben dem Expertenwissen auch Subjektive Theorien über Unterricht und Unterrichten und deren Auswirkungen auf die Lehrer-Schüler-Interaktion untersucht (Groeben, Wahl, Schlee & Scheele 1988). Die grundsätzliche Trainierbarkeit und Vermittelbarkeit des professionellen Wissens und Könnens wird bei diesem Ansatz vorausgesetzt. Trainingskonzepte wie das „Münchner Lehrertraining" (Havers 1998), das „Konstanzer Trainingsmodell" (Tennstädt, Krause, Humpert & Dann 1994) sowie Ansätze im Rahmen der „Subjektiven Theorien" (Wahl 1991) wären hier zu nennen. Eine aktuelle Übersicht über verschiedene Trainingskonzepte findet man bei Havers und Toepell (2002).

4.4 Lehrerpersönlichkeit und Verhalten von Lehrpersonen

4.4.1 Lehrer(schlüssel)kompetenzen (Lehrerexpertise)

vier Schlüssel-
kompetenzen   Die wichtigsten Variablen, die guten Unterricht erklären, sind nach Weinert (1996, 2001), vgl. auch Helmke (2009), vier Schlüsselkompetenzen, über die eine gute Lehrperson verfügen sollte: a) Sachkompetenzen, d. h. die Expertise im Unterrichtsfach selbst; einschließlich pädagogisch-psychologisches Wissen, b) diagnostische Kompetenzen (zutreffende Diagnose der Fähigkeiten, des Kenntnisstandes und der motivationalen Bedingungen), c) didaktische Kompetenzen und d) Kompetenzen der Klassenführung (Sicherung der Rahmenbedingungen). Helmke (2009) nennt zusätzlich noch weitere Merkmale der Unterrichtsqualität, auf die jedoch im Einzelnen nicht mehr eingegangen wird.

4.4.1.1 Sachkompetenzen von Lehrkräften (Fachwissenschaftliche Expertise)

Def. Sach-
kompetenzen   Die Sachkompetenzen von Lehrpersonen beschränken sich nicht nur auf das entsprechende Fachwissen in den Fächern/Bereichen, in denen sie unterrichten, sondern beinhaltet auch Kenntnisse über die fachdidaktische und fachmethodische Auswahl, Aufbereitung und Darbietung der Inhalte. Hinzu kommen müssen noch Kenntnisse über alterstypische Vorstellungen von Schülerinnen und Schülern sowie die Berücksichtigung interindividueller Unterschiede (Helmke 2009). Obwohl die Notwendigkeit einer fundierten fachwissenschaftlichen Ausbildung und einer darauf aufbauenden Sach-

kompetenz der Lehrkräfte unstrittig ist, konnten empirisch keine eindeutigen Zusammenhänge zwischen Fachkenntnis und Lernerfolg nachgewiesen werden.

In der Mathematik-Gesamterhebung von Schülerinnen und Schülern der 8. Jahrgangsstufe in Rheinland-Pfalz (MARKUS) wurde überprüft, ob sich das Leistungsniveau der Mädchen und Jungen, die von fachfremden Lehrpersonen unterrichtet werden, signifikant von dem Leistungsniveau der Jugendlichen unterscheidet, die von Lehrpersonen unterrichtet werden, die das Fach Mathematik als Hauptfach studiert haben. In keinem Bildungsgang zeigten sich bedeutsame Unterschiede zwischen den beiden Lehrergruppen (Helmke, Hosenfeld & Schrader 2002). Dieses Ergebnis ist eigentlich nicht überraschend, wenn man berücksichtigt, dass in der genannten Studie der Anteil der fachfremden Lehrkräfte in der Hauptschule bei 26 %, in der Realschule bei 6 % und im Gymnasium bei weniger als 1 % lag. Je höher die fachlichen Ansprüche sind, desto weniger werden fachfremde Lehrkräfte eingesetzt. Weiter ist zu berücksichtigen, dass auch fachfremd unterrichtende Lehrkräfte eine methodisch-didaktische Ausbildung erhalten haben, so dass sie fehlendes Wissen leichter kompensieren können als jemand ohne eine entsprechende Lehrerausbildung. Wie Lipowsky (2006) ausführlich darstellt, wirkt sich jedoch die Sachkompetenz indirekt auf den Unterricht aus.

Vergleich von fachfremden Lehrkräften und Lehrkräften, die im Hauptfach unterrichten

4.4.1.2 Diagnostische Expertise

Mit der diagnostischen Kompetenz einer Lehrperson wird eine weitere wichtige Schlüsselkompetenz angesprochen, die unverzichtbar ist, wenn es um die Bestimmung erfolgreichen Unterrichts geht. Hohe diagnostische Kompetenz bezeichnet allgemein die Fähigkeit der Lehrperson, den einzelnen Schüler in Bezug auf seine individuelle Leistungsfähigkeit und auch seine Persönlichkeitsmerkmale wie Ängstlichkeit oder Hilflosigkeit zutreffend beurteilen zu können. Ebenso wie bei Eltern, die bei vorhandener diagnostischer Kompetenz frühzeitig erkennen, in welchen Bereichen ihr Kind besondere Stärken oder auch Schwächen besitzt und es gezielt fördern können, ist eine hohe diagnostische Urteilsfähigkeit der Lehrpersonen notwendig, um Kinder im Unterricht optimal fördern zu können. Dahinter steht die Annahme, dass Erziehungsmaßnahmen dann besonders erfolgreich sind, wenn eine hinreichende Passung zwischen den Persönlichkeitsmerkmalen der Schülerin und des Schülers und den im Unterricht gestellten Anforderungen erreicht wird (Schrader 2010).

diagnostische Kompetenz

Dass die diagnostischen Kompetenzen von Lehrpersonen zum Teil defizitär sind, belegen Ergebnisse der PISA-Studie. Im Rahmen der allgemeinen Datenerhebung wurden über die Schulkoordinatorinnen und -koordinatoren die Klassen bzw. Deutschlehrerinnen und -lehrer gebeten, die Leseleistungen der Jugendlichen einzuschätzen. Die Aufgabe der Lehrkräfte (nur aus Hauptschulen und Hauptschulzweigen) bestand nun darin, die Lesekompetenz der Schülerinnen und Schüler ihrer Klasse zu beurteilen. Es sollten u. a. die schwachen Leserinnen und Leser identifiziert werden, „deren Lesefähigkeit so gering ausgeprägt ist, dass sich dies als ernsthaftes Problem beim Übergang ins Berufsleben erweisen wird" (Artelt, Stanat, Schneider & Schiefele 2001, S. 119). Weiter wurde darauf hingewiesen, dass die Lesefähigkeit

PISA-Studie zur diagnostischen Kompetenz

dieser Schülerinnen und Schüler deutlich unterhalb der Lesefähigkeit gleich-altriger Mädchen und Jungen der gleichen Schulform liegt. Es zeigte sich, dass die meisten der schwachen Leserinnen und Leser von den Lehrpersonen nicht korrekt identifiziert wurden. Insgesamt wurden nur 11,4% der Mäd-chen und Jungen von den Lehrkräften als schwache Leser diagnostiziert, die übereinstimmend auch nach den PISA-Ergebnissen unter der Kompetenzstu-fe 1 lagen und somit per Definition zur Risikogruppe gehören. Die Lehrper-sonen unterschätzen signifikant die tatsächliche Anzahl der schwachen Leserinnen und Leser. Artelt et al. machen deutlich, dass sie die Ursachen für den relativ hohen Anteil der unerkannt gebliebenen Risikoschülerinnen und -schüler anhand der vorliegenden Daten nicht näher bestimmen können, und sie regen an, die Diagnosekompetenz der Lesefähigkeit systematisch zu untersuchen.

4.4.1.3 Didaktische Expertise

didaktische
Kompetenzen

Zu den didaktischen Kompetenzen der Lehrkräfte gehören nach Weinert (1996, 2001) vor allem die Kenntnisse und der kompetente Umgang mit unterschiedlichen Methoden wie z.B. der offene Unterricht, Projektarbeit, Teamarbeit und auch das eigenständige Lernen. Lehrkräfte müssen in der Lage sein, diese Methoden je nach situativen Erfordernissen angemessen und flexibel einsetzen zu können. Weitere wichtige Merkmale sind Metho-denvielfalt, Klarheit und Strukturiertheit, Individualisierung/Umgang mit Heterogenität.

Empfehlungen und
Hinweise für
Lehrkräfte

Klarheit als ein wesentliches Merkmal von Unterrichtsqualität beinhaltet Aspekte von der akustischen Verständlichkeit über fachliche Kohärenz bis hin zur optimalen Strukturiertheit des Unterrichts. Vor allem in Lehrbüchern aus dem anglo-amerikanischen Sprachraum werden als Ergebnisse der Unterrichtsforschung konkrete Empfehlungen und Hinweise für Lehrkräfte gegeben, die sie beachten sollten, wenn sie effektiv unterrichten wollen (vgl. Brophy & Good 1986; Good & Brophy 1995; McCown, Driscoll & Roop 1996; Shuell 1996). Beispielhaft sollen einige dieser Empfehlungen, welche überwiegend unter dem Zielkriterium des lehrerzentrierten Unterrichts, der lange Zeit die Unterrichtsforschung dominiert hat, einzuordnen sind, aber keineswegs nur für diese Art von Unterricht Geltung hat, genannt werden (vgl. Helmke 2003, S. 63–64).

Schüler lernen besser, wenn:
– mehr Unterrichtszeit (pro Stunde, pro Tag, pro Jahr) und damit Lerngele-genheiten zur Verfügung stehen,
– kontinuierliche Erfolgserfahrungen gemacht und Frustrationen vermieden werden,
– gesichert ist, dass Einzel- und Stillarbeit erst auf einer inhaltlich soliden Wissensbasis erfolgt,
– einerseits genügend Zeit für das Verstehen komplexen Stoffs gegeben wird, andererseits keine Zeit verschwendet wird,
– Fragen in eine angemessene Schwierigkeitszone zwischen Unter- und Überforderung fallen,
– alle Schüler gleichermaßen in Frage-Antwort-Sequenzen einbezogen wer-den,

– der richtige Anteil der Antwort gewürdigt wird und hilfreiche Hinweise
zur Verbesserung folgen,
– relevante Schülerbeiträge auf- und ernstgenommen werden.

Neben der Klarheit ist die Methodenvielfalt ein wichtiges Kriterium der
didaktischen Expertise. Die Beherrschung verschiedener Methoden ist schon
deshalb eine wichtige Forderung, weil die Unterrichtsforschung (Aptitude-
Treatment-Interaktion, ATI; vgl. Hasebrook & Brünken 2010) gezeigt hat,
dass es Wechselwirkungen zwischen der Lehrmethode und individuellen
Lernvoraussetzungen der Schülerinnen und Schüler gibt. Beispielsweise
konnte in ATI-Untersuchungen nachgewiesen werden, dass „Lernende mit
ungünstigen Lernvoraussetzungen von einem hochstrukturierten Lernumfeld
mehr profitieren als Lernende mit guten Lernvoraussetzungen" (Reinmann &
Mandl 2006, S. 643) was zu der Hypothese führen könnte, dass ein gut struk-
turierter, lehrerzentrierter Unterricht für lernschwächere Schülerinnen und
Schüler besser geeignet ist und zu besseren Lernergebnissen führt als andere,
weniger strukturierte Unterrichtformen. Andererseits profitieren leistungs-
starke Schülerinnen und Schüler, die z.B. ein höheres Vorwissen haben,
mehr von einer bestimmten Unterrichtsmethode, was zu einer immer stärkeren Leistungsdifferenzierung führen kann.

> Methodenvielfalt als wichtiges Kriterium

Die traditionellen Formen des Unterrichts werden vor allem von Vertretern des konstruktivistischen Ansatzes (s. Punkt 4.5.2) zum Teil radikal in Frage gestellt (u.a. Voss 1998).

Der konstruktivistische Ansatz lehnt eine unterrichtstechnologische,
direktive, lehrerorientierte Ausrichtung ab und geht stattdessen von einer
strikten Subjektorientierung aus. Die Selbststeuerung und Selbstverantwor-
tung des Lernenden wird ausdrücklich betont. Es wird gefordert, auf eine
„Belehrungsdidaktik" zu verzichten, zugunsten einer Didaktik, bei der die
Gestaltung anregender „settings" im Vordergrund steht. Dies wird häufig mit
dem Begriff der „neuen Lernkultur" bezeichnet. Niggli (2000) spricht in diesem Zusammenhang von Lernarrangements, d.h. Unterrichtsformen, die am
ehesten mit dem Schlagwort „offener Unterricht" gekennzeichnet werden
können. Dazu gehören Lernarrangements zum selbstgesteuerten Lernen wie
der Werkstattunterricht, das Stationenlernen und der Wochenplanunterricht
ebenso wie das Arrangement kooperativer Lernformen, wie z.B. das Grup-
penpuzzle. Allerdings macht Niggli auch deutlich, dass Lernarrangements
sich ebenso wie traditionelle Unterrichtsmethoden bewähren müssen.

> konstruktivistischer Ansatz

4.4.1.4 Kompetenzen der Klassenführung

Die Fähigkeit einer Lehrperson, ihre Klasse optimal führen zu können, ist
intensiv untersucht worden. Vor allem für Anfänger im Lehrberuf stellt sich
in der Regel zunächst das vorrangige Problem der Aufrechterhaltung der Dis-
ziplin in der Klasse, um überhaupt die Voraussetzungen für effektives Lehren
und Lernen zu gewährleisten. Für erfahrenere Lehrkräfte spielt das Diszplin-
problem keine so große Rolle mehr; sie verstehen unter effektiver Klassenführung u.a. die sorgfältige Unterrichtsplanung, die Auswahl geeigneten
Lernmaterials und die Etablierung und Sorge für die Einhaltung klarer Verhal-
tensregeln (Good & Brophy 1994; McCown et al. 1996).

> Kompetenzen der Klassenführung

Bedeutung der aktiven Lernzeit

Folgt man der Strukturierung von Helmke (2009) gehört zum erfolgreichen Klassenmanagement neben der Einsatz von Ritualen und Routinen der Umgang Störungen und die effiziente Zeitnutzung (vgl. Rahmenmodell, Abb. 12). Die aktive Lernzeit wird definiert als die „Dauer der Aufmerksamkeit eines Schülers während des Unterrichts" (Helmke 2009, S. 81). Obwohl inzwischen ein Inventar zur systematischen Beobachtung der Schüleraufmerksamkeit im Unterricht entwickelt und in der Forschung eingesetzt worden ist (vgl. Helmke & Renkl 1992), ist die aktive Lernzeit durch Beobachtung nur bedingt exakt zu bestimmen, da Schülerinnen und Schüler im Unterricht einen interessierten Eindruck machen können, obwohl sie nicht bei der Sache sind. Dass die aktive Lernzeit eine wichtige Variable ist, wird indirekt durch Ergebnisse der internationalen TIMS-Studie gestützt, die zeigen, dass die Anzahl der Unterrichtstage im Schuljahr sehr hoch mit dem Mathematiktestwert korrelieren (vgl. Cortina 2006, S. 494). Die MARKUS-Studie kommt zu tendenziell anderen Ergebnissen (Hosenfeld, Helmke, Ridder & Schrader 2002). Für die Mathematikleistung, sind nach dieser Studie die Unterschiede in der tatsächlichen Unterrichtszeit belanglos, d.h. es zeigte sich kein signifikanter Zusammenhang zwischen dem tatsächlich erteilten Mathematikunterricht und der Mathematikleistung und zwar an allen Schultypen (S. 188f.). Wurden jedoch die individuellen Fehlzeiten der Schülerinnen und Schüler erfasst und mit der Leistung korreliert, gab es einen hochsignifikanten Zusammenhang. Je höher die Fehlzeiten, desto schlechter waren die Mathematikleistungen (S. 182ff.).

Eine effiziente Klassenführung, die die Kontextbedingungen für guten Unterricht herstellt und viel aktive Lernzeit für die Schüler schafft, ist eine der wichtigsten Voraussetzung für wirkungsvolles und erfolgreiches Lernen.

Klarheit und Passung

Weitere wichtige Merkmale, die eine effektive Klassenführung auszeichnen, sind nach Helmke (2009) u.a. Klarheit und Passung (Brophy & Good 1986; Shuell 1996). Klarheit bezieht sich auf das Verbalverhalten von Lehrpersonen im Sinne einer guten akustischen Verständlichkeit und Präzision der Sprache und einer adäquaten fachdidaktischen und fachwissenschaftlichen Stimmigkeit und Strukturiertheit des Unterrichts. Impulsfragen, die über oder unter dem Niveau der Schülerinnen und Schüler liegen, Unterrichtsstunden ohne erkennbare Struktur, unklar formulierte Fragen etc. verstoßen gegen das Merkmal der Klarheit. Passung meint, dass der Unterrichtsstoff von der Lehrperson so aufbereitet und dargeboten werden soll, dass er die Kinder weder über- noch unterfordert und an deren Wissensstand ansetzt. Die Lehrperson sollte die alterstypischen Vorstellungen der Schülerinnen und Schüler kennen und daran ansetzen.

4.4.1.5 Standards des Lehrerberufs

Standards des Lehrerberufs

Damit Absolventen der Lehrerausbildung alle wichtigen Grundlagen für die geforderte Lehrkompetenz im Studium vermittelt werden, konzentriert sich die Bildungspolitik verstärkt auf die Festlegung von Professionsstandards. Die Vorgabe von Standards soll garantieren, dass Hochschulen und Universitäten Studierende des Lehramts professionell auf ihre spätere Berufstätigkeit vorbereiten. Im deutschen Sprachraum spielen vor allem die Überlegungen von Fritz Oser eine wichtige Rolle.

Oser (2001) hat u.a. auf der Basis von Expertengesprächen Standards des Lehrerberufs zusammengestellt, die er in 12 verschiedenen Gruppen zusammenfasst. Damit hat er ein theoretisch fundiertes und zugleich verhaltensnahes Instrumentarium entwickelt, das festlegt, über welche Kompetenzen Lehrpersonen verfügen sollten zur Gewährleistung der Unterrichtsqualität. Die 12 Gruppen lauten:

1. Lehrer-Schüler-Beziehung
2. Schülerstützendes Handeln und Diagnose
3. Bewältigung von Disziplinproblemen
4. Aufbau und Förderung sozialen Verhaltens
5. Lernstrategien vermitteln und Lernprozesse begleiten
6. Gestaltung und Methoden des Unterrichts
7. Leistungsmessung
8. Medieneinsatz
9. Zusammenarbeit in der Schule
10. Schule und Öffentlichkeit
11. Selbstorganisationskompetenz der Lehrkraft
12. Allgemeine und fachdidaktische Standards

Zur besseren Veranschaulichung sind in Tab. 11a die einzelnen Items zur fünften Gruppe „Lernstrategien vermitteln und Lernprozesse begleiten" aufgelistet.

Tab. 11a: Standards des Lehrberufs (nach Oser 2001, S. 235)

Ich habe in der Lehrerinnen- und Lehrerausbildung gelernt …

1. wie Schülerinnen und Schüler Lernstrategien erarbeiten, ihr Lernen überwachen und über ihre Lerngewohnheiten nachdenken können;
2. wie Schülerinnen und Schüler alleine ein Thema (Wissen) erarbeiten können;
3. wie man mit Schülern und Schülerinnen Fehler so bespricht, dass sie davon profitieren;
4. wie man Schülerinnen und Schülern zeigt, wie sie ihr Lernen in Lernschritte einteilen und davon profitieren können;
5. dem Schüler und der Schülerin zu zeigen, wie er/sie sich selbst kontrolliert;
6. dem Schüler und der Schülerin zu zeigen, wie sie ein Lerntagebuch führen können;
7. wie Schülerinnen und Schüler lernen, sich allein in einer Bibliothek und mit einem fremden Thema zurechtzufinden;
8. wie man vermeiden kann, dass Schüler und Schülerinnen das Gelernte schnell vergessen, und wie man das Behalten systematisch unterstützen kann;
9. wie man Lernübertragungen (Transfers) systematisch und ausführlich in den Unterricht einbaut und so dem erworbenen Wissen Sicherheit verleiht;
10. wie vermieden werden kann, dass die stärkeren Schülerinnen und Schüler immer mehr und die schwächeren immer weniger gefördert werden (Differenzierung);
11. Motivationstheorien auf ihre Wirkung hin zu befragen, auszuprobieren und umzusetzen.

Kritik an diesen Standards

Kritisch zu prüfen ist jedoch, ob solche sehr detaillierten, spezifischen Standards für die Lehrerbildung, wie sie Oser entwickelt hat, in der Praxis realisierbar sind. Terhart (2002, S. 22 ff.) hat in einem von der deutschen Kultusministerkonferenz in Auftrag gegebenen Gutachten über „Standards in der Lehrerbildung" kritisiert, dass diese Standards der professionellen Lehrerbildung die Ausbildungskapazität der angehenden Lehrerinnen und Lehrer weit übersteigt. Nur wenn eine angemessene Begrenzung stattfindet und Ziele formuliert werden, die erfüllbar sind, lässt sich ihre Wirksamkeit in der Ausbildung überprüfen. Bei aller Kritik wird jedoch die Forderung nach Einführung von Standards für die Lehrerausbildung in der gegenwärtigen Diskussion nicht in Frage gestellt; auch Terhart (2002) plädiert in seinem Gutachten dafür.

Im Dezember 2004 hat die Kultusministerkonferenz (KMK) fundierte Standards für die Lehrerbildung (Bildungswissenschaften) beschlossen. Sie beschreiben konkrete Anforderungen an das Handeln von Lehrkräften in den wissenschaftlichen Disziplinen, die sich mit Bildungs- und Erziehungsprozessen auseinandersetzen. Die Standards beziehen sich auf vier Bereiche, aufgegliedert in 11 Einzelkompetenzen, die Schwerpunkte im Studium und in der Ausbildung darstellen:

a) Unterrichten: Lehrerinnen und Lehrer sind Fachleute für das Lehren und Lernen,

b) Erziehen: Lehrerinnen und Lehrer üben ihre Erziehungsaufgabe aus,

c) Beurteilen: Lehrerinnen und Lehrer üben ihre Beurteilungsaufgabe gerecht und verantwortungsbewusst aus,

d) Innovieren: Lehrerinnen und Lehrer entwickeln ihre Kompetenzen ständig weiter.

Tab. 11b: Standards für die Lehrerbildung der KMK (2004, S. 8)

Kompetenz 3:
Lehrerinnen und Lehrer fördern die Fähigkeiten von Schülerinnen und Schülern zum selbstbestimmten Lernen und Arbeiten.

Standards für die theoretischen Ausbildungsabschnitte	*Standards für die praktischen Ausbildungsabschnitte*
Die Absolventinnen und Absolventen … – kennen Lern- und Selbstmotivationsstrategien, die sich positiv auf Lernerfolg und Arbeitsergebnisse auswirken. – kennen Methoden der Förderung selbstbestimmten, eigenverantwortlichen und kooperativen Lernens und Arbeitens. – wissen, wie sie weiterführendes Interesse und Grundlagen des lebenslangen Lernens im Unterricht entwickeln.	Die Absolventinnen und Absolventen … – vermitteln und fördern Lern- und Arbeitsstrategien. – vermitteln den Schülerinnen und Schülern Methoden des selbstbestimmten, eigenverantwortlichen und kooperativen Lernens und Arbeitens.

Die einzelnen Bundesländer sind darin übereingekommen, diese Standards für die Lehrerausbildung einschließlich der praktischen Ausbildungsanteile und des Vorbereitungsdienstes zu übernehmen. Damit wurde die Grundlage geschaffen für die regelmäßige Evaluation der Lehrerausbildung. In Tabelle 11b ist beispielhaft die Kompetenz 3 „Selbstbestimmtes Lernen und Arbeiten" aufgeführt, die etwa mit der oben berichteten Kompetenz von Oser vergleichbar ist.

4.4.2 Bezugsnorm-Orientierung von Lehrkräften

Um ein Ergebnis bewerten zu können, benötigt man einen Vergleichsstandard (eine Bezugsnorm), mit dem die Leistung verglichen werden kann. Ob eine befriedigende Leistung in einer Mathematikarbeit eher als ein schlechtes oder aber als gutes Ergebnis zu werten ist, hängt davon ab, welche Bezugsnorm gewählt wird. Wenn die meisten Schülerinnen und Schüler in der Mathematikklassenarbeit mit gut oder sehr gut abgeschnitten haben, ist die befriedigende Leistung, verglichen mit dem durchschnittlichen Ergebnis der Klasse, eher als schlechte Leistung zu bewerten. Hat jedoch der Schüler zuvor nur ausreichende Ergebnisse in Mathematikarbeiten erzielt ist die „Drei", verglichen mit seinen früheren Leistungen, als gutes Ergebnis zu werten. Dabei bleibt unberücksichtigt und ist es unerheblich, welche Resultate die anderen Schüler erreicht haben. Eine dritte Möglichkeit besteht darin, die erzielte Leistung mit einem gegebenen Kriterium zu vergleichen. Neben der sachlichen Bezugsnorm (d. h. das Kriterium – z. B. das vorgegebene Lehrziel die fehlerfreie Beherrschung der Bruchrechnung – wurde erreicht oder nicht) gibt es soziale und individuelle Bezugsnormen. Prinzipiell können Lehrkräfte bei der Bewertung von Leistungen im Unterricht alle drei qualitativ verschiedenen Bezugsnormen verwenden, und wie Mischo und Rheinberg (1995) aufzeigen, gibt es auch individuelle Unterschiede in der Bezugsnormorientierung der Lehrkräfte, de facto wird jedoch überwiegend die soziale Bezugsnorm gewählt. Nach Rheinberg und Krug (1999) unterscheidet sich Unterricht, der sich entweder an der sozialen oder individuellen Bezugsnorm orientiert, idealtypischerweise durch folgende Merkmale: Kausalattributionen, Erwartungen, Sanktionen und Individualisierung des Unterrichts (s. Tab. 12).

verschiedene Arten von Bezugsnormen

Wenn Lehrerinnen oder Lehrer vorwiegend die soziale Bezugsnorm verwenden, treten besonders die Leistungsunterschiede zwischen den Schülern hervor, dies gilt besonders, wenn ein Kind dauerhaft schlechtere oder bessere Leistungen als die anderen Kinder in der Klasse oder im Kurs erbringt. Es liegt nahe, diese dauerhaft abweichenden Leistungen auf stabile Ursachenfaktoren wie (mangelnde) Fähigkeit zu attribuieren. Auch die Schülerinnen und Schüler selbst stellen soziale Vergleiche an, um sich in der Bezugsgruppe (z. B. der Schulklasse) einordnen zu können. Nach Festinger (1954) gewinnen Personen durch den sozialen Vergleich Informationen zur Selbsteinschätzung eigener Fähigkeiten und Kompetenzen in einem bestimmten Bereich. Dieser soziale Vergleich wird noch gefördert, wenn die Lehrperson ausschließlich die soziale Bezugsnorm verwendet. Besonders in fähigkeitsheterogenen Klassen wird deutlich herausgestellt, welches Kind bessere und welches schlechtere Leistungen erbringt, was insbesondere für diejenigen

soziale Bezugsnorm

Tab. 12: „Idealtypische" Unterschiede der Bezugsnormorientierung (nach Rheinberg & Krug 1999, S. 44)

	Bezugsnormorientierung	
	sozial	*individuell*
Leistungsvergleich	zwischen Schülerinnen und Schülern im zeitlichen Querschnitt	innerhalb eines Schülers/ einer Schülerin im zeitlichen Längsschnitt
Kausalattribution	mehr und phänomenal validere Attributionen, besonders im Fall zeitkonstanter Faktoren	Attributionen werden eher in der Schwebe gehalten; relative Bevorzugung von zeitvariablen Faktoren
Erwartung	längerfristig und an generellen Leistungsniveaus orientiert	kurzfristiger und am jeweils aktuellen Kenntnisstand orientiert
Sanktionierung	an Leistungsunterschieden zwischen den Schülerinnen und Schülern orientiert	an der individuellen Leistungsentwicklung orientiert
Individualisierung	Angebotsgleichheit	Prinzip der Passung

Kinder schwierig wird, die zu den schwächeren Lernern gehören und deren Leistungen auf den stabilen Faktor mangelnde Fähigkeit zurück geführt werden. Die Folgen solch einer ungünstigen Ursachenzuschreibung sind vor allem in den ungünstigen Motivationseffekten zu sehen (Rheinberg & Fries 2010).

individuelle Bezugsnorm

Orientieren sich die Lehrkräfte dagegen an der individuellen Leistungsentwicklung der Schülerinnen und Schüler (individuelle Bezugsnorm), stehen eher erwartete und unerwartete Verhaltensänderungen im Focus der Aufmerksamkeit. Die Ursachenzuschreibung ist somit weniger stabil und bezieht auch externe, veränderliche Faktoren wie Unterrichtsangebot etc. mit ein. Auch in fähigkeitsheterogenen Klassen können Lernzuwächse von schwächeren Schülern als Erfolg verbucht werden, da ein Zuwachs auf allen Leistungsniveaus erzielt werden kann. Es liegt nahe, individuelle Verbesserungen auf die aufgewandte Anstrengung und nicht auf Fähigkeitsunterschiede zurückzuführen. Verwenden Lehrkräfte die individuelle Bezugsnorm, führt das zu positiven motivationalen Effekten. Die Schülerinnen und Schüler werden erfolgszuversichtlicher, verwenden günstigere Ursachenerklärungen (Anstrengung/Übung als Ursache von Schulleistung) und schlechte Leistungen werden als weniger selbstwertbelastend erlebt. Die Lehrkräfte bemühen sich eher um passende, realistische Aufgabenanforderungen (Rheinberg 2008; Rheinberg & Krug 1999).

weitere mögliche Auswirkungen

Betrachtet man weitere mögliche Auswirkungen der Bezugsnormorientierung der Lehrkräfte auf die Schüler, so ist ein Zusammenhang zu den motivationalen Orientierungen der Mädchen und Jungen denkbar. Eine individuelle Bezugsnormorientierung könnte eine Aufgabenorientierung bei den Schülerinnen und Schülern fördern, während eine soziale Bezugsnorm- orientierung vermutlich eher eine Leistungszielorientierung fördert, bei der versucht wird, die eigenen Fähigkeiten herauszustellen oder, im negativen Fall, vor den anderen zu verbergen (Rheinberg 2008).

4.4.3 Erwartungen von Lehrkräften

4.4.3.1 Lehrererwartungen als sich selbst erfüllende Prophezeiungen

Die Annahme, dass die Erwartungen von Lehrerinnen und Lehrern Auswir- kungen auf Kognitionen, Emotionen und Verhalten von Schülerinnen und Schülern haben, hat in der Pädagogischen Psychologie eine lange Tradition (Pygmalion-Effekt: Rosenthal & Jacobson 1971; Babad 1993; Hofer 1997; Ludwig 2010). Der Pygmalioneffekt, häufig auch sich selbst erfüllende Pro- phezeiung (engl. self-fulfilling prophecy) genannt, stellt eigentlich nur eine auf den Schulunterricht bezogene, bereichsspezifische Variante der sich selbst erfüllende Prophezeiung dar. Als self-fulfilling prophecy wird eine Voraussage oder eine Erwartung bezeichnet, die ihre eigene Erfüllung selbst verursacht (Ludwig 2010). Auch wenn allgemein der Beginn der Forschung zu Bedeutung von Lehrererwartungen festgemacht wird an der Studie von Rosenthal und Jacobson (1971), gab es bereits in den 1960er Jahren in der Studie von Weiß (1965) beeindruckende Belege für die Wirksamkeit von Erwartungen. Weiß ließ Lehrpersonen identische Aufsätze beurteilen, die angeblich entweder von einem begabten Schüler geschrieben worden waren, dessen Vater Redakteur war oder von einem durchschnittlichen Schüler, dessen Eltern berufstätig waren. Er konnte zeigen, dass im ersten Fall die Aufsätze besser beurteilt wurden. Auch Babad (1993) konnte nach- weisen, dass Lehrkräfte bei der Beurteilung von Schülerzeichnungen durch die ethnische Zugehörigkeit und den sozioökonomischen Status der Fami- lien der Schüler beeinflusst wurden. Auch die Geschlechtszugehörigkeit ist eine wirksame Variable, die sich auf die Erwartungen, die Lehrpersonen in Bezug auf ihre Schülerinnen und Schüler ausgebildet haben, auswirkt.

Lehrererwartungen

4.4.3.2 Auswirkungen von Erwartungen im Bereich der Geschlechterforschung

Neuere, komplexere Erklärungsansätze sind vor allem im Bereich der Geschlechterforschung entwickelt worden (vgl. Geis 1993). Nach Deaux und Lafrance (1998) sind Geschlechtsunterschiede höchst flexibel und wer- den durch die Wechselwirkung zwischen Person und Kontextmerkmalen beeinflusst. Zu den Kontextmerkmalen gehören andere Personen und deren zentrale Erwartungen aber z.B. auch gesellschaftlich geteilte Rollenerwar- tungen. Die meisten Forschungsergebnisse liegen jedoch für dyadische Inter- aktionen vor, so etwa zwischen Lehrpersonen und ihren Schülerinnen und Schülern. Einige zentrale Forschungsergebnisse seien hier genannt:

Geschlechts- unterschiede

(1) Brophy und Good berichteten zusammenfassend bereits in den 1970er Jahren über eine Reihe von Untersuchungen, die belegen, dass sich Lehrper- sonen gegenüber Mädchen und Jungen unterschiedlich verhalten. So werden

unterschiedliche Einschätzung von Mädchen und Jungen

Mädchen von Lehrkräften als wesentlich besser angepasst bezeichnet als Jungen, sowie als aufgabenorientierter und weniger aggressiv. Brophy und Good (1976) befragten Lehrpersonen wen sie positiver beurteilen und stellten fest, dass Jungen, verglichen mit Mädchen, negativer eingeschätzt werden. Mädchen treten gehäuft in sogenannten „Zuneigungsgruppen" auf und sind beliebter, während männliche Schüler von Lehrpersonen als schwieriger und unangepasster erlebt werden. Sie schreiben männlichen Schülern ein weniger ausgeglichenes und weniger positives Arbeitsverhalten zu.

unterschiedliche Behandlung von Mädchen und Jungen

Zur Frage, wie sich männliche und weibliche Lehrpersonen gegenüber Jungen und Mädchen im Unterricht verhalten, liegen vor allem Untersuchungen über die Art der Kontakte zwischen ihnen und den Schülerinnen und Schülern bzw. Verhaltensbeobachtungen im Unterricht vor: Jungen finden zwar mehr Beachtung und verfügen auch über mehr „fachliche" Kontakte zur Lehrperson, erhalten andererseits auch weniger Lob, dafür aber mehr Tadel und Bestrafung als Mädchen (Brophy & Good 1976). Darüber hinaus stellen sie weiter fest, dass Jungen im Unterschied zu Mädchen mehr Kontakt mit dem Lehrer oder der Lehrerin haben: Jungen werden häufiger gelobt und häufiger aufgerufen, aber auch häufiger getadelt und verwarnt, was sich mit einer erhöhten Aufmerksamkeit der Lehrpersonen gegenüber Jungen erklären lässt. Geschlechterdifferierende Kommunikations- und Interaktionsmuster bei Lehrkräften im (Mathematik-)Unterricht wurden auch in anderen Studien nachgewiesen (Atweh, Bleicher & Cooper 1998; Blöte 1995; Frasch & Wagner 1982; Ludwig & Ludwig 2007).

Auswirkungen auf die Selbsteinschätzung

(2) Einschätzungen von Lehrpersonen (u.a. hinsichtlich der Begabung ihrer Schülerinnen und Schüler) zeigen signifikante Auswirkungen auf die Selbsteinschätzungen und auf das Leistungsverhalten der Mädchen und Jungen (zusammenfassend Meyer 1984a). Dweck, Davidson, Nelson und Enna (1978) wiesen in einer vielzitierten Arbeit nach, dass Lehrkräfte vermutlich aufgrund geschlechtsstereotyper Erwartungen Rückmeldungen im Klassenzimmer unterschiedlich verwenden. Während die Rückmeldungen für Jungen so formuliert sind, dass die inhaltliche Qualität gelobt wird und sie somit ihren Erfolg auf eigene Fähigkeit zurückführen können, wird bei den Mädchen eher auf begabungsirrelevante Aspekte wie z.B. ordentliche und saubere Heftführung abgehoben. Dweck et al. (1978) kamen zu dem Schluss, dass solche Rückmeldemuster bei Mädchen zu hilflosem Verhalten führen können, während bei Jungen eher ein Bewältigungsverhalten gefördert wird. Im ungünstigsten Fall übernehmen Schülerinnen und Schüler die Einschätzungen der Lehrkräfte. Hinweise darauf liefern die Studien von Ames (1992) sowie von Midgley, Anderman und Hicks (1995).

Geschlechtsbezogene Erwartungsmuster

Für das Fach Mathematik konnte Rustemeyer (1999) zeigen, dass geschlechtsbezogene Erwartungsmuster bei Lehrpersonen existieren. So wurden stereotypkonform von Mädchen deutlich geringere mathematische Leistungen erwartet als von Jungen.

Attributionsstil

(3) Mädchen besitzen einen ungünstigeren Attributionsstil als Jungen und eng damit verknüpft ein ungünstigeres Selbstkonzept (Bettge 1992; Beyer & Bowden 1997; Dickhäuser & Meyer 2006; Helmke 1998; Marsh 1989; Rustemeyer & Jubel 1996). Dieser ungünstige Attributionsstil lässt sich analog auch in der Einschätzung der Schülerleistungen, die Lehrerinnen und Lehrer vornehmen, nachweisen (Deaux 1984; Rustemeyer 2000). Auf die grundsätzli-

che Bedeutung von Kausalattributionen für das Lern- und Leistungsverhalten der Schülerinnen und Schüler wurde bereits im Kapitel 2 hingewiesen. Neben den Selbstattributionen, die Mädchen und Jungen für ihre eigenen Leistungen vornehmen, sind die Attributionen der Lehrkräfte für Schülerleistungen insofern wichtig, da diese Lehrerattributionen den Schülerinnen und Schülern in Interaktionen direkt oder indirekt vermittelt werden (vgl. Meyer 1984b). Butler (1994) führte eine Studie mit Lehrpersonen durch und konnte zeigen, dass sie, wenn sie die Fähigkeiten ihrer Schülerinnen und Schüler gering einschätzen, diesen eher Hilfe anbieten und ihnen eher Mitleid zeigen. Dass diese, üblicherweise als positiv eingeschätzten Verhaltensweisen von den Betroffenen entsprechend negativ interpretiert werden, konnte in laborexperimentellen Untersuchungen, wie auch in Studien, die im schulischen Kontext durchgeführt wurden, gezeigt werden. So schätzen Personen, auf deren Leistung ein kompetenter Beurteiler mit Mitleid (nach Misserfolg) oder Überraschung (nach Erfolg) reagiert, ihre Fähigkeiten für die fraglichen Aufgaben geringer ein, als Personen, auf deren Leistung mit Ärger (nach Misserfolg) oder Zufriedenheit (nach Erfolg) geantwortet wird (Rustemeyer 1984).

Dass sich negative wie auch positive Erwartungen von Lehrpersonen im Sinne einer self-fulfilling prophecy (SFP) auf die Leistungen von Schülerinnen und Schülern auswirken können, haben Madon, Jussim und Eccles (1997) in einer Studie mit nahezu 100 Lehrkräften und mehr als 1500 Schülern nachgewiesen. Sie überprüften in ihrer Arbeit u. a. folgende Fragen:

Studie zur negativen bzw. positiven Erwartung von Lehrkräften

- Wirken Erwartungen der Lehrkräfte im Sinne einer sich selbst erfüllenden Prophezeiung stärker bei positiven (self-enhancement) oder negativen Erwartungen?
- Sind Schülerinnen und Schüler mit niedrigem oder hohem Selbstkonzept in einem Bereich anfälliger für Effekte der sich selbst erfüllenden Prophezeiung?
- Sind Schülerinnen und Schüler mit niedrigen oder hohen Leistungen in einem bestimmten Bereich anfälliger für Erwartungseffekte?

Die Einstellungen der Lehrkräfte wurden mit einem Fragebogen erfasst; weiter schätzten die Lehrerinnen und Lehrer für jedes Kind ihrer Klasse Leistung, Begabung und Bemühen bzw. Einsatz im Mathematikunterricht ein. Die Mädchen und Jungen beantworteten Fragebögen zum Selbstwert, mathematikbezogenem Selbstkonzept, Motivation und zum Bemühen in Mathematik. Darüber hinaus wurden frühere Mathematiknoten und Ergebnisse standardisierter Tests erhoben. Später wurde ein weiterer standardisierter Mathematiktest erhoben.

Abbildung 13 veranschaulicht das Modell der Lehrer-Schüler-Beziehung von Madon et al. (1997). In ihrer Untersuchung haben sie lediglich den Zusammenhang zwischen den Erwartungen der Lehrpersonen und den Schülerleistungen (dicker Pfeil) empirisch überprüft und auch bestätigen können. Der Einfluss der sogenannten Hintergrundvariablen, die ihrerseits zur Ausbildung den Lehrereinschätzungen beitragen (dünner Pfeil), wird von Madon et al. (1997) aufgrund früherer Untersuchungen als weitgehend bestätigt angesehen wird (vgl. Jussim 1989; Jussim & Eccles 1992).

Modell der Lehrer-Schüler-Beziehung

Die self-fulfilling prophecy Hypothese konnte in der Tat bestätigt werden, es ergaben sich signifikante Moderatoreffekte der Über- und Unterschätzung

self-fulfilling prophecy

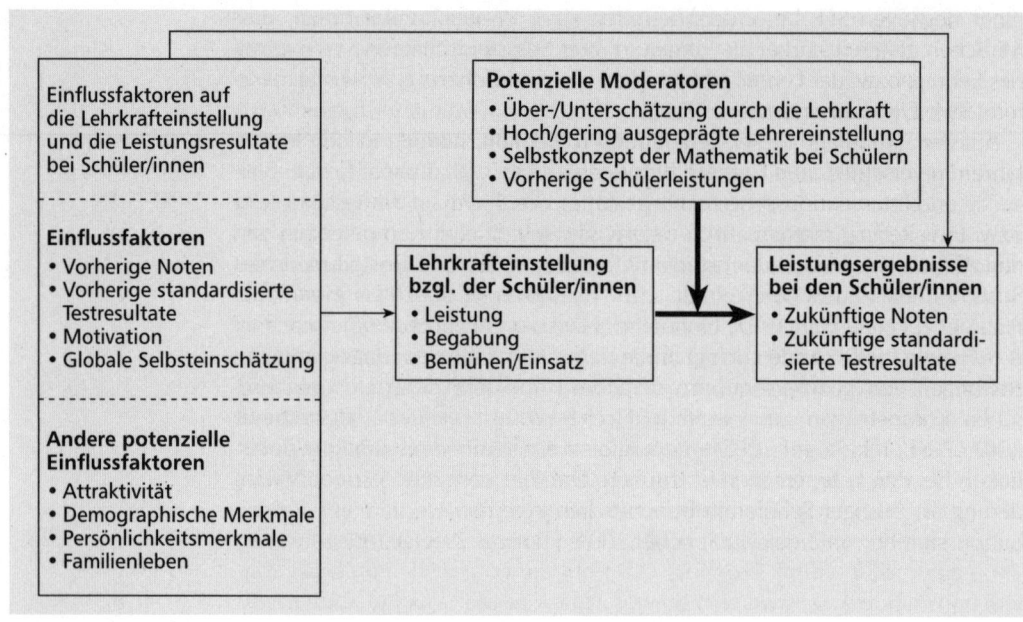

Abb. 13:
Modell der
Beziehung
zwischen Lehrer-
einstellung und
Schülerleistung
(aus Madon,
Jussim & Eccles
1997, p. 794,
übersetzt R. R.)

der Schülerinnen und Schüler von der Seite der Lehrkräfte auf den Zusammenhang zwischen früheren und späteren Leistungen. Interessanterweise konnten Madon et al. (1997) den stärksten self-fulfilling prophecy Effekt für den Fall der Überschätzung von Mädchen und Jungen mit schlechten Leistungen nachweisen. Dies liefert einen wichtigen Hinweis darauf, dass insbesondere Mädchen, die nach der Grundschulzeit tatsächlich schlechtere Mathematikleistungen erbringen als Jungen, von positiven Erwartungen der Lehrkräfte in Form eines Motivationsschubes profitieren können. Nach Ansicht von Madon et al. sind auch bei schlechten Schülerinnen und Schülern noch Motivationsreserven vorhanden, die vermutlich einen Leistungszuwachs verursachen, der höher ist als bei guten Schülern, die überschätzt wurden. Diese Überlegungen stehen im Einklang mit der Selbstwerterhöhungstheorie (self-enhancement), die davon ausgeht, dass ein grundlegendes Bedürfnis nach Erhöhung des eigenen Selbstwertes vorhanden ist und dass dieses Bedürfnis umso stärker ausgeprägt ist, je niedriger das Selbstwertgefühl der Person ist (vgl. Rustemeyer 1993). Madon et al. (1997, p. 806) beschreiben diesen Effekt folgendermaßen: „Perhaps when teachers communicate positive self-fulfilling prophecies to students who have a history of negative school experience, it feels like a breath of fresh air."

Auswirkung von negativer SFP   Wichtig ist ein weiterer, von Madon et al. (1997, p. 806) belegter Effekt, der besagt, dass negative SFP sich bei Schülerinnen und Schülern mit niedriger Leistung stärker auswirken als bei jenen mit hoher Leistung. Das bedeutet, wenn negative Lehrererwartungen vorhanden sind, dann zeigen sie ihre stärksten Effekte bei den Leistungsschwächeren. Auch dieses Resultat ist insbesondere für Mädchen relevant, da sie aufgrund ihrer potentiell schlechteren Mathematikleistungen in den höheren Jahrgängen, die häufig in Verbindung mit einem geringen mathematischen Selbstkonzept stehen, im Falle einer negativen SFP besonders betroffen sind. Weiter kommt hinzu, dass Mädchen generell stärker als Jungen in ihrer Selbsteinschätzung vom Urteil des Lehrers bzw. der Lehrerin beeinflusst werden (Roberts & Nolen-Hoeksema 1994; Dickhäuser & Meyer 2006).

Auf der Grundlage dieser generellen Problematik wurden in den letzten Jahren in verschiedenen Fächern (Informatik, Physik, Mathematik) Schulversuche und Interventionsprogramme gestartet, die direkt auf die Veränderung bzw. Erweiterung mathematisch-naturwissenschaftlicher Kompetenzen und den Aufbau entsprechender positiver Überzeugungen und Einstellungen der Schülerinnen und Schüler zielen (z. B. Hannover et al. 1993; Hoffmann, Häußler & Peters-Haft 1997; Hoffmann, Häussler & Lehrke 1998; Moschner & Schiefele 2000). Andere Programme versuchen, Überzeugungen und Einstellungen von Lehrpersonen zu verändern und ihre didaktisch-methodischen Kompetenzen zu erweitern (Fischer 2006; Fischer & Rustemeyer 2007; Ziegler & Stöger 2005) und zugleich ein verändertes Rückmeldeverhalten bei den Lehrpersonen einzuüben. Darüber vermittelt können Veränderung ungünstiger Schülerattributionen herbeigeführt werden (vgl. Reattributionsstudien von Ziegler & Schober 2001; Heller & Ziegler 1996).

Schulversuche und Interventionsprogramme

4.4.4 Subjektive Theorien von Lehrkräften

Der Forschungsansatz „Subjektive Theorien" stellt theoretisch und methodisch eine bewusste Abkehr von dem behavioristisch geprägten, mechanistischen Menschenbild dar (Groeben & Scheele 1977). Der Forschungsansatz geht davon aus, dass der Mensch „nicht mechanistisch reagierend durch Umweltreize determiniert, sondern potentiell autonom, aktiv konstruierend und reflexiv verstehend" ist. Menschen bilden und verwerfen demnach Hypothesen, sie entwickeln Konzepte und kognitive Schemata; diese internen Prozesse und Strukturen steuern ihr Handeln (Groeben, Wahl, Schlee & Scheele 1988, S. 13). Mit dem Konstrukt Subjektive Theorien sind also handlungsleitende und/oder handlungsrechtfertigende Kognitionen gemeint. Die handelnde Person verhält sich dabei ähnlich wie ein Wissenschaftler. Erste fruchtbare Ansätze zum Bereich der Subjektiven Theorien gab es nach der „Kognitiven Wende" vor allem im Bereich der Attributionsforschung, der es allerdings hauptsächlich um die Erklärung begrenzter (vor allem leistungsthematischer) Sachverhalte ging.

Def. Subjektive Theorien

Seit den 1970er Jahren werden Subjektive Theorien im Sinne von Alltagstheorien für praktisches Handeln auch als subjektive Berufstheorien von Lehrpersonen untersucht. Lehrpersonen stellen Überlegungen an und entwickeln Annahmen darüber, wie z. B. Schwierigkeiten im Unterricht zu bewältigen sind (Wahl, Schlee, Krauth & Murek 1983) oder wie man mit aggressiven Schülern umgeht (Dann & Humpert 1987). Wenn z. B. die aggressionsbezogenen (Berufs-)Theorien der Lehrkräfte erfasst, rekonstruiert und validiert sind, dann können diese Subjektiven Theorien auch modifiziert werden, um das aggressionsbezogene Unterrichtshandeln von Lehrpersonen zu verbessern. Die Konstanzer Forschergruppe um Hanns-Dietrich Dann entwickelte auf dieser Grundlage das sogenannte Konstanzer Trainingsmodell (KTM), das in verschiedenen Bundesländern in der Lehreraus- und -wei-

Subjektive Berufstheorien von Lehrpersonen

terbildung eingesetzt worden ist (Tennstädt, Krause, Humpert & Dann 1994; Dann & Humpert 2002).

4.4.4.1 Subjektive Theorien und Expertenhandeln

Subjektive Theorien vs. Expertenhandeln

Eine Kritik an dem Forschungsansatz Subjektive Theorien besagt, dass in schwierigen Situationen oft ein sehr schnelles Eingreifen erforderlich ist, das mit dem reflexiven, abwägenden Subjektmodell nicht hinreichend erklärt werden kann, dafür aber sehr viel besser mit dem Expertenhandeln (s. Punkt Expertenparadigma) vereinbar ist (Bromme et al. 2006). Man kann die grundsätzliche Frage nach der Bedeutsamkeit Subjektiver Theorien am besten verdeutlichen, indem man Subjektive Theorien dem Expertenhandeln gegenüberstellt. Bromme (1992) untersuchte anhand von Lehrerkognitionen, wie professionelles Wissen, über das Lehrkräfte aufgrund einer langen theoretischen und praktischen Ausbildung verfügen, aufgebaut wird, und welche Konsequenzen sich ergeben, wenn die Problemlösepsychologie auf Lehrerhandeln und wissen angewandt wird. Der Begriff des Experten setzt voraus, dass der Experte im Gegensatz zu einem Laien über professionelles Wissen verfügt, also Kenntnisse über den in Frage stehenden Bereich besitzt, und zwar sowohl Faktenwissen und theoretische Kenntnisse als auch Techniken, Faustregeln und Strategien für jeweils spezifische Probleme (Bromme 1992). Eine besondere methodische Schwierigkeit stellt nun das sogenannte implizite Wissen von Experten dar; d. h. Experten handeln ‚intelligent' und ‚gekonnt', können jedoch ihr Wissen, das diesem Können zugrunde liegt, nicht angeben. Ebenso unterscheiden sich auch Einstellungen, Werte und grundlegende Zusammenhangsannahmen von Laien bzw. Anfängern und Experten. Bromme (1992) kommt deshalb zu dem Schluss, dass implizites Wissen mehr umfasst, als nur Wissen, das aus der bewussten Aufmerksamkeit ‚herabgesunken' ist, und stellt die Hypothese auf, dass Expertenhandeln automatisiertes Handeln ist (z. B. belegbar durch die Geschwindigkeit des Handelns und andere Qualitäten wie z. B. die Flüssigkeit des Handelns). Es ist daher seines Erachtens keine Rekonstruktion der Wirkung von handlungsleitendem Wissen (Expertenwissen) mit dem Ansatz der Subjektiven Theorien möglich, denn:

notwendige Handlung bei Experten

a) die notwendigen Handlungen ergeben sich für den Experten subjektiv unmittelbar aus der Situation (Bromme 1992, S. 121). Er ‚sieht', was zu tun ist, und nimmt keine explizite Zuordnung vor, welche Handlungen welcher Situation angemessen sind;

das „Können" bei Experten

b) das ‚Können' bei Experten ist ‚reicher' als das Wissen, das für den Erwerb nötig war (Bromme 1992, S. 131f.). Das Können eines Experten basiert nach Bromme nicht nur auf dem (kognitiven) Wissen, sondern auch auf anderen Formen des Lernens, die eine nicht-begriffliche Erfahrung repräsentieren können.

Handlungsroutinen und Erlernen von Expertenhandeln

Vertreter der Subjektiven Theorien nehmen im Gegensatz dazu an, dass Handlungsroutinen bei ihrer Genese sehr wohl kognitiv repräsentiert waren, dann aber durch Übung so weit automatisiert worden sind, dass das handlungsleitende Wissen z. B. in einer konkreten Situation nicht mehr voll rekonstruierbar ist (Beispiel: Autofahren). Die Voraussetzung für das Erlernen von Expertenhandeln ist danach nur bzw. primär über reflexives, kognitives

Nachdenken zu erreichen. Nur durch bewusstes, planerisches Handeln können sich wirkungsvolle Routinen ausbilden. Ein Argument, das dafür spricht, ist die Beobachtung, dass auch Experten falsche Routinen nur bzw. besonders effektiv durch bewusstes Nachdenken über die falsche Routine ändern können.

4.4.4.2 Verwandte Konzepte

Ähnlichkeiten zur Konzeption der Subjektiven Theorien weisen auch neuere anglo-amerikanische Ansätze auf, wie z.B. das Konzept der epistemologischen Überzeugungen (Hofer & Pintrich 1997). Damit sind Überzeugungssysteme oder Weltbilder gemeint, die sich einerseits auf die Struktur des Wissens und andererseits auf den Wissenserwerb ganz generell oder in spezifischen Bereichen richten. Beispielsweise hat Schommer (1990, 1993) folgende vier verschiedene Überzeugung vorgestellt, die sie bei Studentinnen und Studenten gefunden hat:

(margin note: anglo-amerikanische Ansätze)

– Lernfähigkeit ist angeboren und weitgehend unveränderbar,
– Wissen besteht aus nebeneinander stehenden, unverbundenen Fakten,
– Lernen gelingt innerhalb kurzer Zeit oder nie,
– Erkenntnisse sind sicher und unveränderbar.

Es wird vermutet, dass solche Überzeugungen oder intuitive Theorien, die eine bestimmte Sicht der Welt bedeuten, sich auf das Denken, Lernen und die Motivation auswirken. Schließlich können solche Überzeugungen sich auch, vermittelt über Lernstrategien, auf die Leistung auswirken.

Epistemologische Überzeugungen von Lehrkräften im Bereich der Fachdidaktik wie z.B. Mathematik oder Physik können vermutlich das Lehrerhandeln im Unterricht nachhaltig beeinflussen. Während für Schülerinnen und Schüler im Rahmen TIMS-Studie Instrumente zur Erfassung von mathematischen und naturwissenschaftlichen Weltbildern entwickelt und der Zusammenhang zwischen den epistemologischen Überzeugungen und den Mathematik- und Physikleistungen gezeigt werden konnte (vgl. Köller, Baumert & Neubrand 2000), gibt es bislang kaum vergleichbare empirische Studien für Lehrerinnen und Lehrer (Grigutsch, Raatz & Törner 1998). Zu welchen Konsequenzen epistemologische Überzeugungen – z.B. dass Fähigkeiten relativ unveränderbar sind – führen können, hat Dweck (1999) gezeigt (vgl. hierzu Punkt 2.3.4.1).

(margin note: mathematisch-naturwissenschaftliche Weltbilder)

4.5 Theorien zum Unterricht

Nachdem in den vorhergehenden Kapiteln die Bedeutung von Variablen auf der Schüler- und Lehrerseite für Lern- und Leistungsverhalten aufgezeigt wurde, soll in diesem Kapitel der Stellenwert von Unterricht im Allgemeinen betrachtet werden. Mit Unterricht sind solche Situationen gemeint, „in denen in pädagogischer Absicht und in organisierter Weise innerhalb eines bestimmten institutionellen Rahmens von professionell tätigen Lehrenden Lernprozesse initiiert, gefördert und erleichtert werden" (Reinmann & Mandl 2006, S. 615).

(margin note: Definition von Unterricht)

Folgen von TIMSS und PISA

Mit dem „TIMSS-Schock" und der „PISA-Katastrophe" hat eine starke Orientierung auf den Ertrag oder den „Output" von Unterricht eingesetzt. „Schule und Unterricht müssen sich daran messen lassen, welchen nachweislichen Ertrag sie bei ihrer Klientel, den Schülerinnen und Schülern, erzielt." Darin stimmen nach Helmke (2009, S. 16) Bildungspolitiker, maßgebliche Vertreter der Schulpraxis, Elternverbände und die Bildungsforschung überein. Die Bestimmung der Unterrichtsqualität, die Bewertung und darauf aufbauend die angezielte Verbesserung und Entwicklung sind damit in das Zentrum der aktuellen Unterrichtsforschung gerückt.

„guter Unterricht" ist nicht eindeutig bestimmbar

Was guten Unterricht ausmacht, wird nicht nur durch Unterrichtsmethoden und -techniken, Lernmaterialen und Medien bestimmt, sondern Unterricht hängt zentral von pädagogischen Grundorientierungen ab (Reinmann & Mandl 2006). Dahinter stehen bestimmte Auffassungen und Überzeugungen zum Lehren und Lernen, die teilweise kontrovers sind und durch die empirische Unterrichtsforschung nicht zweifelsfrei belegt oder widerlegt werden können. Dies wird an den beiden nachfolgend dargestellten Positionen (kognitivistische und konstruktivistische Ansätze) deutlich.

Zusammenhang zwischen Bildungszielen und Qualitätsmerkmalen des Unterrichts

Die Bestimmung der Ziele des Unterrichts und damit der Qualitätsmerkmale hängt davon ab, wie eine bestimmte Gesellschaft Bildung und Erziehung definiert. Unterschiedliche Bildungsziele erfordern unterschiedliche Lehrmethoden; wenn ein Ziel darin besteht, dass Schülerinnen und Schüler vorrangig soziale Kompetenzen erwerben, sind andere Lernumgebungen mit anderen Methoden gefordert, als wenn möglichst viel Sachwissen erworben werden soll. Man kann beispielsweise auch fragen, ob es Ziel des Unterrichts ist, möglichst alle Schülerinnen und Schüler der Klasse gleichermaßen zu fördern, also Hochbegabte ebenso wie durchschnittlich oder weniger begabte Kinder, oder ob sich der Unterricht an eine möglichst leitungshomogene Schülergruppe richtet. Je nach Zielvorgabe fällt auch in diesem Fall die Bestimmung der Qualitätsmerkmale von Unterricht unterschiedlich aus. Man kann mit Helmke (2009) sicher zu Recht von der „Perspektivenabhängigkeit der Unterrichtsqualität" sprechen, was aber nicht bedeutet, dass die Bestimmung von Unterrichtsqualität völlig beliebig ist. Auch wenn man über die Art und den Einsatz von Unterrichtsmethoden unterschiedliche Auffassungen vertreten kann, gibt es, wie oben aufgezeigt, Merkmale kompetenter Lehrpersonen, die für einen guten Unterricht unverzichtbar sind.

Zwei gegenwärtig vertretene, kontroverse Auffassungen zum Lehren und Lernen sollen akzentuierend gegenübergestellt werden, um eine grundlegende Orientierung zu schaffen. Tatsächlich verschwimmen in vielen Modellen und Konzepten der Unterrichtsforschung inzwischen die Grenzen zwischen den beiden Positionen, zum Teil weil Ansätze weiter entwickelt werden, zum Teil weil eine (Teil-)Integration der verschiedenen Positionen versucht wird.

4.5.1 Kognitivistische Ansätze

zwei grundlegende Positionen

Reinmann und Mandl (2006) unterscheiden zwei grundlegende Positionen zum Lehren und Lernen, denen sie die verschiedenen Unterrichtsmodelle und Instruktionsansätze idealtypisch zuordnen, da eine eindeutige, klare Abgrenzung nicht möglich ist. Die ältere Position wird als die kognitivistische, die jüngere als konstruktivistische Position charakterisiert. Zunächst soll deutlich gemacht werden, wodurch sich diese beiden Positionen unterscheiden.

Bei den kognitivistisch gefärbten Auffassungen herrscht das Primat der Instruktion vor, das bedeutet, alle Bemühungen richten sich auf die optimale Gestaltung der Instruktion. Die zentrale Aufgabe der Lehrenden besteht darin, Unterricht möglichst optimal zu planen, zu organisieren und zu steuern. Lernerfolge werden anhand vorher definierter Lehr-Lernziele bestimmt und gemessen. Unterricht wird hauptsächlich so verstanden, dass der Lehrende die aktive Rolle, die Lernenden dagegen die passive Rolle innehaben (vgl. Abb. 14). Der Prozess des Wissenserwerbs wird rekonstruiert als ein Prozess der Informationsverarbeitung, der eindeutig beschreibbar und steuerbar ist. Ziel von Lehrenden ist es, den Schülerinnen und Schülern objektive Inhalte so zu vermitteln, dass bei den Lernenden am Ende eines optimalen Lehr-Lern-Vorganges der zu vermittelnde Lerngegenstand kognitiv in ähnlicher Form repräsentiert ist wie bei den Lehrenden. Es geht also im Wesentlichen um Wissenstransfer, d.h. „die Übertragung von Wissensstrukturen gewissermaßen aus dem ‚Kopf' eines Lehrenden in den ‚Kopf' des Lernenden" (Leutner 2010, S. 290). Der Lehrende bietet die Wissensinhalte im Unterricht dar, leitet die Lernenden an und überwacht ihre Lernfortschritte, während der Lernende diese Struktur nur rezeptiv zu übernehmen braucht. Es ist nicht erforderlich, dass er den Stoff eigenständig strukturiert.

kognitivistische Position

Man spricht bei diesen Ansätzen auch von einer systemvermittelnden oder technologischen Lehrstrategie, weil sie das Ziel haben, „den Gegenstand des Lehrens und Lernens als fertiges Systems zu vermitteln" (Reinmann & Mandl 2006).

Ein wesentlicher Aspekt der kognitiven Ansätze ist die Evaluation des Lernerfolges. Die Überprüfung des Lernergebnisses (die Lernerfolgskontrolle) bildet nach Planung und Durchführung von Unterricht den erforderlichen Abschluss.

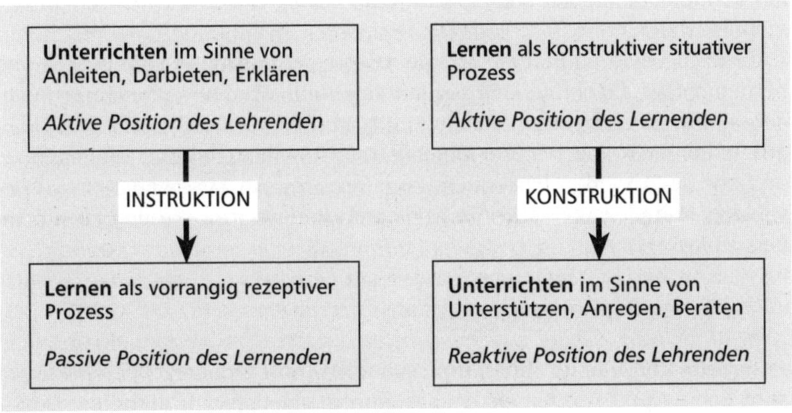

Abb. 14:
Die kognitivistische und konstruktivistische Position zum Lehren und Lernen (in Anlehnung an Reinmann & Mandl 2006)

4.5.2 Konstruktivistische Ansätze

konstruktivistische Position

Die Kritik an der traditionellen Unterrichtsforschung und somit auch an den kognitivistischen Ansätzen kommt vor allem von Vertretern konstruktivistischer Ansätze, die sich jedoch keineswegs als eine einheitliche Richtung darstellen lassen. Dies hängt damit zusammen, dass der Begriff des Konstruktivismus diffus verwendet wird. Der radikale Konstruktivismus als Wissenschafts- und Erkenntnistheorie (Maturana 1987; Roth 1991) geht von der zentralen These aus, dass jedes scheinbare Erkennen von Welt auf subjektiver Konstruktion und Interpretation beruht. Die Realität ist prinzipiell nicht erkennbar, sie wird „erfunden". Die Wahrnehmung von Wirklichkeit ist somit nur ein kognitiv konstruiertes Phänomen. Nur wenn einzelne Individuen die gleiche Wirklichkeitsauffassung teilen, wird diese Wirklichkeit für sie verbindlich (Gerstenmaier & Mandl 1995). Obwohl die Psychologie den kognitiven Konstruktivismus, den man als historischen Vorläufer des Radikalen Konstruktivismus bezeichnen kann, quasi mit entwickelt hat (siehe den Konstruktivismus von Piaget und den sozialen Interaktionismus von Wygotzky), wurde gerade aus psychologischer Sicht grundlegende Kritik an den zentralen Annahmen des Radikalen Konstruktivismus geübt (Nüse, Groeben, Freitag & Schreier 1991).

Prozesse des Denkens und Lernens handelnder Subjekte

Im Gegensatz zum Radikalen Konstruktivismus beschäftigen sich Ansätze des „neuen Konstruktivismus" (Gerstenmeier & Mandl 1995) in der Pädagogischen Psychologie vor allem mit den Prozessen des Denkens und Lernens handelnder Subjekte. Dabei wird angenommen, dass „Wissen keine Kopie der Wirklichkeit ist, sondern eine Konstruktion von Menschen" (Reinmann & Mandl 2006). Wissen lässt sich somit auch nicht einfach vom Lehrenden auf den Lernenden übertragen, wie es Vertreter der kognitivistischen Ansätze annehmen. Während bei den kognitivistischen Ansätzen vom Primat der Instruktion gesprochen werden kann, steht bei den konstruktivistischen Ansätzen die Konstruktionsleistung des Lernenden, also die aktive Konstruktion und Reflexion von Wissen, im Vordergrund (vgl. Abb. 14).

Situiertes Lernen

Wichtig für die konstruktivistischen Ansätze in der Pädagogischen Psychologie ist das Forschungsprogramm des Situierten Lernens (engl. „situated learning"), das explizit im Kontrast zu den kognitivistischen Ansätzen steht. Vertreter dieser Bewegung verstehen Wissen als eine subjektive Konstruktion des Lernenden. Wissen wird über einen aktiven, konstruktiven Lernprozess erworben, der immer in einen bestimmten situativen Kontext eingebettet ist. Wissensbestände sind somit immer kontextgebunden. Weiter wird angenommen, dass Lernen so sehr in die Situation des Erwerbs eingebunden ist, dass ein Wissenstransfer über die Situation hinaus kaum stattfindet (Klauer 2010). Beobachtungen aus dem Schulalltag, die belegen, dass Schülerinnen und Schüler im Unterricht erworbenes theoretisches Wissen außerhalb der Schule nicht umsetzen können, scheinen diese Auffassung zu belegen. In diesem Kontext wird auch von „trägem Wissen" gesprochen, also von vorhandenem Wissen, das aber nicht aktiviert wird, was z.B. für den Mathematikunterricht als besonders problematisch angesehen wird. Oft zitiertes Beispiel sind Straßenkinder aus Brasilien, die in der Lage sind, mathematische Anforderungen, die für ihre Straßengeschäfte nützlich sind, zu bewältigen, aber Schwierigkeiten haben, äquivalente mathematische Aufgaben in der

Schule zu lösen (Carraher, Carraher, Schlieman 1985; Saxe 1988). Ein anderes Beispiel nennt Renkl (1996, S. 84). Man gibt Schülerinnen und Schülern Aufgaben folgender Art vor:

„Die 130 Schüler und Lehrer der Marie-Curie-Schule fahren zum Picknick. Jeder Schulbus hat 50 Plätze. Wie viele Busse werden benötigt?

Beispielaufgaben

a) 2   b) 2 Rest 30   c) 2 3/5   d) 3."

Diese Aufgabe lösten nur 35% der 13-jährigen Kinder richtig. Mehrheitlich wurden Antworten wie b) und c) gegeben, die völlig unsinnig sind. Ergebnisse dieser Art sollen zeigen, dass Alltagswissen und Schulwissen in unterschiedliche Kategorien fallen und somit ein Wissenstransfer in den meisten Fällen nicht erfolgt. Diese Überzeugung führt u.a. zu der Forderung, den herkömmlichen Mathematikunterricht im Sinne des situierten Lernens neu zu organisieren (Klauer 2010; Renkl 2010). Das Konzept des trägen Wissens geht ursprünglich auf Whitehead (1929) zurück, ist aber nicht zuletzt im Rahmen des situierten Lernens erneut in den Fokus der Aufmerksamkeit gerückt (Renkl 1996, 2010).

Ein weiterer wichtiger Aspekt des Situiertheitsansatzes ist die Betonung der Vermittlung des Lernens über Sozialkontakte. Hier sind die Ansätze zum „apprenticeship learning", zu nennen, die von einem „Meister-Lehrling-Verhältnis" ausgehen. Lernen ist danach hauptsächlich gekennzeichnet durch Vormachen und Nachmachen (Klauer 2010). Zu näheren Erläuterung der einzelnen Bausteinen des Cognitive Apprenticeship und zu den Vor- und Nachteilen dieses Ansatzes vergl. die Ausführungen in Schnotz (2009, S. 125ff.). Lernumgebungen müssen danach so gestaltet werden, dass sie praxisnah und möglichst authentisch sind, denn wenn die Möglichkeit des Lerntransfers bezweifelt wird, müssen die Aufgaben möglichst realitätsnah sein.

apprenticeship learning

4.5.3 Integrativer Ansatz

Da beide Positionen deutliche Kritikpunkte erkennen lassen, schlagen Reinmann und Mandl (2006, S. 637) einen Ansatz vor, der auf der Grundlage pragmatischer Überlegungen den Versuch darstellt, beide Positionen zu integrieren (s. Abb. 15). Dabei sollen weder die Instruktion auf Seiten der Lehrenden noch die Annahmen zur Konstruktion auf Seiten der Schülerinnen und Schüler aufgegeben werden. Damit sich die Annahmen einander nicht widersprechen, müssen die Konzepte jedoch verändert werden. Unterricht wird verstanden im Sinne von Unterstützung, Anregung und Beratung, aber auch Anleitung, Darbietung und Erklärung. Auf die Vermittlung von reproduzierbarem Faktenwissen kann zwar nicht verzichtet werden, jedoch entspricht ein Unterricht, der von einem passiven Schüler ausgeht, dem die objektiven Inhalte lediglich angemessen vermittelt werden müssen, nicht mehr den Erkenntnissen über Lehren und Lernen. Die Position des Lernenden ist im integrativen Ansatz nicht mehr als überwiegend reaktiv zu sehen wie in den kognitivistisch geprägten Ansätzen, sondern die Position des Lernenden kann je nach situativen Erfordernissen wechseln zwischen reaktiv und aktiv. Lernen wird hauptsächlich verstanden als ein aktiver, selbstgesteu-

integrativer Ansatz

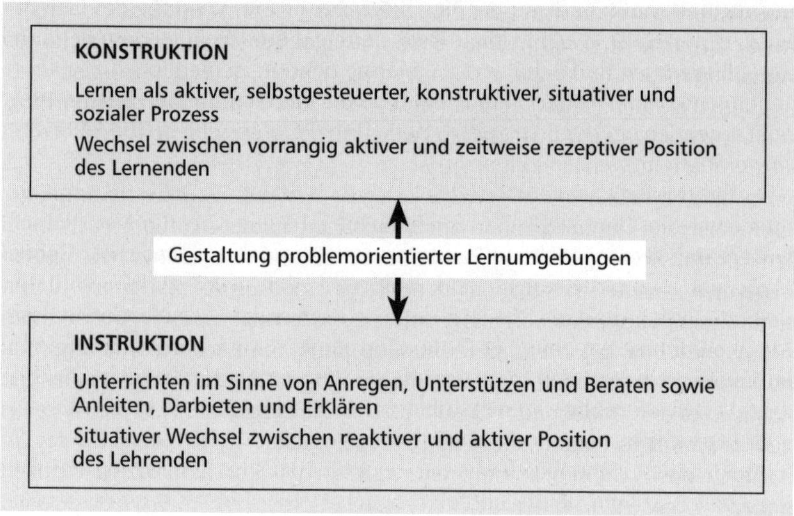

KONSTRUKTION

Lernen als aktiver, selbstgesteuerter, konstruktiver, situativer und sozialer Prozess

Wechsel zwischen vorrangig aktiver und zeitweise rezeptiver Position des Lernenden

Gestaltung problemorientierter Lernumgebungen

INSTRUKTION

Unterrichten im Sinne von Anregen, Unterstützen und Beraten sowie Anleiten, Darbieten und Erklären

Situativer Wechsel zwischen reaktiver und aktiver Position des Lehrenden

Abb. 15:
Ein integratives
Modell zum Lehren
und Lernen
(nach Reinmann &
Mandl 2006,
S. 637)

erter, konstruktiver Prozess. Der Lernende kann auch hier zeitweilig aktiv und rezeptiv sein.

Zielidee ist die Problemorientierung als Gestaltungsprinzip des Unterrichts. Reinmann und Mandl stellen fünf Leitlinien für die Praxis auf, die u. a. von Prozessmerkmalen des Lernens abgeleitet werden und im Folgenden näher erläutert werden sollen.

Zielidee: Gestaltung problemorientierter Lernumgebungen

erste Leitlinie

(1) Situiert und anhand authentischer Probleme lernen

Schülerinnen und Schüler können dann besonders gut dazu motiviert werden, sich mit neuem Wissen und neuen Fertigkeiten auseinander zu setzen, wenn sie die Bedeutung, den subjektiven Nutzen der zu lernenden Inhalte erkennen, und wenn sie mit realistischen Problemen konfrontiert werden. Eine optimale Realisierung dieser Forderung besteht darin, die Lernenden in authentische, lebensnahe Problemsituationen zu versetzen. Nimmt man die Überlegung der konstruktivistischen Ansätze ernst, dass kein oder kaum Wissenstransfer erfolgt, müssten genau diejenigen Aufgaben eingeübt werden, die später im Ernstfall gefordert werden. Weil das in den meisten Fällen im Unterricht nicht leistbar ist, ist nach Reinmann und Mandl (2006) eine minimale Realisierung dieser Leitlinie bereits gegeben, wenn bei der Darbietung der Unterrichtsinhalte an aktuelle Probleme, persönliche Erfahrungen etc. angeknüpft wird.

zweite Leitlinie

(2) In multiplen Kontexten lernen

Die Darbietung von Inhalten sollte in möglichst vielen, verschiedenen Kontexten erfolgen. Dahinter steht die Vorstellung, dass Gelerntes besser auf andere Problemstellungen übertragen werden kann, wenn es in verschiedenen Anwendungssituationen erprobt wurde. Eng verbunden mit der zweiten Leitlinie ist die dritte, nämlich dass das Lernen möglichst unter verschiedenen Perspektiven erfolgen soll.

dritte Leitlinie

(3) Unter multiplen Perspektiven lernen

Lernsituationen sollten möglichst komplex und vielgestaltig sein, weil die Berücksichtigung verschiedener Aspekte und Perspektiven neue Sichtweisen eröffnet und somit eine größere Flexibilität bei der Anwendung des Gelernten zu erwarten ist. Die maximale Realisierung dieser Zielidee besteht darin, das Schülerinnen und Schüler das Gelernte bei unterschiedlichen Problemstellungen konkret ausprobieren, während bei einer minimalen Realisierung den Lernenden bei der Bearbeitung neuer Inhalte unterschiedliche Sichtweisen verdeutlicht werden sollen.

Die grundsätzlich intendierte Frage, ob es sinnvoll ist, Wissenselemente oder etwa die Einübung einer Fähigkeit unabhängig von ihrer möglichen Anwendung zu vermitteln und zu lernen, ob also „abstraktes Lernen" ohne Bezug auf multiple Kontexte und multiple Perspektiven wirkungsvoll ist, bleibt auch bei Ansätzen, die sich um eine Konvergenz verschiedenen Positionen bemühen, ein zentraler Diskussionspunkt. Eine Übereinstimmung ist dahingehend zu erzielen, dass wirkungsvolles Lernen auch allgemein, d.h. abstrakt sein kann, aber eben nur manchmal (Klauer 2010).

(4) In einem sozialen Kontext lernen | vierte Leitlinie

Da soziale Beziehungen für Lernen unabdingbar sind (s. den Meister-Lehrling-Ansatz), sollten sie Bestandteil möglichst vieler Phasen des Lernprozesses sein. Die soziale Umwelt bietet motivationale Anreize und erleichtert das Lernen. Kooperatives Lernen in Form von Team- oder Gruppenarbeit, Partnerarbeit etc. kann zu höheren Leistungen führen, aber auch zum Erwerb angemessener sozialer Fertigkeiten, einer gegenseitigen Stützung bei Lernprozessen und einer höheren individuellen Verantwortlichkeit. Eine optimale Realisierung würde bedeuten, dass die Lernenden in einer Expertengemeinschaft die erforderlichen Kenntnisse Fähigkeiten und Einstellungen erwerben.

(5) Mit instruktionaler Unterstützung lernen | fünfte Leitlinie

Instruktionsmethoden sollen weiterhin zum Einsatz kommen. Den Schülerinnen und Schüler soll im Unterricht nicht nur Lernangebote gemacht werden, sondern sie sollen weiterhin angeleitet und unterstützt werden, weil die instruktionale Unterstützung ein effektiveres Lernen fördert. Insbesondere die Förderung des eigenständigen, selbstgesteuerten Lernens ist ein wichtiges Ziel bei der Gestaltung von Lernumgebungen. Die Fähigkeit zu selbstgesteuertem Lernen gilt als eine Art Schlüsselqualifikation (vgl. Punkt 3.3), die den Anforderungen unserer Gesellschaft im besonderen Maße entspricht.

Literaturverzeichnis

Abramson, L.Y., Seligman, M.E. & Teasdale, J.D. (1978): Learned helplessness in humans. Journal of Abnormal Psychology, 87, 49–74.

Alfermann, D. (1996): Geschlechterrollen und geschlechtstypisches Verhalten. Stuttgart: Kohlhammer.

Ames, C. (1992): Classrooms: Goals, structures, and student motivation. Journal of Educational Psychology, 84, 261–271.

Ames, C. & Ames, R. (1984): Systems of student and teacher motivation: Toward a qualitative definition. Journal of Educational Psychology, 76, 535–556.

Ames, C. & Archer, R. (1988): Achievement goals in the classroom: Students' learning strategies and motivation processes. Journal of Educational Psychology, 80, 260–267.

Artelt, C. (2000): Strategisches Lernen. Münster: Waxmann.

Artelt, C. (2006): Lernstrategien in der Schule. In: H. Mandl & H.F. Friedrich (Hrsg.): Handbuch Lernstrategien (S. 337–351). Göttingen: Hogrefe.

Artelt, C. & Moschner, B. (Hrsg.) (2005): Lernstrategien und Metakognition: Implikationen für Forschung und Praxis. Münster: Waxmann.

Artelt, C., Stanat, P., Schneider, W. & Schiefele, U. (2001): Lesekompetenz: Testkonzeption und Ergebnisse. In: J. Baumert u.a. (Hrsg.): PISA 2000: Basiskompetenzen von Schülerinnen und Schülern im internationalen Vergleich (S. 69–137). Opladen: Leske + Budrich.

Asendorpf, J.B. (2007): Psychologie der Persönlichkeit (4. Aufl.). Berlin: Springer.

Ashmore, R.D. (1981): Sex stereotypes and implicit personality theory. In: D.L. Hamilton (Ed.): Cognitive processes in stereotyping and intergroup behaviour. Hillsdale, N.J.: Erlbaum.

Atkinson, J.W. (1964): An introduction to motivation. Princeton, N.J.: Van Nostrand.

Atkinson, J.W. & Shiffrin, R.M. (1968): Human memory: A proposed system and it's control processes. In: K.W. Spence (Ed.): The psychology of learning and motivation: Advances in research and theory (Vol. 2, pp. 89–195). New York: Academic Press.

Atweh, B., Bleicher, R.E. & Cooper, T.J. (1998): The construction of the social context of mathematics classrooms: A sociolinguistic analysis. Journal for Research in Mathematics Education, 29, 63–82.

Babad, E. (1993): Pygmalion – 25 years after interpersonal expectations in the classroom. In: P.D. Black (Ed.): Interpersonal expectations (pp. 125–153). Cambridge, UK: Cambridge University Press.

Bandura, A. (1977): Self-efficacy: Toward a unifying theory of behavioral change. Psychological Review, 84, 191–215.

Bandura, A. (1979): Sozial-kognitive Lerntheorie. Stuttgart: Klett.

Bandura, A. (1989): Regulation of cognitive processes through perceived self-efficacy. Developmental Psychology, 25, 729–735.

Bandura, A. (1997): Self-efficacy: The exercise of control. New York: Freeman.

Bandura, A. (2001): Social cognitive theory: An agentic perspective. Annual Review of Psychology, 52, 1–26.

Bandura, A. & Schunk, D.H. (1981): Cultivating competence, self-efficacy, and intrinsic interest through proximal self-motivation. Journal of Personality and Social Psychology, 43, 5–21.

Bargh, J.A. (1997): The automaticity of everyday life. In: R.S. Weyer (Ed.): The automaticity of everyday life. Advances in social cognition (Vol. 10, pp. 1–61). Mahwah, NJ: Erlbaum.

Baumert, J., Bos, W. & Watermann (1999): TIMSS/III Schülerleistungen in Mathematik und den Naturwissenschaften am Ende der Sekundarstufe II im internationalen Vergleich (2. überarbeitete Aufl.). Berlin: Max-Planck-Institut für Bildungsforschung.

Baumert, J., Lehmann, R. u.a. (1997): TIMSS – mathematisch-naturwissenschaftlicher Unterricht im internationalen Vergleich. Opladen: Leske + Budrich.

Baumert, J. & Schümer, G. (2001): Familiäre Lebensverhältnisse, Bildungsbeteiligung und Kompetenzerwerb. In: J. Baumert u.a. (Hrsg.): PISA 2000. Basiskompetenzen von Schülerinnen und Schülern im internationalen Vergleich (S. 323–407). Opladen: Leske + Budrich.

Becker, M., Buhl, M., Klewin, G., Ludwig, P.H., Rustemeyer, R., Tillmann, K.-J. & Trautwein, U. (2010): Empirische Forschung im Sekundarbereich. In: R.S. Jäger, P. Nenniger, H. Petillon, B. Schwarz & B. Wolf (Hrsg.): Empirische Pädagogik 1990–2010. Eine Bestandsaufnahme der Forschung in der Bundesrepublik Deutschland. Bd. 2: Institutionenbezogene empirische pädagogische Forschung (S. 93–132). Landau: Verlag Empirische Pädagogik.

Bem, S.L. (1974): The measurement of psychological androgyny. Journal of Consulting and Clinical Psychology, 42, 155–162.

Bem, S.L. (1981): Gender schema theory: A cognitive account of sex typing. Psychological Review, 88, 354–364.

Benbow, C.P. (1988): Sex differences in mathematical reasoning ability in intellectually talented prea-dolescents: Their nature, effects, and possible causes. Behavioral and Brain Sciences, 11, 169–232.

Benbow, C.P. (1992): Academic achievement in mathematics and science of students between age 13 and 23: Are there differences among students in the top one percent of mathematical ability? Journal of Educational Psychology, 84, 51–61.

Benbow, C.P. & Lubinski, D. (1997): Psychological profiles of the mathematically talented: Some sex differences and evidence supporting their biological basis. In: M.R. Walsh (Ed.): Women, men, and gender. Ongoing debates (pp. 274–282). New Haven, CT: Yale University Press.

Benbow, C.P. & Stanley, J.C. (1983, December 2): Sex differences in mathematical reasoning ability: More facts. Science, 222, 1029–1031.

Berenbaum, S.A., Korman, K. & Leveroni, C. (1995): Early hormones and sex differences in cognitive abilities. Learning and Individual Differences, 7, 303–321.

Berliner, D.C. (1992): The nature of expertise in teaching. In: K.F. Oser, A. Dick & J.-L. Patry (Eds.): Effective and responsibility teaching (pp. 227–248). San Francisco: Josey-Bass.

Bettge, S.H. (1992): Geschlechtsunterschiede in Erfolgserwartungen in Abhängigkeit von der Formulierung von Mathematik-Textaufgaben. Zeitschrift für Sozialpsychologie, 23, 46–53.

Beyer, S. & Bowden, E.M. (1997): Gender differences in self-perceptions: Convergent evidence from three measures of accuracy and bias. Personality and Social Psychology Bulletin, 23, 157–172.

Bikner-Ahsbahs, A. (1999): Mathematikinteresse. Eine Studie mit mathematisch interessierten Schülerinnen und Schülern. Hildesheim: Franzbecker.

Bilden, H. (1980): Geschlechtsspezifische Sozialisation. In: K. Hurrelmann & D. Ulich (Hrsg.): Handbuch der Sozialisationsforschung (S. 777–812). Weinheim: Beltz.

Bles, P. (2002): Die Selbstbestimmungstheorie von Deci und Ryan. In: D. Frey & M. Irle (Hrsg.): Theorien der Sozialpsychologie, Band III, Motivations-, Selbst- und Informationsverarbeitungstheorien (S. 234–253). Bern: Huber.

Blossfeld, H.-P., Bos, W., Hannover, B., Lenzen, D., Müller-Böling, D., Prenzel, M. &. Wößmann, L. (2009): Geschlechterdifferenzen im Bildungssystem. In: Verein der Bayerischen Wirtschaft e.V. (Hrsg.): Jahresgutachten 2009 des Aktionsrats Bildung. Wiesbaden: VS Verlag für Sozialwissenschaften. (http://www.aktionsrat-bildung.de/filead min/Dokumente/Geschlechterdifferenzen_im_Bil dungssystem_Jahresgutachten_2009.pdf; 16.4.2011).

Blöte, A.W. (1995): Students' self-concept in relation to perceived differential teacher treatment. Learning and Instruction, 5, 221–236.

Boekaerts, M. (1996): Self-regulated learning at the junction of cognition and motivation. European Psychologist, 1, 100–112.

Boring, E.G. (1923): Intelligence as the tests test it. New Republic, 6, 35–37.

Bortz, J. & Döring, N. (1995): Forschungsmethoden und Evaluation (2. Aufl.). Berlin: Springer.

Böttcher, W. (1991): Soziale Auslese im Bildungswesen, Die Deutsche Schule, 2, 151–161.

Bouffard-Bouchard, T., Parent, S. & Larivee, S. (1991): Influence of self-efficacy on self-regulation and performance among junior and senior high school age children. International Journal of Behavioral Development, 14, 153–164.

Bromme, R. (1992): Der Lehrer als Experte: Zur Psychologie des professionellen Wissens. Bern: Huber.

Bromme, R., Rheinberg, F., Minsel, B., Winteler, A. & Weidenmann, B. (2006): Die Erziehenden und Lehrenden. In: A. Krapp & B. Weidenmann (Hrsg.): Pädagogische Psychologie (5. Aufl., S. 269–355). Weinheim: Beltz Psychologie Verlags Union.

Bronfenbrenner, U. (1981): Die Ökologie der menschlichen Entwicklung. Stuttgart: Klett-Cotta.

Brophy, J.E. & Good, T.L. (1976): Die Lehrer-Schüler-Interaktion. München: Urban & Schwarzenberg.

Brophy, J.E. & Good, T.L. (1986): Teacher behavior and student achievement. In: M.C. Wittrock (Ed.): Handbook of research on teaching (pp. 328–375). New York: MacMillan.

Brunstein, J.C. & Spörer, N. (2010): Selbstgesteuertes Lernen. In: D.H. Rost (Hrsg.): Handwörterbuch Pädagogische Psychologie (4. Aufl., S. 751–759). Weinheim: Beltz Psychologie Verlags Union.

Budde, J. (2008): Bildungs(miss)erfolge von Jungen und Berufswahlverhalten bei Jungen/männlichen Jugendlichen. Bildungsforschung Band 23. Bonn: Bundesministerium für Bildung und Forschung (BMBF). (http://www.bmbf.de/pubRD/Bildungs misserfolg.pdf; 16.4.2011).

Budde, J. (2009): Mathematikunterricht und Geschlecht. Empirische Ergebnisse und Pädagogische Ansätze. Bildungsforschung Band 30. Bonn: Bundesministerium für Bildung und Forschung (BMBF). (http://www.bmbf.de/pub/band_dreissig_ bildungsforschung.pdf; 16.4.2011).

Buff, A. (2001): Warum lernen Schülerinnen und Schüler? Eine explorative Studie zur Lernmotivation auf der Basis qualitativer Daten. Zeitschrift für Entwicklungspsychologie und Pädagogische Psychologie, 33, 157–164.

Bundesministerium für Bildung und Forschung

(BMBF) (2010): Begabte Kinder finden und fördern. Ein Ratgeber für Eltern und Lehrer. Bonn: BMBF. (http://www.bmbf.de/pub/begabte_kinder_finden_und_foerdern.pdf; 16.4.2011).

Butler, D.L. (1994): From learning strategies to strategic learning: Promoting self-regulated learning by postsecondary students with learning disabilities. Canadian Journal of Special Education, 9, 69–101.

Butler, R. (1994): Teacher communications and student interpretations: Effects of a teacher responses to failing students an attributional inferences in two age groups: British Journal of Educational Psychology, 64, 277–294.

Butler, R. (1999): Information seeking and achievement motivation in middle childhood and adolescence: The role of conceptions of ability. Developmental Psychology, 35, 146–163.

Carraher, T.N., Carraher, D.W. & Schlieman, A.D. (1985): Mathematics in the streets and in the schools. British Journal of Developmental Psychology, 3, 21–29.

Cortina, K.S. (2006): Psychologie der Lernumwelt. In: A. Krapp & B. Weidenmann (Hrsg.): Pädagogische Psychologie (5. Aufl.; S. 477–524). Weinheim: Beltz Psychologie Verlags Union.

Covington, M.V. (1992): Making the grade: A self-worth perspective on motivation and school reform. New York: Cambridge Univ. Press.

Craik, F.I.M. & Lockhart, R.S. (1972): Levels of processing: A framework for memory research. Journal of Verbal Learning and Verbal Behavior, 11, 671–684.

Creß, U. (1999): Personale und situative Einflussfaktoren auf das selbstgesteuerte Lernen Erwachsener. Regensburg: Roederer.

Csikszentmihalyi, M. (1996): Flow. Das Geheimnis des Glücks (5. Aufl.). Stuttgart: Klett-Cotta.

Csikszentmihalyi, M. & Schiefele, U. (1993): Die Qualität des Erlebens und der Prozess des Lernens. Zeitschrift für Pädagogik, 39, 207–221.

Dann, H.D. & Humpert, W. (1987): Eine empirische Analyse der Handlungswirksamkeit Subjektiver Theorien von Lehrern in aggressionshaltigen Unterrichtssituationen. Zeitschrift für Sozialpsychologie, 18, 40–49.

Dann, H.D. & Humpert, W. (2002): Das Konstanzer Trainingsmodell (KTM) – Grundlagen und neuere Entwicklungen. Zeitschrift für Pädagogik, 48, 215–226.

Daseking, M., Petermann, U. & Petermann, F. (2007): Intelligenzdiagnostik mit dem HAWIK-IV. Kindheit und Entwicklung, 16, 250–259.

Davies, D.R. (1986): Children's performance as a function of sex-typed labels. British Journal of Social Psychology, 25, 173–175.

Deaux, K. (1984): From individual differences to social categories. American Psychologist, 39, 105–116.

Deaux, K. & LaFrance, M. (1998): Gender. In: D. Gilbert, S. Fiske & G. Lindzey (Eds.): The handbook of social psychology (4th ed., pp. 788–827). McGraw-Hill: Oxford University Press.

Deci, E.L. (1975): Intrinsic motivation. New York: Plenum.

Deci, E.L. & Ryan, R.M. (1987): Intrinsic motivation and self-determination in human behavior. New York Plenum.

Deci, E.L. & Ryan, R.M. (1991): A motivational approach to self-integration in personality. In: R. Dienstbier (Ed.): Nebraska Symposium on Motivation (Vol. 38, pp. 237–288). Lincoln: University of Nebraska Press.

Deci, E.L. & Ryan, R.M. (1993): Die Selbstbestimmungstheorie der Motivation und ihre Bedeutung für die Pädagogik. Zeitschrift für Pädagogik, 39, 223–238.

Dickhäuser, O. (2001): Computernutzung und Geschlecht. Münster: Waxmann.

Dickhäuser, O. & Meyer, W.-U. (2006): Gender differences in young childrens' math ability attributions. Psychology Science, 48, 3–16.

Dickhäuser, O. & Stiensmeier-Pelster, J. (2003a): Wahrgenommene Lehrereinschätzungen und das Fähigkeitskonzept von Jungen und Mädchen in der Grundschule. Psychologie in Erziehung und Unterricht, 50, 182–190.

Dickhäuser, O. & Stiensmeier-Pelster, J. (2003b): Gender differences in the choice of computer courses: Applying an expectancy-value model. Social Psychology of Education, 6, 173–189.

Diener, C.I. & Dweck, C.S. (1978): An analysis of learned helplessness: Continuous change in performance, strategy, and achievement cognitions following failure. Journal of Personality and Social Psychology, 36, 451–462.

Diener, C.I. & Dweck, C.S. (1980): An analysis of learned helplessness: II. The processing of success. Journal of Personality and Social Psychology, 39, 940–925.

Ditton, H. (2002): Lehrkräfte und Unterricht aus Schülersicht. Ergebnisse einer Untersuchung im Fach Mathematik. Zeitschrift für Pädagogik, 48, 262–286.

Döring, W.O. (1931): Pädagogische Psychologie (2. Aufl.). Osterwieck: Zwickfeld.

Dubs, R. (1995): Lehrerverhalten. Zürich: Verlag des Schweizerischen Kaufmännischen Verbandes.

Dweck, C.S. (1975): The role of expectations and attributions in the alleviation of learned helplessness.

Journal of Personality and Social Psychology, 31, 674–685.

Dweck, C. S. (1986): Motivational processes affecting learning. American Psychologist, 41, 1040–1048.

Dweck, C. S. (1999): Self-theories: Their role in motivation, personality, and development. Philadelphia: Psychology Press.

Dweck, C. S., Davidson, W., Nelson, S. & Enna, B. (1978): Sex differences in learned helplessness: II. The contingencies of evaluative feedback in the classroom und III. An experimental analysis. Developmental Psychology, 14, 268–276.

Dweck, C. S. & Leggett, E. L. (1988): A social-cognitive approach to motivation and personality. Psychological Review, 95, 256–273.

Dweck, C. S. & Reppucci, N. D. (1973): Learned helplessness and reinforcement responsibility in children. Journal of Personality and Social Psychology, 25, 109–116.

Eagly, A. H. (1987): Sex differences in social behavior: A social-role interpretation. Hillsdale, N. J.: Erlbaum.

Eagly, A. H. (1997): Sex differences in social behavior: Comparing social role theory and evolutionary psychology. American Psychologist, 52, 1380–1383.

Eccles-Parsons, J., Adler, T. F., Futterman, R., Goff, S., Kaczala, C., Meece, J. L. & Midgley, C. (1983): Expectancies, values, and academic choice. In: J. Spence (Ed.): Achievement and achievement motivation (pp. 87–104). San Francisco: Freeman.

Eccles, J. S. & Wigfield, A. (2002): Motivational beliefs, values, and goals. Annual Review Psychology, 53, 109–132.

Eccles, J. S., Wigfield, A. & Schiefele, U. (1998): Motivation to succeed. In: W. Damo (Series Ed.) and N. Eisenberg (Vol. Ed.): Handbook of child psychology (5th ed., Vol. III, pp. 1017–1095). New York: Wiley.

Edelmann, W. (2000): Lernpsychologie (6. Aufl.). Weinheim: Beltz Psychologie Verlags Union.

Ehmke, T. & Baumert, J. (2007): Soziale Herkunft und Kompetenzerwerb. Vergleiche zwischen PISA 2000, 2003 und 2006. In: M. Prenzel, C. Artelt, J. Baumert, W. Blum, M. Hammann, E. Klieme & R. Pekrun (Hrsg.): PISA 2006. Die Ergebnisse der dritten internationalen Vergleichsstudie (S. 309–335). Münster: Waxmann.

Elliott, E. S. & Dweck, C. S. (1988): Goals: An approach to motivation and achievemet. Journal of Personality and Social Psychology, 54, 5–12.

Endepohls-Ulpe, M. (2004): Wie stellen Grundschullehrkräfte sich hochbegabte Schüler/innen vor? Der Einfluss persönlicher Erfahrung in der Unterrichtung Hochbegabter. Psychologie in Erziehung und Unterricht, 51 (2), 126–135.

Ericsson, K. A., Krampe, R. Th. & Tesch-Römer, C. (1993): The role of deliberate practice in the acquisition of expert performance. Psychological Review, 100, 363–406.

Faulstich-Wieland, H. (1991): Koedukation – Enttäuschte Hoffnungen? Darmstadt: Wissenschaftliche Buchgesellschaft.

Feger, B. & Prado, T. M. (1998): Hochbegabung. Die normalste Sache der Welt. Darmstadt: Primus.

Feingold, A. (1993): Cognitive gender differences: A developmental perspective. Sex Roles, 29, 91–112.

Ferdinand, P. (2007): Selbstgesteuertes Lernen in den Naturwissenschaften. Eine Interventionsstudie zu den kognitiven und motivationalen Effekten eines Blended Learning Ansatzes. Hamburg: Verlag Dr. Kovac.

Festinger, L. A. (1954): A theory of social comparison processes. Human Relations, 7, 117–140.

Fischer, N. (2006): Motivationsförderung in der Schule. Konzeption und Evaluation einer Fortbildungsmaßnahme für Lehrkräfte. Hamburg: Verlag Dr. Kovac.

Fischer, N. & Rustemeyer, R. (2007): Förderung der Erfolgserwartung im Unterrichtsfach Mathematik. Konzeption, Durchführung und Evaluation einer Interventionsmaßnahme für Lehrkräfte. In: P. Ludwig & H. Ludwig (Hrsg.): Erwartungen in rosarot und himmelblau. Effekte, Determinanten und Konsequenzen von Geschlechterdifferenzen in der Schule (S. 175–201). Weinheim: Juventa.

Fischer, N., Kuhn, H.-P. & Klieme, E. (2009): Was kann die Ganztagsschule leisten? Wirkungen ganztägiger Beschulung auf die Entwicklung von Lernmotivation und schulischer Performanz nach dem Übergang in die Sekundarstufe. Zeitschrift für Pädagogik (Beiheft), 54, 143–167.

Flynn, J. R. (1984): The mean IQ of Americans: Massive gains 1932 to 1978. Psychological Bulletin, 95, 29–51.

Flynn, J. R. (1999): Searching for justice: The discovery of IQ gains over time. American Psychologist, 54, 5–20.

Flynn, J. R. (2007): What is intelligence? Beyond the Flynn effect. Cambridge: Cambridge University Press.

Försterling, F. (1986): Attributionstheorie in der Klinischen Psychologie. München: Psychologie Verlags Union.

Frasch, H. & Wagner, A. (1982): „Auf Jungen achtet man einfach mehr". Eine empirische Untersuchung zu geschlechtsspezifischen Unterschieden im LehrerInnenverhalten gegenüber Jungen und Mädchen in der Grundschule. In: I. Brehmer (Hrsg.): Sexismus in der Schule (S. 260–278). Weinheim: Beltz.

Fraser, B.J., Walberg, H.J., Welch, W.W. & Hattie, J. (1987): Syntheses of educational productivity research. International Journal of Educational Research, 11, 145–252.

Frey, A., Asseburg, R., Carstensen, C.H., Ehmke, T. & Blum, W. (2007): Mathematische Kompetenz. In: PISA-Konsortium Deutschland (Hrsg.): PISA 2006. Die Ergebnisse der dritten internationalen Vergleichsstudie (S. 249–276). Münster: Waxmann.

Friedman, L. (1995): The space factor in mathematics: Gender differences. Review of Educational Research, 65, 22–50.

Friedrich, H.F. & Mandl, H. (1992): Lern- und Denkstrategien – ein Problemaufriß. In: H. Mandl & H.F. Friedrich (Hrsg.): Lern- und Denkstrategien. Analyse und Intervention (S. 3–54). Göttingen: Hogrefe.

Gatting-Stiller, I., Gerling, M., Stiller, K., Voß, B. & Wender, I. (1979): Änderung der Kausalattribuierung und des Ausdauerverhaltens bei misserfolgsmotivierten Kindern durch Modellernen. Zeitschrift für Entwicklungspsychologie und Pädagogische Psychologie, 11, 300–312.

Geis, F.L. (1993): Self-fulfilling prophecies: A social psychological view of gender. In: A.E. Beall & R. J Sternberg (Eds.): The psychology of gender (pp. 9–54). New York: Guilford Press.

Gerstenmaier, J. & Mandl, H. (1995): Wissenserwerb unter konstruktivistischer Perspektive. Zeitschrift für Pädagogik, 41, 867–888.

Giesen, H. (2000): Geschlechtsunterschiede. In: M. Amelang (Hrsg.): Determinanten individueller Unterschiede. (Enzyklopädie der Psychologie: Themenbereich C, Theorie und Forschung: Serie 8, Differentielle Psychologie und Persönlichkeitsforschung, Vol. 4, Band 4, S. 539–593). Göttingen: Hogrefe.

Good, T.L. & Brophy, J.E. (1994): Looking in classrooms (6th ed.). New York: Harper Collins.

Good, T.L. & Brophy, J.E. (1995): Contemporary Educational Psychology (5th ed.). N.Y.: Longman Publishers.

Good, T.L. & Brophy, J.E. (2002): Looking in classrooms (9th ed.). Boston u.a.: Allyn and Bacon.

Graham, S. & Taylor, A.Z. (2002): Ethnicity, gender, and the development of achievement values. In: A. Wigfield & J.S. Eccles (Eds.): Development of achievement motivation (pp. 121–146). San Diego: Academic Press.

Grigutsch, S., Raatz, U. & Törner, G. (1998): Einstellungen gegenüber Mathematik bei Mathematiklehrern. Journal für Mathematik, 19, 3–45.

Groeben, N. & Scheele, B. (1977): Argumente für eine Psychologie des reflexiven Subjekts. Darmstadt: Steinkopf.

Groeben, N., Wahl, D., Schlee, J. & Scheele, B. (1988): Forschungsprogramm Subjektive Theorien. Eine Einführung in die Psychologie des reflexiven Subjekts. Tübingen: Francke.

Gruber, H. & Stamouli, E. (2009): Intelligenz und Vorwissen. In: E. Wild & J. Möller (Hrsg.): Pädagogische Psychologie (S. 28–47). Heidelberg: Springer.

Gruber, H. & Ziegler, A. (Hrsg.) (1996): Expertiseforschung. Theoretische und methodische Grundlagen. Opladen: Westdeutscher Verlag.

Guldimann, T. (1996): Eigenständiger Lernen: durch metakognitive Bewußtheit und Erweiterung des kognitiven und metakognitiven Strategierepertoires. Bern: Haupt.

Halpern, D.-F. (1992): Sex differences in cognitive abilities (2th ed.). Hillsdale, NJ: Erlbaum.

Halpern, D.-F. (1997): Sex differences in intelligence. Implications for educations. American Psychologist, 52, 1091–1102.

Hannover, B. (2004): Gender revisited: Konsequenzen aus PISA für die Geschlechterforschung. Zeitschrift für Erziehungswissenschaften, 7, 81–99.

Hannover, B. (2008): Vom biologischen zum psychologischen Geschlecht: Die Entwicklung von Geschlechtsunterschieden. In: A. Renkl (Hrsg.): Lehrbuch Pädagogische Psychologie (S. 339–388). Bern: Huber.

Hannover, B. & Bettge, B. (1993): Mädchen und Technik. Göttingen: Hogrefe.

Hargreaves, D.J., Bates, H.M. & Foot, J.M. (1985): Sex typed labelling affects task performance. British Journal of Social Psychology, 24, 153–155.

Hasebrook, J. & Brünken, R. (2010): Aptitude-Treatment-Interaktion. In: D.H. Rost (Hrsg.): Handwörterbuch Pädagogische Psychologie (4. Aufl., S. 23–28). Weinheim: Beltz Psychologie Verlags Union.

Hasselhorn, M. & Gold, A. (2009): Pädagogische Psychologie. Erfolgreiches Lernen und Lehren (2. Aufl.). Stuttgart: Kohlhammer.

Hattie, J.A. (1992): Self-concept. Hillsdale, N.J.: Erlbaum.

Havers, N. (1998): Umgang mit Disziplinschwierigkeiten im Unterricht. Ein Trainingsseminar für Lehrerstudenten. Die Deutsche Schule, 90, 189–198.

Havers, N. & Toepell, S. (2002): Trainingsverfahren für die Lehrerausbildung im deutschen Sprachraum. Zeitschrift für Pädagogik, 48, 174–193.

Heckhausen, H. (1987): Perspektiven einer Psychologie des Wollens. In: H. Heckhausen, P.M. Gollwitzer & F.E. Weinert (Hrsg.): Jenseits des Rubikon: Der Wille in den Humanwissenschaften (S. 121–142). Berlin: Springer.

Heckhausen, H. (1989): Motivation und Handeln (2. Aufl.). Berlin: Springer.

Heckhausen, J. & Heckhausen, H. (2006): Motivation und Handeln (3. Aufl.). Berlin: Springer.

Heckhausen, H. & Kuhl, J. (1985): From wishes to action: The dead ends and short cuts on the long way to action. Journal of Personality and Social Psychology, 54, 5–12.

Heider, F. (1958): The psychology of interpersonal relations. New York: Wiley (deutsche Übersetzung (1977). Psychologie der interpersonalen Beziehungen. Stuttgart: Klett).

Heinbokel, A. (1996): Überspringen von Klassen. Münster: Lit Verlag.

Heinbokel, A. (2001): Hochbegabte. Erkennen, Probleme, Lösungswege. Münster: Lit Verlag.

Heller, K.A. & Hany, E.A. (1996): Psychologische Modelle der Hochbegabtenförderung. In: F.E. Weinert (Hrsg.): Psychologie des Lernens und der Instruktion (Pädagogischen Psychologie, Enzyklopädie der Psychologie, Vol. 2, S. 477–513). Göttingen: Hogrefe.

Heller, K.A. & Perleth, C. (2000): Kognitiver Fähigkeitstest für 4. bis 12. Klassen, Revision (KFT 4–12 + R). Göttingen: Hogrefe Testzentrale.

Heller, K.A. & Ziegler, A. (1996): Gender differences in mathematics and the natural sciences: Can attributional retraining improve the performance of gifted females? Gifted Child Quarterly, 40, 200–210.

Heller, K.A., Perleth, C. & Lim, T.L. (2005): The Munich Model of Giftedness designed to identify and promote gifted students. In: R.J. Sternberg & J.E. Davidson (Eds.): Conception of giftedness (pp. 147–170). Cambridge: Cambridge University Press.

Helmke, A. (1992): Selbstvertrauen und schulische Leistungen. Göttingen: Hogrefe.

Helmke, A. (1998): Vom Optimisten zum Realisten? Zur Entwicklung des Fähigkeitsselbstkonzeptes vom Kindergarten bis zur 6. Klassenstufe. In: F.E. Weinert (Hrsg.): Entwicklung im Kindesalter (S. 115–132). Weinheim: Beltz Psychologie Verlags Union.

Helmke, A. (2003): Unterrichtsqualität: Erfassen, Bewerten, Verbessern. Seelze: Kallmeyersche Verlagsbuchhandlung.

Helmke, A. (2009): Unterrichtsqualität und Lehrerprofessionalität – Diagnose, Evaluation und Verbesserung des Unterrichts. Seelze: Klett/Kallmeyer.

Helmke, A., Hosenfeld, I. & Schrader, F.-W. (2002): Unterricht, Mathematikleistung und Lernmotivation. In: A. Helmke & R.S. Jäger (Hrsg.): Die Studie MARKUS – Mathematik-Gesamterhebung Rheinland-Pfalz: Kompetenzen, Unterrichtsmerkmale, Schulkontext. Grundlagen und Perspektiven (S. 413–480). Landau: Verlag Empirische Pädagogik.

Helmke, A. & Renkl, A. (1992). Das Münchener Aufmerksamkeitsinventar (MAI): Ein Instrument zur systematischen Verhaltensbeobachtung der Schüleraufmerksamkeit im Unterricht. Diagnostica, 38, 130–141.

Helmke, A. & Schrader, F.-W. (2010): Determinanten der Schulleistung. In: D.H. Rost (Hrsg.): Handwörterbuch Pädagogische Psychologie (4. Aufl., S. 90–102). Weinheim: Beltz Psychologie Verlags Union.

Helmke, A. & Weinert, F.E. (1997): Bedingungsfaktoren schulischer Leistungen. In: F.E. Weinert (Hrsg.): Psychologie des Unterrichts und der Schule. (Pädagogische Psychologie, Enzyklopädie der Psychologie, Vol. 3, S. 71–176). Göttingen: Hogrefe.

Heyman, G.D. & Dweck, C.S. (1992): Achievement goals and intrinsic motivation: Their relation and their role in adaptive motivation. Motivation and Emotion, 16, 231–247.

Hidi, S. & Harackiewicz, J.M. (2000): Motivating the academically unmotivated: A critical issue for the 21st century. Review of Educational Research, 70, 151–179.

Hofer, B.K. & Pintrich, P.R. (1997): The development of epistemological theories: Beliefs about knowledge and knowing and their relation to learning. Review of Educational Research, 67, 88–140.

Hofer, M. (1997): Lehrer-Schüler-Interaktion. In: F.E. Weinert (Hrsg.): Psychologie des Unterrichts und der Schule. (Pädagogische Psychologie, Enzyklopädie der Psychologie, Vol. 3, S. 213–252). Göttingen: Hogrefe.

Hoffmann, L. (2002): Promoting girls' interest and achievement in physics classes for beginners. Learning and Instruction, 12, 447–465.

Hoffmann, L., Häussler, P. & Lehrke, M. (1998): Die IPN-Interessenstudie Physik. Kiel. IPN.

Hoffmann, L., Häussler, P. & Peters-Haft, S. (1997): An den Interessen von Mädchen und Jungen orientierter Physikunterricht. Ergebnisse eines BLK-Modellversuchs. IPN-Schriftenreihe 155. Kiel: IPN.

Holz-Ebeling, F. (2010): Koedukation. In: D.H. Rost (Hrsg.): Handwörterbuch Pädagogische Psychologie (4. Aufl., S. 369–377). Weinheim: Beltz Psychologie Verlags Union.

Hosenfeld, I., Helmke, A., Ridder, A. & Schrader, F.-W. (2002): Die Rolle des Kontextes. In: A. Helmke & R.S. Jäger (Hrsg.): Das Projekt MARKUS. Mathematik-Gesamterhebung Rheinland-Pfalz: Kompetenzen, Unterrichtsmerkmale, Schulkontext (S. 155–256). Landau: Verlag Empirische Forschung.

Huber, G.L. (2006): Lernen in Gruppen/Kooperatives Lernen. In: H. Mandl & F. Fischer (Hrsg.): Handbuch Lernstrategien (S. 261–272). Göttingen: Hogrefe.

Hyde, J.S., Fennema, E. & Lamon, S.J. (1990): Gender differences in mathematics performance: A meta-analysis. Psychological Bulletin, 107, 139–155.

Hyde, J.S. & Linn, M.C. (1988): Gender differences in verbal ability: A meta-analysis. Psychological Bulletin. 104, 53–69.

Ingenkamp, K. & Lissmann, U. (2005): Lehrbuch der Pädagogischen Diagnostik (5. Aufl.). Weinheim: Beltz UTB.

Issing, I.J. & Klimsa, P. (Hrsg.) (2002): Information und Lernen mit Multimedia und Internet. Lehrbuch für Studium und Praxis (3. Aufl.). Weinheim: Beltz Psychologie Verlags Union.

Jacobs, J.E., Lanza, S., Osgood, D., Eccles, J.S. & Wigfield, E. (2002): Changes in children's self-competence and values: Gender and domain differences across grades one through twelve. Child Development, 73, 509–527.

Jerusalem, M. & Hopf, D. (Hrsg.) (2002): Selbstwirksamkeit und Motivationsprozesse in Bildungsinstitutionen. Zeitschrift für Pädagogik, 44. Beiheft. Weinheim: Beltz.

Jerusalem, M. & Mittag, W. (1999): Selbstwirksamkeit, Bezugsnormorientierung, Leistung und Wohlbefinden in der Schule. In: M. Jerusalem & R. Pekrun (Hrsg.): Emotionen, Motivation und Leistung (S. 223–245). Göttingen: Hogrefe.

Jonas, K. & Brömer, P. (2002): Die sozial-kognitive Theorie von Bandura. In: D. Frey & M. Irle (Hrsg.): Theorien der Sozialpsychologie, Band II, Gruppen-, Interaktions- und Lerntheorien (2. Aufl., S. 277–299). Bern: Huber.

Jussim, L. (1989): Teacher expectations: Self-fulfilling prophecies, perceptual bias, and accuracy. Journal of Personality and Social Psychology, 57, 469–480.

Jussim, L. & Eccles, J. (1992): Teacher expectations II: Construction and reflection of student achievement. Journal of Personality and Social Psychology, 63, 947–961.

Kaufman, A.S. & Kaufman, N.L. (2009): Kaufman assessment battery for children (K-ABC). Deutsche Bearbeitung von P. Melchers & U. Preuß (8. unveränderte Aufl.). Frankfurt: Pearson Assessment.

Klauer, K.J. (2010): Situiertes Lernen. D.H. Rost (Hrsg.): Handwörterbuch Pädagogische Psychologie (4. Aufl., S. 774–780). Weinheim: Beltz Psychologie Verlags Union.

Klauer, K.J. & Leutner, D. (2007): Lehren und Lernen. Eine Einführung in die Instruktionspsychologie. Weinheim: Beltz Psychologie Verlags Union.

Klemm, K. (2003): Zur sozialen Selektivität im deutschen Bildungssystem – Anmerkungen zu einem alten und immer noch aktuellen Thema. In: P. Freese (Hrsg.): Paderborner Universitätsreden (Heft 87). Lehrerbildung im 21. Jahrhundert aus der Perspektive von Bildungsforschung und Mathematikdidaktik (S. 3–15). Paderborn, Rektorat der Universität Paderborn.

Klieme, E., Neubrand, M. & Lüdtke, O. (2001): Mathematische Grundbildung: Testkonzeption und Ergebnisse. In: Deutsches PISA-Konsortium (Hrsg.): PISA 2000. Basiskompetenzen von Schülerinnen und Schüler im internationalen Vergleich (S. 139–190). Opladen: Leske + Budrich.

Klieme, E. u.a. (Hrsg.) (2010): PISA 2009: Bilanz nach einem Jahrzehnt. Münster: Waxmann. Kurzfassung unter (http://pisa.dipf.de/de/pisa-2009/ergebnisberichte/PISA_2009_Zusammenfassung.pdf; 24.3.2011.

KMK (2004): Standards für die Lehrerbildung: Bildungswissenschaften. (http://www.kmk.org/fileadmin/veroeffentlichungen_beschluesse/2004/2004_12_16-Standards-Lehrerbildung.pdf; 24.3.2011).

Köller, O., Baumert, J. & Neubrand, M. (2000): Epistemologische Überzeugungen und Fachverständnis im Mathematik- und Physikunterricht. In: J. Baumert, W. Bos & R.H. Lehmann (Hrsg.): TIMSS/III. Dritte Internationale Mathematik- und Naturwissenschaftsstudie. Mathematische und naturwissenschaftliche Bildung am Ende der Schullaufbahn. (Mathematische und physikalische Bildung am Ende der gymnasialen Oberstufe, Vol. 2, S. 229–270). Opladen: Leske + Budrich.

Köller, O., Baumert, J. & Schnabel, K.-U. (2000): Zum Zusammenspiel von schulischem Interesse und Lernen im Fach Mathematik: Längsschnittanalysen in den Sekundarstufen I und II. In: U. Schiefele & K.-P. Wild (Hrsg.): Interesse und Lernmotivation: Untersuchungen zu Entwicklung, Förderung und Wirkung (S. 163–181). Münster: Waxmann.

Köller, O., Daniels, Z., Schnabel, K.U. & Baumert, J. (2000): Kurswahlen von Mädchen und Jungen im Fach Mathematik: Zur Rolle von fachspezifischem Selbstkonzept und Interesse. Zeitschrift für Pädagogische Psychologie, 14, 26–37.

Kohlberg, L.A. (1966): A cognitive-developmental analysis of children's sex-role concepts and attitudes In: E.E. Maccoby (Ed.): The development of sex differences (pp. 82–173). Stanford, CA: Stanford University Press.

Konrad, K. & Traub, S. (1999): Selbstgesteuertes Lernen in Theorie und Praxis. München: Oldenbourg.

Krapp, A. (1992): Das Interessenkonstrukt. In: A. Krapp & M. Prenzel (Hrsg.): Interesse, Lernen, Leistung (S. 297–329). Münster: Aschendorff.

Krapp, A. (1993): Psychologie der Lernmotivation – Perspektiven der Forschung und Probleme ihrer pädagogischen Rezeption. Zeitschrift für Pädagogik, 39, 187–206.

Krapp, A. (1998): Entwicklung und Förderung von Interessen im Unterricht. Psychologie in Erziehung und Unterricht. 45, 186–203.

Krapp, A. (2010): Interesse. In: D.H. Rost (Hrsg.): Handwörterbuch Pädagogische Psychologie (4. Aufl., S. 311–323). Weinheim: Beltz Psychologie Verlags Union.

Krapp, A. & Prenzel, M. (Hrsg.) (1992): Interesse, Lernen, Leistung. Neuere Ansätze einer pädagogisch-psychologischen Interessenforschung. Münster: Aschendorff.

Krapp, A. & Ryan, R.M. (2002): Selbstwirksamkeit und Lernmotivation. Zeitschrift für Pädagogik, 44. Beiheft, 54–82.

Kübler, H.D. (1999): Medienkompetenz – Dimensionen eines Schlagwortes. In: E. Schell, E. Stolzenburg & H. Theunert (Hrsg.): Medienkompetenz. Grundlagen und pädagogisches Handeln (S. 25–47). München: Ko-Päd.-Verlag.

Kuhl, J. (1987): Motivation und Handlungskontrolle: Ohne guten Willen geht es nicht. In: H. Heckhausen, P.M. Gollwitzer & F.E. Weinert (Hrsg.): Jenseits des Rubikon: Der Wille in den Humanwissenschaften (S. 101–120). Berlin: Springer.

Leutner, D. (2010): Instruktionspsychologie. In: D.H. Rost (Hrsg.): Handwörterbuch Pädagogische Psychologie (4. Aufl., S. 289–298). Weinheim: Beltz Psychologie Verlags Union.

Licht, B.G. & Dweck, C.S. (1984): Determinants of academic achievement: The interaction of children's achievement orientations with skill area. Developmental Psychology, 20, 628–636.

Liepmann, D., Beauducel, A., Brocke, B. & Amthauer, R. (2007): Intelligenz-Struktur-Test (IST-2000 R). Göttingen: Hogrefe Testzentrale.

Linn, M.C. & Hyde, J.S. (1989): Gender, mathematics, and science. Educational Researcher, 18, 17–27.

Linn, M.C. & Petersen, A.C. (1985): Emergence and characterization of sex differences in spatial ability: A meta-analysis. Child Development, 56, 1479–1498.

Lipowsky, F. (2006): Auf den Lehrer kommt es an. Empirische Evidenzen für Zusammenhänge zwischen Lehrerkompetenzen, Lehrerhandeln und dem Lernen der Schüler. Zeitschrift für Pädagogik (51. Beiheft: Kompetenzen und Kompetenzentwicklung von Lehrerinnen und Lehrern: Ausbildung und Beruf), 47–70.

Ludwig, P.H. (2003): Partielle Geschlechtertrennung – enttäuschte Hoffnungen? Monoedukative Lernumgebungen zum Chancenausgleich im Unterricht auf dem Prüfstand. Zeitschrift für Pädagogik, 49, 640–656.

Ludwig, P.H. (2007): Steigert geschlechtsgetrennter Unterricht das Selbstvertrauen von Schülerinnen tatsächlich? Monoedukative Lernumgebungen zur Aufhebung der Erwartungsunterschiede zwischen Mädchen und Jungen auf dem Prüfstand. In: P. Ludwig & H. Ludwig (Hrsg.): Erwartungen in rosarot und himmelblau. Effekte, Determinanten und Konsequenzen von Geschlechterdifferenzen in der Schule (203–236). Weinheim: Juventa.

Ludwig, P.H. (2010): Erwartungseffekt. In: D.H. Rost (Hrsg.): Handwörterbuch Pädagogische Psychologie (4. Aufl., S. 144–150). Weinheim: Beltz Psychologie Verlags Union.

Ludwig, P.H. & Ludwig, H. (Hrsg.) (2007): Erwartungen in rosarot und himmelblau. Effekte, Determinanten und Konsequenzen von Geschlechterdifferenzen in der Schule. Weinheim: Juventa.

Lytton, H. & Romney, D.M. (1991): Parents' differential socialization of boys and girls: A metaanalysis. Psychological Bulletin, 109, 267–296.

Ma, X. & Kishor, N. (1997): Attitude toward self, social factors, and achievement in mathematics: A meta-analytic review. Educational Psychology Review, 9, 89–120.

Maccoby, E.E. & Jacklin, C.N. (1974): The psychology of sex differences. Stanford, CA: Stanford University Press.

Madon, S., Jussim, L. & Eccles, J. (1997): In search of the powerful self-fulfilling prophecy. Journal of Personality and Social Psychology, 72, 791–809.

Maier, P.H. (1996): Geschlechtsspezifische Differenzen im räumlichen Vorstellungsvermögen. Psychologie in Erziehung und Unterricht, 43, 245–265.

Mandl, H. & Fischer, F. (Hrsg.) (2000): Wissen sichtbar machen. Wissensmanagement mit Mapping-Techniken. Göttingen: Hogrefe.

Mandl, H. & Fischer, F. (Hrsg.) (2006): Handbuch Lernstrategien. Göttingen: Hogrefe.

Manger, T. & Eikeland, O.J. (1998): The effects of mathematics self-concept on girls' and boys' mathematical achievement. School Psychology International, 19, 5–18.

Marsh, H.W. (1989): Age and sex effects in multiple dimensions of self-concept: Preadolescence to adulthood. Journal of Educational Psychology, 81, 417–430.

Maturana, H.R. (1987): Kognition. In: S.J. Schmidt (Hrsg.): Der Diskurs des radikalen Konstruktivismus (S. 89–118). Frankfurt a.M.: Suhrkamp.

Mazur, J.E. (2006): Lernen und Verhalten (6. Aufl.). München: Pearson.

McCown, R., Driscol, M.I. & Roop, P.G. (1996): Educational Psychology. A learning-centered approach to classroom practice (2th ed.). Boston: Allyn and Bacon.

Meyer, W.-U. (1984a): Das Konzept von der eigenen Begabung. Stuttgart: Huber.

Meyer, W.-U. (1984b): Das Konzept von der eigenen Begabung. Auswirkungen, Stabilität und vorauslaufende Bedingungen. Psychologische Rundschau, 35, 136–150.

Meyer, W.-U. (2000): Gelernte Hilflosigkeit. Grundlagen und Anwendungen in Schule und Unterricht. Bern: Huber.

Meyer, W.-U. & Försterling, F. (1993): Die Attributionstheorie. In: D. Frey & M. Irle (Hrsg.): Theorien der Sozialpsychologie, Band I, Kognitive Theorien (S. 175–214). Bern: Huber.

Midgley, C., Anderman, E. & Hicks, L. (1995): Differences between elementary and middle school teachers and students: A goal theory approach. Journal of Adolescence, 15, 90–113.

Mischo, C. & Rheinberg, F. (1995): Erziehungsziele von Lehrern und individuelle Bezugsnormen der Leistungsbewertung. Zeitschrift für Pädagogische Psychologie. German Journal of Educational Psychology, 9, 139–152.

Mitchell, M. (1993): Situational interest: Its multifaceted structure in the secondary school mathematics classroom. Journal of Educational Psychology, 85, 424–436.

Mittag, W., Kleine, D. & Jerusalem, M. (2002): Evaluation der schulbezogenen Selbstwirksamkeit von Sekundarschülern. Zeitschrift für Pädagogik, 44. Beiheft, 145–173.

Mönks, F.J. (1990): Hochbegabtenförderung als Aufgabe der Pädagogischen Psychologie. Psychologie in Erziehung und Unterricht, 37, 232–240.

Mönks, F.J. & Ypenburg, I.H. (2005): Unser Kind ist hochbegabt (4. Aufl.). München: Reinhardt.

Moschner, B. & Schiefele, U. (2000): Motivationsförderung im Unterricht. In: M.K.W. Schweer (Hrsg.): Lehrer-Schüler-Interaktion. Pädagogisch-psychologische Aspekte des Lehrens und Lernens in der Schule (S. 177–193). Opladen: Leske + Budrich.

Multon, K.D., Brown, S.D. & Lent, R.W. (1991): Relation of self-efficacy beliefs to academic outcomes: A meta-analytic investigation. Journal of Counseling Psychology, 1, 30–38.

Naumann, J., Richter, T., Flender, J., Christmann, U. & Groeben, N. (2007): Signaling in expository hypertexts compensation for deficits in reading skill. Journal of Educational Psychology, 99, 791–807.

Nicholls, J.G. (1984): Achievement motivation: Conceptions of ability, subjective experience, task choice, and performance. Psychological Review, 91, 328–346.

Nicholls, J.G. (1992): Students as educational theorists. In: D.H. Schunk & J.L. Meece (Eds.): Student perceptions in the classroom (pp. 267–286). Hillsdale, NJ: Erlbaum.

Niggli, A. (2000): Lernarrangements erfolgreich planen. Didaktische Anregungen zur Gestaltung offener Unterrichtsformen. Aarau: Sauerländer.

Norwich, B. (1994): Predicting girls' learning behaviour in secondary school mathematics lessons from motivational and learning environment factors. Educational Psychology, 14, 291–306.

Nüse, R., Groeben, N., Freitag, B. & Schreier, M. (1991): Über die Erfindung/en des Radikalen Konstruktivismus. Kritische Gegenargumente aus psychologischer Sicht. Weinheim: Deutscher Studien Verlag.

Oerter, R. (2008). Kindheit. In: R. Oerter & L. Montada (Hrsg.): Entwicklungspsychologie (6. Aufl., S. 225–270). Weinheim: Beltz Psychologie Verlags Union.

Oerter, R. & Montada, L. (Hrsg.) (2008). Entwicklungspsychologie (6. Aufl.). Weinheim: Beltz Psychologie Verlags Union.

Oser, F. (2001): Kompetenzen von Lehrpersonen. In: F. Oser & J. Oelkers (Hrsg.): Die Wirksamkeit der Lehrerbildungssysteme (S. 215–342). Zürich: Ruegger.

Pauen, S., Pahnke, J. & Valentiner, I. (2007): Erfassung kognitiver Kompetenzen im Vorschul- bis Jugendalter: Intelligenz, Sprache und schulische Fertigkeiten. Berlin: Deutsches Institut für Wirtschaftsforschung (DIW). (http://www.psychologie.uni-heidelberg.de/ae/entw/inhalt/Erfassung kognitive Kompetenzen bis zum Jugendalter.pdf, 16.4.2011).

Pause, G. (1970): Merkmale der Lehrerpersönlichkeit. In: K.H. Ingenkamp (Hrsg.): Handbuch der Unterrichtsforschung, Band 2 (S. 1353–1526). Weinheim: Beltz.

Pekrun, R. & Schiefele, U. (1996): Emotions- und motivationspsychologische Bedingungen der Lernleistung. In: F.E. Weinert (Hrsg.): Psychologie des Lernens und der Instruktion (S. 153–180). Göttingen: Hogrefe.

Petermann, F. & Petermann, U. (Hrsg.) (2010): HAWIK-IV (3. erweitere Aufl.). Bern: Huber.

Piaget, J. (1952): The origins of intelligence in children. New York: International Universities Press.

Pintrich, P.R. & Garcia, T. (1994): Self-regulated learning in college students: Knowledge, strategies, and motivation. In: P.R. Pintrich, D.R. Brown & C.E. Weinstein (Eds.): Student motivation, cognition, and learning (pp. 113–133). Hillsdale, NJ: Erlbaum.

Plomin, R., DeFries, J.C., McClearn, G.E. & Rutter, M. (1999): Gene, Umwelt und Verhalten. Einführung in die Verhaltensgenetik. Bern: Huber.

Prenzel, M. (1994): Mit Interesse in das dritte Jahrtausend! In: N. Seibert & H.J. Serve (Hrsg.): Bildung und Erziehung an der Schwelle zum dritten Jahrtausend. München: PimS-Verlag.

Quaiser-Pohl, C. & Rindermann, H. (2010): Entwicklungsdiagnostik. München: Reinhardt.

Rausch, A. (2006): Problembelastete Schülerinnen und Schüler. Begriffe, Umfeld, Handlungsmöglichkeiten. Bad Heilbrunn: Klinkhardt.

Reinmann, G. & Mandl, H. (2006): Unterrichten und Lernumgebungen gestalten. In: A. Krapp & B. Weidenmann (Hrsg.): Pädagogische Psychologie (5. Aufl., S. 613–658). Weinheim: Beltz Psychologie Verlags Union.

Renkl, A. (1996): Träges Wissen: Wenn Erlerntes nicht genutzt wird. Psychologische Rundschau, 47, 78–92.

Renkl, A. (2008): Lernen und Lehren im Kontext der Schule. In: A. Renkl (Hrsg.): Lehrbuch Pädagogische Psychologie (S. 109–153). Bern: Huber.

Renkl, A. (2010): Träges Wissen. In: D.H. Rost (Hrsg.): Handwörterbuch Pädagogische Psychologie (4. Aufl., S. 854–858). Weinheim: Beltz Psychologie Verlags Union.

Renzulli, J.S. (1978): What makes giftedness? Reexamining a definition. Phi Delta Kappan, 60, 180–184.

Renzulli, J.S. (1986): The three-ring conception of giftedness: A developmental model for creative productivity. In: R.J. Sternberg & J.E. Davidson (Eds.): Conceptions of giftedness (pp. 53–92). New York Cambridge University Press.

Rheinberg, F. (2008): Motivation (7. Auflage). Stuttgart: Kohlhammer.

Rheinberg, F. & Fries, S. (2010): Bezugsnormorientierung. In: D.H. Rost (Hrsg.): Handwörterbuch Pädagogische Psychologie (4. Aufl., S. 61–68). Weinheim: Beltz Psychologie Verlags Union.

Rheinberg, F. & Krug, S. (1999): Motivationsförderung im Schulalltag (2. Aufl.). Göttingen: Hogrefe.

Rindermann, H. & Geiser, Ch. (2010): Theoretische und methodische Grundlagen der Entwicklungsdiagnostik. In: C. Quaiser-Pohl & H. Rindermann (Hrsg.): Entwicklungsdiagnostik (S. 27–56). München: Reinhardt.

Roberts, T.A. & Nolen-Hoeksema, S. (1994): Gender comparisons in responsiveness to others' evaluations in achievement settings. Psychology of Women Quarterly, 18, 221–240.

Robinson, F.P. (1946): Effective study. New York: Harper and Row.

Rohrmann, S. & Rohrmann, T. (2010): Hochbegabte Kinder und Jugendliche. Diagnostik – Förderung – Beratung (2. Aufl.). München: Reinhardt.

Rosemann, B. & Bielski, S. (2001): Einführung in die Pädagogische Psychologie. Weinheim: Beltz.

Rosenbaum, R.M. (1972): A dimensional analysis of the perceived causes of success and failure. Unveröffentlichte Dissertation, University of California.

Rosenthal, R. & Jacobson, L. (1971): Pygmalion im Unterricht. Weinheim: Beltz.

Rost, D.H. (2009): Intelligenz. Fakten und Mythen. Weinheim: Beltz.

Rost, D.H. & Buch, S.R. (2010): Hochbegabung. In: D.H. Rost (Hrsg.): Handwörterbuch Pädagogische Psychologie (4. Aufl., S. 257–273). Weinheim: Beltz Psychologie Verlags Union.

Rost, H.D. & Hanses, P. (1997): Wer nichts leistet, ist nicht begabt? Zur Identifikation hochbegabter Underachiever durch Lehrkräfte. Zeitschrift für Entwicklungspsychologie und Pädagogische Psychologie, 29, 167–177.

Roth, G. (1991): Die Konstitution von Bedeutung im Gehirn. In: S.J. Schmidt (Hrsg.): Gedächtnis (S. 360–370). Frankfurt a.M.: Suhrkamp.

Ruble, D.N. & Martin, C.L. (1998): Gender development. In: W. Damon (Ed.): Handbook of child psychology (Vol. 3, pp. 933–1016). New York: Wiley.

Ruble, D.N., Martin, C.L. & Berenbaum, S.A. (2006). Gender development. In: W. Damon (Series Ed.) & N. Eisenberg (Vol. Ed.), Handbook of child psychology (6th ed., Vol. 3, pp. 858–932). New York: Wiley.

Rustemeyer, R. (1984): Selbsteinschätzung eigener Fähigkeit – vermittelt durch die Emotionen anderer Personen. Zeitschrift für Entwicklungspsychologie und Pädagogische Psychologie, 16, 149–161.

Rustemeyer, R. (1993): Aktuelle Genese des Selbst. Motive der Verarbeitung selbstrelevanter Informationen. Münster: Aschendorff.

Rustemeyer, R. (1999): Geschlechtstypische Erwartungen zukünftiger Lehrkräfte bezüglich des Unterrichtsfaches Mathematik und korrespondierende (Selbst-)Einschätzungen von Schülerinnen und Schülern. Psychologie in Erziehung und Unterricht, 46, 187–200.

Rustemeyer, R. (2000): Attributionstheorie und Geschlechterforschung. In: F. Försterling, J. Stiensmeier-Pelster & L.-M. Silny (Hrsg.): Kognitive und emotionale Aspekte der Motivation (S. 99–119). Göttingen: Hogrefe.

Rustemeyer, R. (2001a): Selbstkonzept. Lexikon der Psychologie, Band 3, Heidelberg: Spektrum Verlag.

Rustemeyer, R. (2001b): Anlage-Umwelt-Problem am Beispiel der Intelligenz- und Geschlechterforschung. In: N. Groeben (Hrsg.): Zur Programmatik einer sozialwissenschaftlichen Psychologie, Band II: Objekttheoretische Perspektiven, 1. Halbband (S. 17–75). Münster: Aschendorff.

Rustemeyer, R. (2003): Die Dispositionismus-Situationismus-Kontroverse am Beispiel der Selbstkonzeptforschung. In: N. Groeben (Hrsg.): Zur Programmatik einer Sozialwissenschaftlichen Psychologie, Band II: Objekttheoretische Perspektiven, 2. Halbband (S. 1–48). Münster: Aschendorff.

Rustemeyer, R. (2009): Geschlechtergerechte Gestaltung des Unterrichts. In: Enzyklopädie Erziehungswissenschaft Online (EEO), Fachgebiet: Geschlechterforschung, hrsg. von H. Faulstich-Wieland. Weinheim und München. (www.erzwissonline.de).

Rustemeyer, R. & Fischer, N. (2005): Motivational development and sex differences in mathematics. Psychological Reports, 97, 183–194.

Rustemeyer, R. & Fischer, N. (2007): Geschlechtsunterschiede im Unterrichtsfach Mathematik – Zusammenhänge mit dem schülerperzipierten Lehrkraftverhalten. In: P. Ludwig & H. Ludwig (Hrsg.): Erwartungen in rosarot und himmelblau. Effekte, Determinanten und Konsequenzen von Geschlechterdifferenzen in der Schule (S. 83–101). Weinheim: Juventa.

Rustemeyer, R. & Jubel, A. (1996): Geschlechtsspezifische Unterschiede im Unterrichtsfach Mathematik hinsichtlich der Fähigkeitseinschätzung, Leistungserwartung, Attributionen sowie im Lernaufwand und im Interesse. Zeitschrift für Pädagogische Psychologie, 10, 13–25.

Ryan, R.M. & Deci, E. (2000): Intrinsic and extrinsic motivations: Classic definitions and new directions. Contemporary Educational Psychology, 25, 54–67.

Saxe, G.B. (1988): Candy selling and math learning. Educational Researcher, 17, 14–21.

Scheele, B. (1998): Psychologie der Geschlechterdifferenzen: zwischen unbeantworteten Fragen und fragwürdigen Antworten. Kölner Psychologische Studien, III (1), 23–60.

Schiefele, U. (1996): Motivation und Lernen mit Texten. Göttingen: Hogrefe.

Schiefele, U. & Köller, O. (2010): Intrinsische und extrinsische Motivation. In: D.H. Rost (Hrsg.): Handwörterbuch Pädagogische Psychologie (4. Aufl., S. 336–344). Weinheim: Beltz Psychologie Verlags Union.

Schiefele, U. & Schreyer, I. (1994): Intrinsische Lernmotivation und Lernen. Zeitschrift für Pädagogische Psychologie, 8, 1–13.

Schiefele, U., Krapp, A. & Schreyer, I. (1993): Metaanalyse des Zusammenhangs von Interesse und schulischer Leistung. Zeitschrift für Entwicklungspsychologie und Pädagogische Psychologie, 25, 120–148.

Schiefele, U. & Strebelow, L. (2006): Motivation aktivieren. In: H. Mandl & F. Fischer (Hrsg.): Handbuch Lernstrategien (S. 232–247). Göttingen: Hogrefe.

Schiefele, U., Strebelow, L., Ermgassen, U. & Moschner, B. (2003): Lernmotivation und Lernstrategien als Bedingungen der Studienleistung: Ergebnisse

einer Längsschnittstudie. Zeitschrift für Pädagogische Psychologie, 17, 185–198.

Schiefele, U. & Wild, K.-P. (Hrsg.) (2000): Interesse und Lernmotivation: Untersuchungen zu Entwicklung, Förderung und Wirkung. Münster: Waxmann.

Schlangen, B. & Stiensmeier-Pelster, J. (1997): Implizite Theorien über Intelligenz bei Schülerinnen und Schülern. Zeitschrift für Entwicklungspsychologie und Pädagogische Psychologie, 24, 301–329.

Schmalt, H.-D. & Langens, T.A. (2009): Motivation (4., vollst. überarb. und erw. Aufl.). Stuttgart: Kohlhammer.

Schnotz, W. (2009): Pädagogische Psychologie kompakt. Weinheim: Beltz.

Schober, B. (1995): Matte Mädchen in Mathe? – Eine Explorations- und Reattributionsstudie mit Schülerinnen und Schülern der 5. Klasse Gymnasium. Unveröffentlichte Diplomarbeit, Otto-Friedrich-Universität Bamberg.

Schober, B. (2002): Entwicklung und Evaluation des Münchner Motivationstrainings (MMT). Regensburg: Roederer.

Schommer, M. (1990): Effects of beliefs about the nature of knowledge on comprehension. Journal of Educational Psychology, 82, 498–504.

Schommer, M. (1993): Epistemological development and academic performance among secondary students. Journal of Educational Psychology, 85, 406–411.

Schrader, F.-W. (2010). Diagnostische Kompetenz von Eltern und Lehrern. In: D.H. Rost (Hrsg.): Handwörterbuch Pädagogische Psychologie (4. Aufl., S. 102–108). Weinheim: Beltz Psychologie Verlags Union.

Schreiber, B. (1998): Selbstreguliertes Lernen. Münster: Waxmann.

Schroeder, S. & Groeben, N. (2003): Interaktionskonzepte zur Kompetenzgenese. Kölner Psychologische Studien, 8 (1), 59–105.

Schulte zu Berge, S. (2001): Hochbegabte Kinder in der Grundschule. Erkennen – Verstehen – Im Unterricht berücksichtigen. Münster: Lit-Verlag.

Schunk, D.H. (1985): Participation in goal setting: Effects on self-efficacy and skills of learning disabled children. Journal of Special Education, 19, 307–317.

Schunk, D.H. (1994): Self-regulation of self-efficacy and attributions in academic settings. In: D.H. Schunk & B.J. Zimmermann (Eds.): Self-regulation of learning and performance: Issues and educational applications (pp. 75–100). Hillsdale: Erlbaum.

Schunk, D.H. & Pajares, F. (2002): The development

of academic self-efficacy. In: A. Wigfield & J.S. Eccles (Eds.): Development of achievement motivation (pp. 15–31). San Diego: Academic Press.

Schüler, J. (2007): Arousal of flow experience in a learning setting and its effects on exam performance and affect. Zeitschrift für Pädagogische Psychologie, 21, 217–227.

Schwarzer, R. & Jerusalem, M. (2002): Das Konzept der Selbstwirksamkeit. In: M. Jerusalem & D. Hopf (Hrsg.): Selbstwirksamkeit und Motivationsprozesse in Bildungsinstitutionen. Zeitschrift für Pädagogik, 44. Beiheft.

Seligman, M.E.P. (1975): Helplessness. On depression, development, and death. San Francisco: Freeman (deutsche Übersetzung (1992). Erlernte Hilflosigkeit (4. Aufl., erweitert um neue Konzepte und Anwendungen von F. Petermann). Weinheim: Psychologie Verlags Union).

Seligman, M.E.P. (1990): Learned optimism. New York: Knopf (deutsche Übersetzung (1993). Pessimisten küsst man nicht – Optimismus kann man lernen. Berlin: Knauer).

Shuell, T. (1996): Teaching and learning in a classroom context. In: D.C. Berliner & R. Calfee (Eds.): Handbook of educational psychology (pp. 726–764). New York: McMillan.

Sirsch, U. (2000). Probleme beim Schulwechsel. Münster: Waxmann.

Souvignier, E. & Gold, A. (2004): Lernstrategien und Lernerfolg bei einfachen und komplexen Leistungsanforderungen. Psychologie in Erziehung und Unterricht, 51, 309–318.

Spearman, C. (1927): The abilities of man: Their nature and measurement. New York: Macmillan.

Steins, G. (2005): Sozialpsychologie des Schulalltags. Das Miteinander in der Schule. Stuttgart: Kohlhammer.

Sternberg, R.J. (1997): The concept of intelligence and its role in lifelong learning and success. American Psychologist, 52, 1030–1037.

Stiensmeier-Pelster, J., Balke, S. & Schlangen, B. (1996): Lern- versus Leistungszielorientierung als Bedingungen des Lernfortschritts. Zeitschrift für Entwicklungspsychologie und Pädagogische Psychologie, 28, 169–187.

Stipek, D. & Gralinski, J.H. (1991): Gender differences in children's achievement-related beliefs and emotional responses to success and failure in mathematics. Journal of Educational Psychology, 83, 361–371.

Stöger, H. (2002): Soziale Performanzziele im schulischen Leistungskontext. Berlin: Logos.

Tennstädt, K.-C., Krause, F., Humpert, W. & Dann, H.D. (1994): Das Konstanzer Trainingsmodell (KTM) (2. Aufl.). Bern: Huber.

Terhart, E. (1995): Lehrerprofessionalität. In: H.-G. Rolff (Hrsg.): Zukunftsfelder von Schulforschung (S. 225–266). Weinheim: Deutscher Studien Verlag.

Terhart, E. (2002): Standards für die Lehrerbildung. Eine Expertise für die Kultusministerkonferenz. Universität Münster: Zentrale Koordination Lehrerbildung, ZKL-Texte Nr. 24. (http://www.sowi-onli ne.de/reader/lehrerausbildung/terhart_standards. htm; 16.4.2011).

Tewes, U., Rossmann, P. & Schallberger, U. (Hrsg.) (2002): Hamburg-Wechsler-Intelligenz-Test für Kinder III (HAWIK III). Handbuch und Testanweisung (3. überarbeitete und ergänzte Auflage). Bern: Huber.

Tiedemann J. & Faber G. (1995): Mädchen im Mathematikunterricht: Selbstkonzept und Kausalattribution im Grundschulalter. Zeitschrift für Entwicklungspsychologie und Pädagogische Psychologie, 27, 61–71.

Tollefson, N. (2000): Classroom applications of cognitive theories of motivation. Educational Psychology Review, 12, 63–83.

Trautner, H.M. (1994): Geschlechtsspezifische Erziehung und Sozialisation. In: K.A. Schneewind (Hrsg.): Psychologie der Erziehung und Sozialisation (Enzyklopädie der Psychologie, Pädagogische Psychologie, Band 1, S. 167–195). Göttingen: Hogrefe.

Trautner, H.M. (1997): Lehrbuch der Entwicklungspsychologie, Bd. 2: Theorien und Befunde (2. unveränd. Aufl.). Göttingen: Hogrefe.

Trautner, H.M. (2008): Entwicklung der Geschlechtsidentität. In: R. Oerter & L. Montada (Hrsg.): Entwicklungspsychologie (6. Aufl., S. 625–651). Weinheim: Beltz Psychologie Verlags Union.

Tulodziecki, G. (1998): Entwicklung von Medienkompetenz als Erziehungs- und Bildungsaufgabe. Pädagogische Rundschau, 52, 639–709.

Tulodziecki, G., Herzig, B. & Grafe, S. (2010): Medienbildung in Schule und Unterricht. Bad Heilbrunn: Klinkhardt.

Ulich, K. (2001): Einführung in die Sozialpsychologie der Schule. Weinheim: Beltz.

Voss, R. (Hrsg.) (1998): Schul-Visionen. Theorie und Praxis systemisch-konstruktivistischer Pädagogik. Heidelberg: Carl-Auer-Systeme Verlag.

Voyer, D., Voyer, S. & Bryden, M.P. (1995): Magnitude of sex differences in spatial abilities: A meta-analysis and consideration of critical variables. Psychological Bulletin, 117, 250–270.

Wagner, P., Spiel, Ch. & Schober, B. (2006): Zeitmanagement. In: H. Mandl & F. Fischer (Hrsg.): Handbuch Lernstrategien (S. 297–306). Göttingen: Hogrefe.

Wahl, D. (1991): Handeln unter Druck, der weite Weg vom Wissen zum Handeln bei Lehren, Hochschullehren und Erwachsenenbildnern. Weinheim: Deutscher Studienverlag.

Wahl, D., Schlee, J., Krauth, J. & Murek, I. (1983): Naive Verhaltenstheorien von Lehrern. Oldenbourg: Littmann.

Walberg, H.J. (1986): Synthesis of research on teaching. In: M.C. Wittrock (Ed.): Handbook of research on teaching (pp. 214–229). Washington, DC: American Educational Research Association.

Walden, R. & Borrelbach, S. (2010): Schulen der Zukunft. Gestaltungsvorschläge der Architekturpsychologie (6. unveränderte Aufl.). Heidelberg: Asanger.

Walsh, M.R. (1997): Women, men, and gender. Ongoing debates. New Haven, C.T.: Yale University Press.

Wang, M.C., Haertel, G.D. & Walberg, H.J. (1993): Toward a knowledge base for school learning. Review of Educational Research, 63, 249–294.

Weiner, B. (1974): Achievement motivation and attribution theory. Morristown, N.J.: General Learning Press.

Weiner, B. (1985): An attributional theory of achievement motivation and emotion. Psychological Review, 92, 548–573.

Weiner, B. (1994): Motivationspsychologie (3. Aufl.). Weinheim: Beltz Psychologie Verlags Union.

Weiner, B., Frieze, I.H., Kukla, A., Reed, L., Rest, S. & Rosenbaum, R.M. (1971): Perceiving the causes of success and failure. New York: General Learning Press.

Weiner, B., Nierenberg, R. & Goldstein, M. (1976): Social learning (locus of control) versus attributional (causal stability) interpretations of expectancy of success. Journal of Personality, 44, 52–68.

Weinert, F.E. (1982): Selbstgesteuertes Lernen als Voraussetzung, Methode und Ziel des Unterrichts. Unterrichtswissenschaft, 2, 99–110.

Weinert, F.E. (Hrsg.) (1996): Psychologie des Lernens und der Instruktion. (Enzyklopädie der Psychologie, Pädagogische Psychologie, Vol. 2). Göttingen: Hogrefe.

Weinert, F.E. (2001): Qualifikation und Unterricht zwischen gesellschaftlichen Notwendigkeiten, pädagogischen Visionen und psychologischen Möglichkeiten. In: W. Melzer & U. Sandfuchs (Hrsg.): Was Schule leistet. Funktionen und Aufgaben von Schulen (S. 65–85). Weinheim: Juventa.

Weinstein, C.E., Husman, J. & Dierking, D.R. (2000): Self-regulation interventions with a focus on learning strategies. In: M. Boekaerts, P.R. Pintrich & M. Zeidner (Eds.): Handbook of self-regulation. San Diego, CA: Academic Press.

Weinstein, C.E. & Mayer, R.E. (1986): The teaching of learning strategies. In: M.C. Wittrock (Ed.): Handbook of research on teaching (pp. 315–327). New York: Macmillan.

Weiß, R. (1965): Zensur und Zeugnis. Linz: Haslinger.

White, R.W. (1959): Motivation reconsidered: The concept of competence. Psychological Review, 66, 297–333.

Whitehead, A.N. (1929): The aims of education. New York, NY: Macmillan.

Wigfield, A. & Eccles, J.S. (2000): Expectancy-value theory of achievement motivation. Contemporary Educational Psychology, 25, 68–81.

Wigfield, A. & Eccles, J.S. (2002): The development of competence beliefs, expectancies for success, and achievement values from childhood through adolescence. In: A. Wigfield & J.S. Eccles (2002): Development of achievement motivation (pp. 91–120). San Diego: Academic Press.

Wild, E., Hofer, M. & Pekrun, R. (2006): Psychologie des Lerners. In: A. Krapp & B. Weidenmann (Hrsg.): Pädagogische Psychologie (5. Aufl., S. 203–267). Weinheim: Beltz Psychologie Verlags Union.

Wild, K.-P. (2000): Lernstrategien im Studium. Strukturen und Bedingungen. Münster: Waxmann.

Wild, K.-P. (2010): Lernstrategien und Lernstile. In: D.H. Rost (Hrsg.): Handwörterbuch Pädagogische Psychologie (4. Aufl., S. 479–484). Weinheim: Beltz Psychologie Verlags Union.

Ziegler, A. (2008): Hochbegabung. München, Reinhardt.

Ziegler, A. & Heller, K.A. (2000): Conceptions of giftedness from a meta-theoretical perspective. In: K.A. Heller, F.J. Mönks, R.J. Sternberg & R.F. Subotnik (Eds.): International handbook of giftedness and talent (2nd ed., pp. 3–22). Amsterdam: Elsevier.

Ziegler, A. & Schober, B. (2001): Theoretische Grundlagen und praktische Anwendungen von Reattributionstrainings. Regensburg: Roderer.

Ziegler, A. & Stöger, H. (2005): Trainingshandbuch selbstreguliertes Lernen I. Lernökologische Strategien für Schüler der 4. Jahrgangsstufe Grundschule zur Verbesserung mathematischer Kompetenzen. Lengrich: Pabst.

Zimmer, K., Burba, D. &. Rost, J. (2004): Kompetenzen von Jungen und Mädchen. In: M. Prenzel, J. Baumert, W. Blum, R. Lehmann, D. Leutner, M. Neubrand, R. Pekrun, H.-G. Rolff, J. Rost &. U. Schiefele (Hrsg.): PISA 2003. Der Bildungsstand der Jugendlichen in Deutschland – Ergebnisse des zweiten internationalen Vergleichs (S. 211–223). Münster: Waxmann.

Zimmer, K., Stick, A., Burba, D. &. Prenzel, M. (2006): PISA 2003 – Kompetenzmuster von Jungen und Mädchen in den deutschen Ländern. Unterrichtswissenschaft, 34, 4, 310–329.

Zimmermann, B.J. (1990): Self-regulated learning and academic achievement: An overview. Educational Psychologist, 25, 3–17.

Zimmermann, B.J. (1998): Academic studying and the development of personal skill: A self-regulatory perspective. Educational Psychologist, 33, 73–86.

Register